Mit den besten

Genesungswünschen

[illegible]

Ralf Roland Ringler
Illusion einer Jugend

Ralf Roland Ringler

Illusion einer Jugend

Lieder, Fahnen
und das bittere Ende

Hitler-Jugend in Österreich

Ein Erlebnisbericht

Verlag Niederösterreichisches Pressehaus
St. Pölten—Wien

1. Auflage 1977
ISBN 3 85326 433 6

Graphische Gestaltung des Schutzumschlages: J. F. Sochurek
Bildnachweis: Dr. Arthur Hauer (Abb. 1, 2); Institut für Zeitgeschichte (Abb. 3, 4, 5, 6, 7, 8, 11, 13, 14, 15, 16); Kurt Gerlach (Abb. 9); Kurt Apfel (Abb. 10, 12)

INHALTSVERZEICHNIS

VORWORT

Der Verfasser, Jahrgang 1921, ist bereits durch eine zeitgeschichtlich relevante Publikation hervorgetreten; sein Erlebnisbericht, nüchtern und ohne Pathos geschrieben, über seinen Einsatz in Nordafrika hat Aufsehen erregt. Der einstmals so begeisterte Jugendführer des Dritten Reiches erfuhr als junger Offizier die Schrecknisse des Krieges, die völlig andere Form des Sterbens und des Leidens — zum Unterschied von jenen Vorstellungen, die einer ganzen Reihe von Generationen in Deutschland und Österreich-Ungarn seit dem 19. Jahrhundert gepredigt worden waren.
Sein zweites Buch ist ein Bekenntnis und gleichzeitig ein Bericht über den Weg einer jungen Generation, die heute zu der „verlorenen" zählt, die, zwischen den beiden Weltkriegen aufgewachsen, hineingeworfen in die politischen Auseinandersetzungen der wirtschaftlichen und politischen Zusammenbruchssituation der Nachkriegszeit, ihr Schicksal zu meistern hatte. Es gibt bisher nur wenige wissenschaftliche Arbeiten und Erlebnisberichte dieser Generation, die „zum Opfergang der Macht" — wie der niederösterreichische Dichter Franz Josef Schicht dies einmal ausdrückte — aufgerufen wurde. W. Laqueur hat in seinem 1952 erschienenen Werk „Die deutsche Jugendbewegung" zum ersten Mal das Gesamtproblem umrissen. Das sechs Jahre später erschienene Buch von G. Wagner „Die Fahne ist mehr als der Tod" war die erste persönliche Aussage eines Angehörigen dieser Generation, bis 1975 die breit angelegte Untersuchung von Hansjoachim W. Koch zur Geschichte der Hitler-Jugend erschien — nicht auf eigenem Erleben, sondern auf breiter Quellenbasis beruhend.

Für Österreich haben mehrere junge Historiker die verschiedensten Formationen der politischen Jugendbewegungen der Ersten Republik untersucht. Wolfgang Neugebauers Arbeit über die Sozialdemokratische Jugendbewegung (1966), Georg Tidels Untersuchung über die sozialistischen Mittelschüler (1974), Walter Goehrings Arbeit über den kommunistischen Jugendverband (1973) waren erste Versuche zur wissenschaftlichen Aufbereitung des Gesamtkomplexes politischer Jugendbewegungen in Österreich seit 1918. Aus dem bürgerlichen und speziell dem nationalen Lager fehlen bisher mit Ausnahme einer Arbeit über den Reichsbund der katholischen Jugend Erlebnisberichte und Erinnerungen der Beteiligten. Deshalb verdient das Werk von Ringler besondere Beachtung, weil es den Weg eines Angehörigen der bürgerlichen Jugendbewegung über die sogenannten „bündischen Verbände" zur späteren Hitler-Jugend schildert und gleichzeitig schonungslos die sozialen, politischen und menschlichen Voraussetzungen der Katastrophe dieser Generation der „verlorenen Jahre" aufzeigt.

o. Univ.-Prof. Dr. Ludwig Jedlicka

EINLEITUNG

Das ist mein Bericht über eine Jugend, die einst in den Himmel gehoben wurde, die das Höchste und Teuerste war, was die Nation hatte.
Eine Jugend, die später schmählich in Stich gelassen wurde, die am Ende verachtet, verlacht und verraten wurde.
Eine Jugend, der nichts erspart geblieben ist und die, auf sich alleine gestellt, aus dem Chaos herausfinden mußte, um eine neue Welt und damit eine neue Weltanschauung zu gewinnen.
Es kann keine umfassende Darstellung der ungemein vielschichtigen Ereignisse innerhalb der Jugendbewegung sein. Es soll keine Verallgemeinerung sein. Wenn ich das Wort ,,wir" verwende, so gilt dies sicher nur für jene, die mit mir den gleichen Weg gegangen sind. Diesen Weg, der jedoch typisch für viele war, will ich beschreiben.
Ich kann nicht allen gerecht werden. Doch werden sich viele in diesem Spiegel wiedererkennen.
Es gab das bürgerliche und es gab das proletarische Lager. Die Bündische Jugendbewegung, der ich anfangs angehörte, bestand meist aus Jungen des bürgerlichen Mittelstandes. Ich kam dann über das illegale ,,Deutsche Jungvolk" zur Hitler-Jugend. Die Jungen aus dem Arbeitermilieu stießen meist gleich zur Hitler-Jugend.
1938 vereinigten sich alle kleinen Rinnsale zu Bächen und zu einem Strom. Es gab nur mehr die Hitler-Jugend.
Mein Weg war klar.
Aus dem kleinen ,,nationalrevolutionären" Buben, der nichts um die großen Zusammenhänge wußte, wurde vorerst ein ,,bündischer" Wandervogel.
Aus dem romantischen Wandervogel entstand der revolutionäre ,,illegale" Jungvolkführer.
Daraus entwickelte sich der Jugendführer mit Leib und Seele.
In letzter Konsequenz mußte aus dem Hitler-Jugendführer ein Soldat werden.
Und nach vier Jahren als Soldat mußte ich mit der Jugend den letzten Weg bis zum bitteren Ende gehen.

Der Bericht beruht auf Erinnerungen und Tagebuchaufzeichnungen. Ich kann und will nur das erzählen, was ich persönlich erlebt habe. Bewußt wurden alle Begebenheiten weggelassen, die ich erst nachher erfahren habe oder die erst später bekanntwurden. Nur das Ereignis gilt — an diesem Tag und zu dieser Stunde.
Heute denken wir über vieles anders. Nachher sind immer alle klüger. Nachher haben viele alles schon längst gewußt.
Gerade deshalb müssen wir versuchen, die Zeit damals, unsere Zeit, nüchtern, ohne Glorifizierung und ohne Pathos, aber auch ohne Verfälschung und Verteufelung darzustellen. Tun w i r es nicht, werden es Unberufene tun, und Geschichtslügen werden geboren.
Bestimmt gab es andere Schicksale. Bestimmt standen welche abseits. Sicher gab es Gegner. Es ist ihre Sache, darüber zu berichten.

STREIFLICHTER ALS BEGINN

Das Jahr 1927.
Schreckhaftes Aufwachen in der Nacht. Wortfetzen dringen an mein Ohr.
Brand — Justizpalast — Tote — Bürgerkrieg.
Krieg — durch die Erzählungen meines Vaters bedeutet er für mich Schrecken, Tod, Grausamkeiten, Vernichtung und Elend.
Meine Mutter weint.
Der Traum wird zum Alptraum, und alle Fürchterlichkeiten stürzen über mich herein.

1932 in Perchtoldsdorf bei Wien.
Mein Vater war aktiver k. u. k. Offizier. Nach seiner Entlassung studierte er an der Kunstakademie und an der Universität. Jetzt ist er schlechtbezahlter Mittelschulprofessor. Er wollte nicht zum CV, wollte keine Protektion.
Das büßt er jetzt.
Seit vier Jahren muß er täglich nach Wr. Neustadt fahren. Das heißt um vier Uhr früh aufstehen und erst spät abends heimkommen.
Er findet es ungerecht.
Trotzdem will er dem Vaterland dienen. Er tritt der Heimwehr bei und bildet sie militärisch aus.
Er betont — der nationalen Heimwehr.

Wahlkampf.
Flugblätter wirbeln durch die Straßen.
Schwarze, Rote, „Kummerln“ und Nazis werben.
Ich weiß nicht, was die bunten Zettel und die schreienden Plakate bedeuten. Ich kann die brüllenden Männer auf den dekorierten Lastwägen nicht verstehen. Die Sprechchöre — „Deutschland erwache“ — „Rotfront“ — „Juda verrecke“ — sagen mir nichts.

Im benachbarten Gasthaus, beim Weinlich, ist eine Versammlung der Nazis.
Scheppernde Sammelbüchsen, ,,Heil Hitler" schreiende Uniformierte und knallende Absätze. Dann markige Reden. Rauch, Bierdunst und eine Schlägerei.
Gehsteige, Hausmauern, Plakatsäulen und Toreinfahrten sind beschmiert —

,,Nieder mit der Heimwehr"
,,Juden raus"
,,Tod den Nazis"
,,Hitler — Krieg"
,,Proletarier aller Länder, vereinigt euch".

Gendarmen stehen an allen Ecken.
Alles verwirrt mich.
Vater ist über die ,,Politik" sehr erregt. Mutter meint, er solle an die Familie denken.

Das Jahr 1933.
Adolf Hitler hat in Deutschland gesiegt.
Viele triumphieren, viele schimpfen.
Ich besuche in Mödling die zweite Klasse Realgymnasium. ,,Hahnenschwanzler" und ,,Hakenkreuzler" sind die nicht verstandenen Schimpfwörter, die wir gebrauchen. ,,Rote" haben wir keine.
Daheim kommen und gehen Besucher.
Mit roten Ohren und heißen Wangen lausche ich den Gesprächen über Straßenkämpfe, Verhaftungen, Flugschriften, Hausdurchsuchungen und Gewalttaten.
Es herrscht gereizte Stimmung.
Es gibt über 400.000 Arbeitslose in Österreich.
Mutter hat Angst um Vaters Stellung.
Im Nebenzimmer beim Lernen höre ich, wie Vater sagt, er wäre der ,,Partei" beigetreten.

Mein Vater besitzt aus dem Weltkrieg noch seinen ,,Mannlicher Stutzen". Den zerlegt er sorgfältig und fettet die Eisenteile dick ein, wickelt sie in Ölpapier und vergräbt alles in der Nacht im Garten.

Am 1. Mai kommen die Roten in endlosen Fahrradkolonnen angefahren. Zwischen die Speichen haben sie rotes Kreppapier geschlungen. Von

Liesing ziehen unzählige Straßenbahner und Eisenbahner die Wiener Straße herauf. Geballte Fäuste, und rote Nelken im Knopfloch.
Vater meint, bald kommen sie mit Gewehren und Kanonen, sie wären eine Gefahr für Österreich, und man müsse etwas gegen diese Bolschewisten unternehmen.
Bolschewisten — das müssen furchtbare Menschen sein . . .
Beim Fronleichnamszug führte Vater noch die Heimwehr an. Mit den Stahlhelmen und Windschutzjacken wirkten sie imponierend. Jetzt ist er bei der ,,Partei''. Das ist wahrscheinlich besser.
An Sonntagen beobachte ich immer die Wienerwaldtouristen. Sie steigen bei der Beatrixkirche aus der Straßenbahn. Die meisten tragen Haferlschuhe, Windblusen, Rucksäcke und Gebirgshüte. Auf den Hüten haben sie verschiedene Abzeichen. Da gibt es welche mit dem Edelweiß, mit dem Abzeichen vom ,,Schulverein Südmark'' oder mit dem Naturfreundeabzeichen.
Sie sind alle gegeneinander.
Ich höre bissige Bemerkungen und sehe feindselige Blicke.
Am Abend ist die Schutzhausstraße und die Gegend der ,,Siebzehn Föhren'', die große und die kleine Heide von Papierln und Flaschen übersät.
Die Stimmung wird weinselig, die finsteren Blicke bleiben.

Vater schickt mich zum ,,Deutschen Turnverein''.
Ich soll ,,Zucht und Ordnung'' lernen.
Eines Tages beim ,,Riegenturnen'' spricht mich Norbert an, ich solle doch einmal mit auf ,,Fahrt'' gehen.
Mutter ist vorerst ein wenig ängstlich, doch dann willigt sie ein . . .

I.

1933—1934

ÖSTERREICHISCHES JUNGENKORPS

DER POLITISCHE HINTERGRUND

1919—1927		In dieser Zeit gab es infolge politischer Auseinandersetzungen 21 Tote in Österreich.
1927	15. 7.	Nach schweren Arbeiterunruhen in Wien — Brand des Justizpalastes. 84 Tote, ca. 600 Verwundete. Österreichischer Wandervogel — Bund deutscher Jugend wird gegründet.
1929	25. 10.	,,Schwarzer Freitag" an der New Yorker Börse. Beginn der Weltwirtschaftskrise.
	1. 11.	Gründung des d. j. 1. 11. (Deutsche Jungenschaft).
1930	18. 5.	,,Korneuburger Eid" — Heimwehren werden straff militärisch organisiert und erhalten ein faschistisches Programm. ö. j. k. (Österreichisches Jungenkorps) wird gegründet und als Gau dem d. j. 1. 11. angeschlossen.
1931	27. 3.	Deutsches Jungvolk in der Hitler-Jugend wird gebildet.
	1. 5.	Aufstellung der HJ-Gruppe Österreich.
	13. 9.	Putschversuch der steirischen Heimwehr.
1932	24. 4.	Bei Landtagswahlen in drei Bundesländern verSechsfachen die Nationalsozialisten ihren Stimmenanteil gegenüber 1930 auf Kosten der Christlichsozialen.
	20. 5.	Dr. Engelbert Dollfuß wird Bundeskanzler. Regierung hat nur 1 Stimme Mehrheit.
	15. 7.	Abschluß einer 300-Millionen-Goldschilling-Anleihe in Lausanne. Bedingung — weder Anschluß noch Zollunion mit Deutschland bis 1952. Sozialdemokraten und Großdeutsche opponieren heftig gegen Anschlußverbot.
	16. 10.	Ernste Zusammenstöße zwischen Nationalsozialisten und Sozialdemokraten.
	1. 12.	450.000 Arbeitslose in Österreich.
1933	30. 1.	Machtübernahme durch Adolf Hitler in Deutschland.
	4. 3.	Selbstausschaltung des Parlamentes in Österreich.
	31. 3.	Auflösung des Republikanischen Schutzbundes.
	21. 4.	Streikverbot.

	23. 4.	Bei Gemeinderatswahlen in Innsbruck wird NSDAP stärkste Partei.
	10. 5.	Weitere Gemeinderats- und Landtagswahlen werden verboten.
	20. 5.	Gründung der Vaterländischen Front (VF).
	24. 5.	Stillegung des Verfassungsgerichtshofes.
	26. 5.	Verbot der Kommunistischen Partei.
	27. 5.	„1000-Mark-Sperre" für deutsche Urlauber nach Österreich.
	19. 6.	Verbot der NSDAP. Begründung — Handgranatenanschlag auf Schutzkorpsabteilung bei Krems. Verbot der Hitler-Jugend. In Deutschland wird bündische Jugend erstmals verboten.
	11. 9.	Dollfuß proklamiert den „Ständestaat".
	23. 9.	Errichtung des „Anhaltelagers" in Wöllersdorf zur Internierung politischer Häftlinge.
	10. 11.	Wiedereinführung der Todesstrafe bei Standgerichten. In diesem Jahr trifft sich Dollfuß dreimal mit Mussolini.
1934	12. 2.	Aufstand des sozialdemokratischen Schutzbundes wird von Heimwehr, Exekutive und Bundesheer niedergeschlagen. Verbot der Sozialdemokratischen Partei. 242 Tote, über 700 Verwundete, 9 vollstreckte Todesurteile, Tausende eingesperrt.
	17. 3.	„Römer-Protokolle" — Vereinbarung zwischen Österreich, Italien und Ungarn auf politischem, wirtschaftlichem und kulturellem Gebiet.
	1. 5.	Proklamation der berufsständischen und autoritären „Maiverfassung 1934". Verstärkte Attentatswelle der Nationalsozialisten.
	12. 7.	Sprengstoffvergehen werden mit der Todesstrafe geahndet.
	24. 7.	Erste Hinrichtung nach diesem Gesetz.
	25. 7.	Aufstand der Nationalsozialisten wird von Heimwehr, Polizei und Bundesheer niedergeschlagen. Dollfuß wird ermordet. 256 Tote, ca. 700 Verwundete, 13 vollstreckte Todesurteile, Tausende werden eingesperrt.
	30. 7.	Dr. Kurt Schuschnigg wird Bundeskanzler.
	27. 10.	Verhandlung der Regierung mit der nationalen Opposition scheitert. Nach der Amtsübernahme hat sich Schuschnigg zweimal mit Mussolini getroffen.

DIE STREIFLICHTER VERDICHTEN SICH ZU KLARER ERINNERUNG

Der Rucksack wurde gepackt und eine mit Filz überzogene Feldflasche mit Tee gefüllt.
In den Knickerbockerhosen, den Haferlschuhen und den rutschenden Kniestrümpfen kam ich mir lächerlich vor.
Mit Norbert, er wurde jetzt Nort gerufen, zogen wir zu einem alten Steinbruch bei der Ruine Kammerstein. Dort waren Buben in grauer Kluft, mit färbigen Wimpeln und bemalten, großen Trommeln.
Die meisten hatten Zeltbahnen aus alten Militärbeständen auf ihre Tornister geschnallt. Ich hatte von diesen Dingen keine Ahnung und kam mir unnötig vor.
Verwirrt und müde wickelte ich mich am Abend in meine Decke, um zu schlafen. Nach turbulenten Träumen schreckten mich Trompetentöne auf.
Was sollte ich tun?
Niemand ging sich waschen — wohin auch?
Darüber war ich gar nicht böse und beschloß zu frühstücken. Kaum hatte ich meine Aluminiumdose geöffnet, stürzte Nort auf mich zu:
„Was glaubst du denn. Wir san doch a Gemeinschaft. Alles wird abgegeben und aufgeteilt. Alle für an, aner für alle!"
Mit feuchten Augen sah ich Mutters guten Heidelbeerkuchen unter einem Berg von Lebensmitteln verschwinden.
Unterdessen sammelten sich etwa vierzig Burschen im großen Kreis um den Essenshaufen. Einer davon — Tusk genannt — stieg auf einen Felsen und rief: „Alles fünfzig Meter zum Waldrand zurück, marsch, marsch!"
Und dann: „Jeder fresse, was er kann — ran!"
Eine johlende, trampelnde Bubenhorde stürzte sich auf den Berg Essen. Da ich einer der Kleinsten war, wurde ich schon beim Start umgeworfen. Endlich doch vorgedrungen, fand ich nur mehr einen Haufen zertretener, zermatschter Semmeln, Brotstücke, verschmierte Marmelade und auch ein in den Dreck getretenes Stück Heidelbeerkuchen. Weinend vor

Wut und hungrig schlich ich davon. Etwas später stand einer der Älteren in grauer Kluft gestikulierend auf einem Baumstumpf und trug Verse vor:
„Das Krokodil am Nilesstrand wusch sich den Arsch mit Wüstensand . . .“
Das war „Hebs“.
Einer warf mit einem gebogenen Stück Holz, einem Bumerang, ein anderer mit einem Speer. Der Speer ging immer ganz knapp neben einem Buben in den Boden. Wurde jemand vom Speer gestreift oder vom Bumerang getroffen, schrie die Horde jubelnd auf.

Dann wurde im Kreis „abgesessen“ und gesungen:

„Die Bauern wollten Freie sein,
das war ein schwer Beginnen,
schenkt roten Wein, schenkt weißen ein,
so will ich das Lied euch singen.“

Anschließend wurde viel geredet —
— von Spießbürgern
— von Protesten
— von Krämerseelen
— vom Kampf der „Jungenschaft“.
Tusk war der Wortführer. Mir war alles unverständlich und neu. Das Singen gefiel mir besser.
Hebs sprach vom „de jot eins elf“ und von einem österreichischen Jungenkorps. Nort sagte mir, was das heißt. Deutsche Jungenschaft, am 1. 11. gegründet — Sinn und Zweck konnte ich nur ahnen.
Mutter war entsetzt, wie verwahrlost ich heimkam.

Jeden Mittwoch trafen wir uns — der Fredl, der Bruno, der Hansl, der Ludwig, der Eberhard . . .
Es war eine eigene Welt, eine vollkommen neue Welt, und das Wichtigste für uns Buben, es wurde u n s e r e Welt, mit Fahrtenmesser, kurzen Hosen, Schulterriemen. Und Kothen hatten wir, das waren schwarze Zelte, wie sie die Lappen verwendeten.
Und Zeitschriften, die uns ansprachen. Mit Berichten von Großfahrten nach Nowaja Semlja, nach Rumänien, in den Kaukasus . . .
Und Lieder, viele Lieder — schwermütig und geheimnisvoll.

„Wo's nur Felsen gibt, dort ward ich geboren,
sehr ward ich geliebt, früh bekam ich Sporen,

Dolch und Gürtelschloß nahm ich und mein Roß,
tanzte manchen Tanz, Becher trank ich ganz.

Wir sind voller Märchen und Legenden,
wir haben Schwielen von dem Säbel auf den Händen,
wir schlafen tags und durchtanzen die Nächte,
stolz auf die Narben vom letzten Gefechte . . ."

Eines Tages kam Hansl und sagte, er wäre schon zu alt für uns und daher der „Haje" beigetreten. Die „Haje", geschrieben HJ, wäre die Abkürzung für Hitler-Jugend. Stolz zeigte er Nort das Abzeichen — es war rund, emailliert und mit einem Hakenkreuz in der aufgehenden Sonne.
„Du, Hansl, des kann aber auch a untergehende Sonne sein", sagte Nort.
Hansl war beleidigt, weil er schwer das Gegenteil beweisen konnte.

Sonnwendfeier 1933.
Da ich das erste Mal teilnehmen durfte, war ich sehr aufgeregt. Ich bestaunte die älteren Turner mit ihren blütenweißen langen Hosen und Leibchen. Aufgeregt waren aber auch die Erwachsenen — die „Partei" soll heute verboten worden sein. Die „Partei", geschrieben wurde sie NSDAP, war für mich ein spanisches Dorf. Es mußte aber etwas Böses passiert sein, denn alle waren wütend darüber.
Alle, das waren die Turner vom „Deutschen Turnverein", das waren die Burschen und Mädel vom „Schulverein Südmark" aus Perchtoldsdorf.
Nach dem Schauturnen standen sie um den riesigen, brennenden Holzstoß und sangen laut und feierlich:

„Flamme empor, flamme mit loderndem Scheine
zu dem Gebirge am Rheine . . ."

Danach hoben sie die rechte Hand und sangen das Deutschlandlied.
Sofort waren Gendarmen zur Stelle: „Die Versammlung ist aufgelöst. Gehen Sie sofort nach Hause!"
Für mich war das ein großes Erlebnis.
Aber ich war in quälender Ungewißheit, was hieß — verboten, was — aufgelöst?

Am nächsten Tag in der Schule rempelte mich Heinzi, einer vom „Christlich-Deutschen Turnverein", an und sagte:
„Da habts es jetzt, ös Nazi — recht geschieht euch."
„I bin doch gar ka Nazi."
„Geh kusch, ös seids alle Faschisten."
„Was is a Faschist?"

„Na, ös.“

„Bist a a Depp, wir sporteln doch nur, wie ihr. Habts denn ka Sonnwendfeuer g'habt?“

„Scho, aber de Christlichen san in da Regierung, ös seids verboten und habts jetzt 's Maul zu halten.“

Tags darauf wurde ich um Hustensaft zur Apotheke geschickt. Beim großen Turm bemerkte ich einen Auflauf und hörte Geschrei. Vier Gendarmen mit gezogenem Säbel drängten einige ältere Burschen in weißen Hemden und weißen Wadenstutzen in eine Nebengasse. Einer der Gendarmen, wir nannten ihn nur den „Dürren Hund“, brüllte immer wieder: „Im Namen des Gesetzes — auseinander!“

Es war wirklich aufregend für mich — die blanken Stiefel, die blitzenden Säbel, die gelbbraunen Kartentaschen . . .

Das war also eine Demonstration oder gar eine Revolution, auf jeden Fall aber Politik.

Großfahrt nach Triest.

Wir waren eine Gruppe von elf Buben — ich der Jüngste.

Die Ausrüstung war einheitlich. Jeder hatte seine graue Kluft — eine recht unpraktische Bluse, die man vorne nicht aufmachen konnte. Zum Anziehen mußte man sie über den Kopf ziehen. Nur der große Matrosenkragen war bei Kälte und Wind recht brauchbar. Alle hatten einen Kalbfelltornister, um den außen eine Decke und eine Zeltbahn gerollt war. Das Packen des Tornisters war eine besondere Kunst.

Über Jugoslawien marschierten wir nach Italien. Kaum waren wir über der Grenze, streckte Hansl schon die rechte Hand aus und rief uns „Heil Hitler“ zu. Wir lachten, wir kannten ja Hansl, den „Hajeler“, den Revoluzzer.

Bei uns in Österreich war der Gruß jetzt verboten, weil, wie die Roten sagten, eine faschistische Regierung herrschte. Hier in Italien, hieß es, wäre auch eine faschistische Regierung — die aber erlaubten das „Heil-Hitler-Grüßen“.

Bei der Rast in einem Albergo erklärte Hansl:

„Siamo fascisti di Austria . . .“

Wieso waren wir Faschisten aus Österreich, dachte ich — aber Hansl war ja immer schon ein wenig verrückt.

Im übrigen hieß es marschieren oder trotten oder latschen — wie immer man das bezeichnen wollte. Der Tornister wurde mir manchmal furchtbar schwer, besonders wenn wir schon stundenlang unterwegs waren, wenn es dunkel wurde, und wenn Nort ein Lied zu singen befahl:

„. . . Voran der Trommelbube,
er schlägt die Trommel gut,
er weiß noch nichts von Liebe,
weiß nicht, wie 's Scheiden tut.

Er trommelte schon manchen
ins Blut und in sein Grab . . ."

Immer waren es so sehnsüchtige und traurige Lieder.
In meiner Nasenhöhe hatte Fredl den Kochtopf auf seinen Tornister gebunden, genau an diesen Kochtopf rannte ich im Halbschlaf ständig an.
Endlich sahen wir das Meer, endlich Triest.
Eine Tüte weicher, süßer Feigen war das erste, was wir uns besorgten.
Dann zogen Fredl und ich durch das Hafenviertel. Mit den Lederhosen, den struppigen, ungeschnittenen Haaren erregten wir einiges Aufsehen.
Wir waren stolz darauf, zu Fuß hierher marschiert zu sein. Stolz auch auf den Schock, den die Gäste einer marmorausgelegten Hotelhalle hatten, als wir eintraten und ein „Eis", ein „Gelati", verlangten. Der befrackte Ober wollte uns hinauskomplimentieren, indigniert, nur um ja kein Aufsehen zu erregen, brachte er uns schließlich zwei Silberbecher mit Himbeereis. Hocherhobenen Hauptes stolzierten wir aus der Halle.

Redipuglia, der große Kriegerfriedhof.
Ehrfürchtiges Staunen vor den Gräbern mit den Stahlhelmen und Granaten darauf, den Kanonen, den Gewehren. Das Sterben und das „Fallen" muß doch etwas Großes, etwas Erhabenes sein.
Auf dem Rückmarsch erwartete uns Vater in Tolmein, um uns die Schauplätze der Isonzoschlachten zu zeigen. Er hatte hier als Kompaniechef in der kaiserlichen Armee gekämpft. Ehrfürchtig lauschten wir seinen Erzählungen. Da waren sie also, die berühmten Berge — der Mrzli vrh, der Krn, der . . .
Mit feuchten Augen stand mein Vater auf den Steintrümmern in 2000 Meter Höhe und erklärte uns die Schützengräben der Österreicher und Italiener. Der nebelig kühle Tag machte die romantische Stimmung perfekt. Hie und da lag ein verrostetes Gewehr, ein Bajonett oder ein durchlöcherter Stahlhelm.
In unserer Phantasie stürmten die Italiener mit „Avanti-Avanti"-Rufen, mit Bersaglierifedern auf den Mützen und Schutzschilden in den Händen auf uns zu.

Jeder von uns hatte schon etliche Kilogramm Granatsplitter oder sonstige Andenken in seinen Tornister gepackt.
Eberhard fand eine ,,Kukuruzhandgranate'', die noch intakt zu sein schien. Also wurde sie abgezogen und geworfen. Als die Splitter um unsere Köpfe surrten, kamen wir uns wie alte Krieger vor.
Wie in Trance trieben wir uns in den verfallenen Stellungen herum. Jeder wollte etwas ganz Besonderes finden. Schließlich fanden wir einen Knochen. Wir bestatteten ihn feierlich unter einem Steinhaufen. Dazu sangen wir das Lied vom guten Kameraden. Hätten wir Gewehre gehabt, wäre eine Ehrensalve selbstverständlich gewesen.

In der Steinhütte eines Hirten am Rande einer Doline übernachteten wir. Am Lagerfeuer sangen wir wieder Lieder, Lieder, die unsere Phantasie beflügelten:

> ,,Kameraden, wir marschieren,
> wollen fremdes Land durchspüren,
> wollen fremde Sterne sehen,
> Kameraden, wir marschieren,
> laßt die bunten Fahnen wehen.''

Der Gedanke, daß auch wir einmal in den Krieg ziehen könnten, ließ uns nicht los, als wir vor dem Einschlafen noch sangen:

> ,,Wir haben uns verschworen, mein Schimmel und ich,
> die Russen zu schlagen, das Leben zu wagen,
> die Russen zu schlagen mit Hieb und mit Stich.
>
> Und sind wir gefallen in Wunden und Blut,
> dann nimm deine Reiter, dann nimm deine Streiter,
> mein Herrgott, in Hut . . .''

Nach drei Wochen Großfahrt ging uns das Geld aus.
Einige Stationen vor Wien sprangen wir alle knapp vor Abfahrt des Zuges ab. Rasch stellten wir uns in einer Reihe auf, Nort verabschiedete sich. Dann riefen wir dreimal ,,Sieg Heil'' und rannten davon.

Winterlager im Landheim bei der Araburg.
Auf dem Dienstplan stand ,,Kampf um die Araburg''.
Nort, Hansl, Ludwig und Eberhard hatten zu verteidigen. Fredl, Helmuth, Willi und ich waren die Erstürmer.
Während die ,,Großen'' von oben Steine auf uns warfen, sprangen wir

von Baum zu Baum vor. Der Angriff über die Burgbrücke war schon gefährlicher. Holzstücke, Erdbrocken und Steine hagelten auf uns nieder. Wir vier ,,Kleinen" kauerten hinter dem Brückenpfeiler und beschlossen, uns plötzlich und gemeinsam gegen das verrammelte Tor zu werfen. Unsere Herzen schlugen bis zum Hals, als wir mit ,,Auf geht's, harte Knochen" und ,,Hurra" nach vor stürzten.
Vom Turm schleuderten sie zwei große Felsbrocken aus dem Mauerwerk herunter. Ich konnte gerade noch ,,Achtung" schreien, als die Trümmer vor Willi und Fredl auch schon auf den Boden vor dem Tor aufschlugen. Schmerzhaft traf mich ein abspringender Brocken am Schienbein.
Das Tor splitterte auf. Mit Geheul stürzten wir nach oben. Jeder hatte jetzt einen Holzprügel in der Hand. Auf der schmalen Stiege konnten immer nur zwei gegeneinander kämpfen. Ich war der erste. Damit ich nicht zurückfiel, stützten mich die anderen von hinten. Grausam hagelten die Schläge auf Kopf und Schultern. Hansl stand hoch über mir und nützte seine überlegene Position. Bevor ich mich geschlagen geben wollte, ersann ich eine List. Ich duckte mich, schnellte blitzartig vor, erwischte Hansl beim Fuß und zog ihn mit einem Ruck von der Treppenstufe. Mit ihm zusammen rutschte ich die Treppe hinunter.
Johlend trampelten sie über uns hinweg, hinauf in die Turmkammer. Fredl schlug dem überraschten Nort einen Prügel über den Kopf.
Die Araburg war erobert.
Erhitzt und keuchend, erregt und empört standen wir uns gegenüber, jeden Augenblick bereit, uns nochmal aufeinander zu stürzen.
War das ein Kampf, war das ein Sieg!

Februar 1934.
Wie ein Lauffeuer verbreitete sich die Nachricht — die Roten machen in Wien und Linz Revolution, die Straßenbahner wollen die Macht an sich reißen. Tatsächlich standen die Straßenbahnen still, und es wurde geschossen.
Mutter war ganz verstört, die Schwester aufgeregt. Vater kam früher nach Hause: ,,Die Roten putschen, die Heimwehr muß jetzt bewaffnet werden. Die sind doch dazu da, den Staat zu schützen. Es muß verhindert werden, daß die Roten an die Macht kommen. Ich geh wieder freiwillig."
Mutter beschwörend: ,,Geh — ich laß dich nimmer weg!"
Vater erregt: ,,Sind wir dafür an der Front gestanden, daß die jetzt machen, was sie wollen?"
Wieder, wie schon einmal, überkam mich wahnsinnige Angst vor etwas

Ungeheuerlichem, vor etwas Drohendem, vor etwas, das auf mich zukam, unser Leben gefährdete und die Familie zerreißen wollte.

Tags darauf erschienen die Zeitungen mit Riesenüberschriften.
Wer war im Recht?
Natürlich war für uns die Regierung im Recht — oder?
In der Schule bildeten sich zwei Fronten. Die einen waren für die Hahnenschwänzler, die anderen für die Schutzbündler. Die Kluft war tief, die Abneigung unüberwindlich. Bei den Debatten zeigte sich jeweils die Gesinnung der Eltern. Johanns Vater war Gendarm. Deshalb wurde er auf alle Fälle mit Mißtrauen betrachtet.
Gegen uns, die „Clique", waren alle sehr argwöhnisch. Nicht schwarz, nicht rot — das war verdächtig.
Ein Professor erschien nicht mehr zum Unterricht. Man tuschelte, er hätte mit den Roten sympathisiert.

Herbst 1934.

Im Sommer haben auch die Nazis einen Putsch versucht. Dollfuß wurde dabei ermordet. Außer daß er Bundeskanzler war, wußten wir nur, daß wir ihn nicht mochten, weil er so gar nichts darstellte. Jetzt waren die nächsten an der Macht — Schuschnigg, Starhemberg und Fey.
Wir lachten und schimpften über alle, weil die Erwachsenen auch über sie lachten und schimpften.
Für uns waren sie Tyrannen.
Beim Putsch im Juli war Vater gerade auf Urlaub im Gebirge, sonst wäre er bestimmt darin verwickelt gewesen.
Die „Vaterländische Front", kurz VF genannt, die Partei der Regierung, war uns ein Dorn im Auge.
Auch im Realgymnasium in Mödling wurde der „vaterländische" Kurs straffer, der Zwang — Patriot sein zu müssen — energischer. Die Linie war klar — bist du nicht für mich, so bist du gegen mich und — fliegst. Das wurde jetzt ganz offen erklärt. Manche sagten es mit wütendem Stolz, mit einem Stolz von Menschen, die ihre Gesinnung durch zwei erfolgreich niedergeschlagene Aufstände bestätigt sahen. Andere wieder kuschten. Sie hatten Angst um ihre Stellung.
Doch alle, alle machten mit.
Wir wurden zu „vaterländischen" Appellen befohlen. Es gab den Zwang, jeden Montag Beichtzettel abzugeben. Die Professoren mußten das rot-weiß-rote Bändchen als Abzeichen der VF im Knopfloch tragen, die Schüler das rot-weiß-rote Schülerabzeichen. Die Krukenkreuzfahne

wurde als Schulfahne geweiht. Bei jeder Gelegenheit mußte die Bundeshymne gesungen werden.
Dieser Druck erzeugte Gegendruck. Er bewirkte bei uns Verachtung und Ablehnung. Doch die meisten machten den offiziellen Kurs mit. Manche aus Überzeugung, aus Liebdienerei, aus Gleichgültigkeit.
Doch wir wollten schon immer anders sein und waren dagegen, trotzig dagegen. Und so zeigten wir unseren Protest:
— Die ,,vaterländischen" Aufsatzthemen des Deutschunterrichtes wurden geschickt mit unserem Gedankengut durchsetzt.
— Wir kleideten uns bewußt anders. Weiße Wadenstutzen, weiße Hemden — wer wollte das verbieten?
— Das Schülerabzeichen wurde verdeckt getragen und bei Beanstandungen mit einer Entschuldigung wieder an den richtigen Platz gesteckt. Für kurze Zeit.
— Die Bundeshymne sangen wir nicht laut mit . . .
Bei einem dieser Schulhofappelle kam unbemerkt ein Professor zu unserer Reihe. Alex bemerkte es zu spät, er bewegte den Mund nur zum Schein. Nach der Meldung an den Direktor nützte ihm keine Ausrede mehr — Karzer.
Nun setzten wir uns erst recht mit noch größerem Trotz zur Wehr.

Um als Gruppe zusammenbleiben zu können, mußten wir uns entschließen, in einer vaterländischen Jugendorganisation unterzuschlüpfen. Niemand konnte es verhindern, daß wir geschlossen dem ,,Vaterländischen Jungvolk" beitraten, um dort unsere Lieder zu singen und unter diesem Deckmantel alles zu tun, was wir bisher auch taten — Heimabende, Fahrten und Lager zu veranstalten.
In allen aufstrebenden Ländern Europas sahen wir Diktaturen. Wir waren davon überzeugt, daß nur e i n e r befehlen kann und die anderen zu gehorchen hätten.
Nur die Diktatur in Österreich paßte uns nicht, weil w i r uns als Unterdrückte fühlten. Wir waren davon überzeugt, daß in Deutschland und Italien bestimmt niemand unterdrückt wurde . . .
Wir wußten eigentlich nur, wogegen wir waren. Das ,,Wofür" bauten wir uns täglich selbst auf, indem wir versuchten, in einer eigenen, eigenständigen Welt zu leben.
Eine Jungengemeinschaft wie die d. j. 1. 11. war so recht nach unserem Geschmack. In Österreich hatten wir schon einige Namen — Österreichisches Jungenkorps, Jungenschaft, Jungvolk und dann eben Vaterländisches Jungvolk. Namen waren Schall und Rauch für uns, wenn wir nur wie bisher zusammenkommen konnten.

Unsere Welt bestand aus vielen Kleinigkeiten — die Dolche und Fahrtenmesser, die Zelte der Lappen, die Lieder, die Balalaika, die Zeitschriften in Kleinschrift, die eigenartigen Texte in den ,,Liedern der Eisbrechermannschaft" und unsere Farben — Grau und Rot — und all die fremdartigen Symbole und Zeichen. Das alles gehörte zu unserem Leben.

Je stärker man uns zwingen wollte, gute Österreicher zu sein, desto stärker sträubten wir uns dagegen. Wir wollten keine guten Österreicher sein . . .

Die Überbetonung alles ,,Österreichischen" wurde zur Farce.

Zum Beispiel die Blamage mit dem Kralikbuch ,,A.E.I.O.U.". Angeblich schmuggelte jemand in die Druckerei einen falschen Text ein. Wegen des amtlichen Anstrichs, der Bilder aller VF-Größen, kam niemand auf die Idee, daß da etwas faul wäre.

In den Schulpausen lasen wir es heimlich vor, und alle bogen sich vor Lachen:

— Nach dem verunglückten Turmbau zu Babel zogen die Österreicher nach Österreich und wurden hier vom Donauweibchen gastfreundlich empfangen.

— Die Säulen des Herkules am Karlsplatz, die der gewaltige Held auf seinen wiederholten Reisen durch Österreich einst rechts und links der Straße von Gibraltar aufgestellt hat.

— Die Gründung Wiens durch den Prinzen Vindo, der auf der Burg am Kahlenberg das holde Töchterlein Bone der Markgräfin Lenna heiratete.

— Das Amazonenheer, das an der Festung Theben vorbei nach Wien stürmte und bei Meidling, das von diesen schrecklichen Maiden den Namen hat, geschlagen wurde. Ihre Königin, ein riesiges, starkes Weib, wird mit ihren Gefährtinnen bei der Spinnerin am Kreuz begraben. Ein Teil von ihnen wurde zur Unterwerfung gezwungen. Sie wurden am Schanzel und am Naschmarkt angesiedelt, wo sie noch heute ihr Wesen treiben und noch deutlich die Züge der herben Art ihrer berühmten Urahnen aufweisen.

— Der ,,Heiland von Vindobona" hat in der Bärenmühle keine Unterkunft gefunden, da der Bärenmüller Ursus, seine Gattin Ursa und sein Töchterchen Ursina nicht wollten . . .

Wie dieses war so vieles lächerlich.

Wir aber wollten in einem großen, starken Staat leben — nicht in einer kleinen, komischen Diktatur.

HEUTE

Die national-revolutionäre Jugendbewegung stellte die Weichen zur autoritären Jugenderziehung

Das war damals der Anfang.
Der Anfang für mich und viele andere meines Alters. Der Beginn eines Lebens für Buben, die nichts mit Politik, Weltanschauung und der Welt der Großen zu tun haben wollten, die aber dennoch in sie hineingestoßen wurden.
Wir schauten gläubig zu den Erwachsenen auf. Wir vertrauten ihren Worten. Als wir später so manches nicht verstanden, schlossen wir uns zu jungen Gemeinschaften zusammen.
Instinktiv erkannten wir, daß unsere Welt so gut und so schlecht wie die Welt der Erwachsenen sein würde. Doch wir wollten besser sein.
Wir wollten auch anders sein als alle Leute, forderten die Umwelt heraus, provozierten, um aufzufallen.
Unsere Idole waren die Starken, die Mutigen und die Entschlossenen — die Herrenmenschen. Die Verachtung galt den Schwachen, den Spießbürgern, den Wehrlosen oder besser jenen, die sich nicht wehren wollten.
Uns imponierten die Leute mit Stiefeln, Schulterriemen und Schlagstöcken. Uns sprach das Laute, Kraftvolle, das Selbstsichere an. Mit einem Wort — die Macht.
Unsere Lieder waren die romantische Folge und wurden immer mehr das Spiegelbild unserer Geisteshaltung.

Die meisten unserer damaligen Führer und Vorbilder sind gefallen.
Einer muß jedoch heute besonders erwähnt werden.
Tusk — sein richtiger Name war Eberhard Köbel — war der geistige Hintergrund jener Zeit. Bewußt oder unbewußt war er der Motor und Urheber vieler Taten und Ereignisse, die sich bis zuletzt in der Jugendbewegung abspielten.
Köbel gründete die „Deutsche (autonome) Jungenschaft“ am 1. 11. 1929, die d. j. 1. 11., in Deutschland.

1930 wurde das ,,Österreichische Jungenkorps", das ö. j. k., als Gau der d. j. 1. 11. angeschlossen. Das ö. j. k. wurde jedoch erst 1933/34 in Österreich aktiv.

Damals faszinierten uns seine Ideen:

Der Wortschatz — Garnison, Korps, Aktion, Mannschaft.
Das äußere Bild — graue Jungenschaftsblusen, die Kluften mit Kordeln als Abzeichen, Lappenkothen als Zelte, Grau-Rot als Signalfarbe, neue grafische Symbole.
Die Geisteshaltung — Russenkult mit Kosakenliedern, Samuraikult, Stockfechten, Glorifizierung der Todessehnsucht.
Das Ziel — jeder Junge ein werdender Krieger, ein soldatisch straff geführtes Korps, ein Jungenstaat.
Die Jungenschaft als Gemeinschaftsidee.

In Deutschland und in Österreich verbreitete sich das Vorbild der Jungenschaft wie ein Steppenfeuer. Ohne Ausnahme wurden alle Jugendbünde davon angesteckt. Köbel versuchte, aktiv in andere Bünde einzudringen und vor allem in Deutschland die Hitler-Jugend zu unterwandern.
Seine Idee des völligen Eigenlebens der Jugend mit eigener Führung, eigener Verantwortung und eigenen Lebensformen, eben der Jungenstaat, mußte alle jungen Leute ansprechen.
Die Ideale — Tapferkeit und Heldentum, äußerste Abhärtung und Anspruchslosigkeit, Ehre und selbstloser Opferwille für den Freund, die Gruppe, den Bund und das Volk waren eine Herausforderung an die Jugend.

Eberhard Köbel war eine tragische und schillernde Persönlichkeit. Es heißt, daß er schon 1932 Marxist war, 1933 soll er um die Aufnahme in die NSDAP angesucht haben. 1934 wurde er von der Gestapo verhaftet und nach einem Selbstmordversuch wieder freigelassen. Er trat der Kommunistischen Partei Deutschlands bei und emigrierte nach Schweden. 1944 verfaßte er als Mitglied des ,,Nationalkomitees Freies Deutschland" einen Aufruf an die Soldaten und Offiziere der Deutschen Wehrmacht. Darin forderte er besonders die ehemaligen ,,Bündischen" auf, gegen Hitler zu kämpfen.
Schrieb er 1944:
,,Wenigstens das eine Gute soll der Krieg haben: Bruch mit der Vergangenheit, Bruch mit der ewigen kriegslüsternen deutschen Reaktion . . ."
So schrieb er zehn Jahre vorher:
,,Mit zehn Jahren dürft ihr singen: ,. . . rennen wir und kennen kein Be-

wahren.' Aber es ist eine Verpflichtung. Mit zwanzig müßt ihr sie einlösen. Dann möchte ich keinen von euch als Studenten X oder Lehrling Y sehen, sondern als fanatischen Soldaten einer gerechten Zukunft."
Rückblickend muß gesagt werden — nur die politischen Verhältnisse der damaligen Zeit konnten diese „nationalrevolutionäre" Jugendbewegung hervorbringen.
Die Machthaber ließen der denkenden Jugend keine Wahl. Es gab praktisch keine Mitte. Jeder mußte sich deklarieren. Starke Führerpersönlichkeiten zogen die Jugend auf die revolutionäre linke oder rechte Seite.
In Deutschland führte die d. j. 1. 11. den Kampf gegen die zu „weiche" bündische Jugend und versuchte, die Hitler-Jugend mit ihren Führungskräften zu besetzen.
In Österreich tendierte das ö. j. k. mehr zur bündischen Jugend.
Das wußten wir damals alles nicht.

Der Sprechchor eines Führers aus dem Kreise um Eberhard Köbel charakterisiert den Geist dieser Zeit am besten:

Sie werden höhnen, weil sie nicht verstehen,
was Kameradschaft ist und Zucht und Treue.
Sie bleiben Herde, gern und ohne Reue:
Wir aber werden stolz vorübergehen.

Sie werden lachen über uns, die Feigen,
sie wollen uns die blaue Kluft besudeln,
sie werden hetzen, aber nur in Rudeln,
sie werden mit den Fingern auf uns zeigen.

Und wenn dann einer fragt,
was uns treibt, was uns führt —
Die Jungenschaft marschiert!

Aus diesen Kerntruppen sollte eine zukünftige elitäre Führungsschicht entstehen. In dieser Zeit wurden der Grundstein gelegt und die Weichen gestellt für Geschehnisse und Taten, die dann zwangsläufig folgten.

II.

1935—1936

ÖSTERREICHISCHER WANDERVOGEL

DER POLITISCHE HINTERGRUND

1935	21. 6.	Verbot der Frontkämpfervereinigung.
	11. 7.	Versuch eines Ausgleichs zwischen Deutschland und Österreich durch den deutschen Botschafter Franz v. Papen.
	18. 10.	,,Österreichisches Jungvolk'' wird Staatsjugend.
1936	25. 3.	Zusammenbruch der Versicherungsgesellschaft ,,Phönix''.
	1. 4.	Zusammenlegung aller Wehrverbände in der VF. Einführung der allgemeinen Bundesdienstpflicht.
	5. 5.	Italienische Truppen marschieren in Addis Abeba ein.
	11. 7.	Das ,,Juliabkommen'' zwischen Deutschland und Österreich wird abgeschlossen. Es soll Befriedung und Versöhnung bringen. Es wird festgelegt, daß Österreich ein deutscher Staat ist, jedoch die Nichteinmischung garantiert. Vertreter der nationalen Opposition sollen zur Mitarbeit im Staat und in der VF herangezogen werden. Einige deutsche Zeitschriften und Bücher werden zugelassen. Als Auswirkung des Abkommens werden 17.045 politisch Verurteilte amnestiert. Von 40 lebenslänglich Verurteilten werden 13 begnadigt.
	9. 10.	Auflösung aller Wehrverbände.
	25. 10.	Entstehung der ,,Achse Rom—Berlin''.
	1. 12.	In Deutschland wird die HJ zur Staatsjugend erklärt.

1935
WIR WERDEN „BÜNDISCHE"

Schon seit längerer Zeit merkten wir in der Schule, daß noch andere nicht mit der Masse liefen und wie wir Protestgeist zeigten. Es waren die Burschen vom „Österreichischen Wandervogel", kurz WV genannt.
Jemand überredete mich dazu, mir den Betrieb einmal anzusehen.
Erstes Treffen war in einem Landheim im Wienerwald. Viktor, der Führer der „Schar", schleppte mich auf Schiern hinter seinem Fahrrad dorthin. In einem alten Gärtnerhaus trafen wir auf Willi — auch er war ein Führer —, ein paar Buben und einen heimeligen Raum mit Tischen, Bänken, einer Klampfe und einem blauen Wimpel mit dem silbernen Greif — das Symbol des WV.

Der Heimabend begann mit einem Lied:

„Wenn die bunten Fahnen wehen,
geht die Fahrt wohl übers Meer,
woll'n wir ferne Lande sehen,
fällt der Abschied uns nicht schwer . . ."

Dann sprach Willi unter anderem:
„. . . Wir sind nur wenige, aber wir sind die Elite. Jeder von euch soll einmal ein Führer werden. Ihr seid die Auslese. Ihr seid die Besten. Darum sei euch die Ehre, die Treue und die Freiheit das Höchste . . ."
Mir war das alles unklar — was sollten die Worte bedeuten? Doch was soll's — es war erhebend und bestimmt richtig und wichtig.

Zum Schluß sangen wir:

„Wenn alle untreu werden,
so bleiben wir doch treu . . ."

Von diesem ersten Abend in einer sogenannten „bündischen" Jugendgruppe war ich tief beeindruckt.
In den nächsten Wochen und Monaten war ich kaum ein Wochenende daheim. Das Lernen und die Schule waren Nebensache geworden. Wäh-

rend der Pausen standen wir Wandervögel demonstrativ beisammen oder gingen eingehakt über den Schulhof und durch die Gänge.
Wir waren selbstbewußter geworden, wir waren ja jetzt die Elite. Das glaubten wir wenigstens.
Und immer sangen wir Lieder, Lieder von der ,,blauen Blume'', die wir zu finden hätten, von umtosten Bergesgipfeln, von unendlicher Weite, von Feindschaft und Tod.
Irgendwo auf romantischen Plätzen im Wienerwald wurden zum Wochenende die Zelte aufgeschlagen und Lagerfeuer gemacht. Dann saßen wir stundenlang herum, starrten ins Feuer und sangen am liebsten von exotischer Ferne — von der ,,Goldenen Horde'':

> ,,Langsam reitet unsre Horde
> neuem Ziel und neuen Taten zu . . .
> Hinter uns nur Tod und Elend,
> brennende Dörfer, und Verzweiflung
> steht den Menschen zu Gesicht . . .''

Und von Zigeunern:

> ,,Bei Regen und bei Sonnenschein,
> im Sommer und im Winter,
> so ziehen wir jahraus, jahrein,
> wir braungebrannten Kinder.
> Nur zu, nur zu, nur immer zu,
> Zigeuner haben keine Ruh.
>
> Wenn dann die morsche Achse brach,
> mußt uns die Mutter tragen . . .''

Mit Kameraden nachts am Feuer ließ es sich herrlich träumen; die Wirklichkeit der Schule und des Elternhauses war unwichtig geworden.
Zusammen mit Alex erhielt ich die heißersehnte ,,Bundesschnur'' verliehen, eine schmale, gold-rot-grüne Kordel, die über der Brusttasche angenäht wurde.
Wir waren sehr stolz darauf. War es doch der erste Schritt, um in den inneren Ring der Gemeinschaft der Auserwählten aufgenommen zu werden. Die noch Auserwählteren, die Unfehlbaren, die Reinen, die ,,Führer'' schlechthin, trugen den silbernen Greif auf blauem Grund.
Die Verleihung der Bundesschnur war sehr feierlich.
Nachts.

Die Schar stand um einen großen, brennenden Holzstoß.
Viktor trat vor und redete — nein, er stotterte, doch bei einem ,,Greifträger" mußte man das nachsehen.
Die Rede ging mir trotzdem nahe:
Er sprach Worte von ewiger Freundschaft, von Treue, Ehre, von Härte und unbeugsamem Kampf.

Dann nahmen wir uns an den Händen und sangen:

,,Wahre Freundschaft darf nicht wanken . . ."

Anschließend erschien noch der ,,Bundesfritz", das war der höchste aller Auserwählten. Sein Anblick war allerdings einigermaßen ernüchternd. Fritz hatte eine Glatze, einen Bauch und trug lange Kurzhosen. Im ganzen machte er keinen sehr verwegenen, kämpferischen Eindruck.
Trotz allem blieb die Ehrfurcht.
Er sprach gewandt und salbungsvoll vom Wandervogel, der ,,rein bleiben und reif werden müsse", weil auf ihn die ,,Führungsaufgabe" warte.
Das Lagerfeuer brannte nieder. Wachen wurden eingeteilt.
Es war ein aufwühlendes Erlebnis. Ich konnte nicht einschlafen — würde jemand diese Nacht das Lager überfallen?
Weshalb wurden Wachen aufgestellt?
Ist das Wachsein die Treue, das ,,Nichtdavonlaufen" die Ehre?
Wird es zum Kampf kommen?
Wie bleibt man rein, wie wird man reif?
Die Eltern waren durchaus für den Wandervogel. Nur zwei Dinge störten sie: Der Oppositionsgeist gegen die Schule und das ungehobelte Benehmen.
In der Schule störten mich die spießbürgerlichen Professoren, die täglich um mich waren.
So wollte ich aus Prinzip nicht Latein lernen, seit der Professor — Bart, Gestalt lang und dürr, unangenehme Stimme und lange, unten zugebundene Unterhosen — erklärt hatte, daß es für das zukünftige Leben wichtiger wäre, Latein zu können, als über einen Graben zu springen. Er war seitdem für mich Luft und Latein nur mehr ein notwendiges Übel.
Oder der Englischprofessor, der uns eines Tages Ausdrücke der Politik erklären wollte: ,,Sozial ist gut — sozialistisch ist schlecht . . ."
Dazu kamen die Reibereien mit all den anderen, die nicht in mein neues Weltbild passen wollten.

Pfingsten 1935.

Bundestreffen der Wandervögel auf der Ruine Riedegg bei Gallneukirchen.

Wir nannten es das ,,Große Thing".

Die Schar fuhr geschlossen hin. Wir waren jetzt schon richtig uniformiert — graue Hemden, schwarze Schnürlsamthosen, Schulterriemen und am Fahrrad den blauen Wimpel mit dem Greif.

Auf einem großen Platz hinter der Burg trafen wir auf viele hundert Burschen und Mädel. Sie hatten verschiedenste Trachten und Uniformen, Fahnen und Wimpel. Mehrere Gruppen waren auch aus dem ,,Reich".

Meist führten wesentlich ältere Wandervögel das Wort.

Dann begann die Feierstunde.

Ein nicht mehr ganz junger Führer sprach über Zucht und Ordnung, das Wachsen zum Führer, das Auserwähltsein für große Aufgaben des Volkes und die Verpflichtung zum Volkstum.

Anschließend ein Gedicht von Walter Flex und danach das niederländische Dankgebet:

> ,,Wir treten zum Beten vor Gott, den Gerechten,
> er haltet und waltet ein strenges Gericht,
> er läßt von den Schlechten die Guten nicht knechten.
> Sein Name sei gelobt, er vergißt unser nicht.
>
> Im Streite zur Seite ist Gott uns gestanden,
> er wollte, es sollte das Recht siegreich sein . . ."

Wir kamen uns in dieser Umgebung irgendwie verloren vor. Bis jetzt waren wir uns selbst genug gewesen. Nun sollten wir uns in diese Masse einfügen — es gelang nicht.

Diskussionsgruppen wurden gebildet. Vor lauter Ehrfurcht über soviel Gescheitheit und Lebensphilosophie brachte ich kaum ein Wort heraus.

Nachmittags fanden Wettkämpfe statt. Dabei wollten alle befehlen, keiner aber einem anderen als s e i n e m Führer gehorchen.

Da waren auch noch andere ,,Bündische" als Gäste. Die ,,Kreuzfahrer" — die Evangelischen — und die ,,Neuländer" — die Katholischen —, ,,Adler und Falken", ,,Freischar Scharnhorst" und etliche andere kleinere Gruppen. Die meisten zogen wegen des heillosen Durcheinanders bald ab.

Es wollten alle Führer, es wollten alle Elite, doch keiner Gefolgsmann sein.

Aus der Zeitung erfuhren wir, daß der „Österreichische Wandervogel" verboten wurde. Außerdem lasen wir über die Umtriebe der sogenannten „bündischen Jugend" und daß in Hinkunft nur mehr die vaterländischen Jugendvereine gestattet wären.
Also wieder Zwang, wieder Druck, wieder Unterdrückung.
Warum wurden wir verboten?
Nun hielten wir erst recht zusammen, denn das Verbotene, das Geheime reizte uns. Natürlich trafen wir uns weiterhin, mit dem Unterschied, daß es aufregender und prickelnder geworden war. Jetzt waren wir eben illegale Wandervögel. Statt unserer Kluft trugen wir weiße Hemden und Stutzen.
Es war viel schöner — verboten zu sein . . .

Ostern 1936.
Grenzlandfahrt nach Gmünd im Waldviertel.
Stundenlang fuhren wir mit den Fahrrädern auf schlechten Straßen zur Grenze. Mein Fahrrad, der „Sturmvogel", war schon sehr altersschwach. Nach vielen Pannen, spätabends, kamen wir todmüde zu einem Bauernhof nahe der Grenze.
Grenzland — wir stellten uns darunter etwas Heroisches, Kämpferisches vor. Ständig auf der Hut sein, ständig Angst vor den Tschechen, ständiger Kampf um das Deutschtum.
Grenzlandbauer — der Romantik Höchstes.
Doch der Bauer war über unsere Fragen sehr verwundert.
„Ja, ja, dort drent is die Grenz."
„Deitschtum verteidigen? Wos moant's damit?"
„Seid's g'scheit, do drent san a a poar unsrige und Behm natürli a."
„Manchmal kumma halt mir umi, manchmal de Behm."
Das war so seine Meinung dazu.
Trotzdem konnte er uns die romantische Vorstellung nicht nehmen, nur einige hundert Meter von der Grenze entfernt, einen Bauern in seinem Deutschtum bestärkt und die Gefahr gespürt zu haben.

Sommer 1936.
Auslandsfahrt in die Slowakei.
Als harmlose Schülergruppe fuhren wir nach Preßburg. Die Grenzer hatten andere Sorgen, als in uns Staatsfeinde zu sehen. Dabei hätte jeder einzelne von uns darauf gebrannt, einmal verhaftet zu werden, einmal Märtyrer zu sein. Doch niemand tat uns den Gefallen, uns für unsere Überzeugung leiden zu lassen.
In den Kleinen Karpaten trafen wir eine größere Gruppe sudetendeut-

scher Wandervögel. Sie waren alle sehr viel älter als wir. Zwei hatten sogar tschechische Uniformen an. Wir empfanden dies als Sensation, sie als Selbstverständlichkeit. Trotzdem waren wir neugierig und gespannt, ob nicht jeden Moment Häscher aus den Büschen springen und die beiden verhaften würden. Doch nichts dergleichen geschah.
Wir sangen und spielten zusammen. Wir erkannten — auch ihre „Heimat" war das Land, der Wald, die Lichtungen, die Waldesränder, die Bäche und die Teiche. Auch ihr Streben war die Suche nach der „Blauen Blume", nach der Wahrheit.
Viktor sagte bei einem Heimabend: „Wir sind gegen die Krämer, gegen die Schule, gegen diesen Staat, gegen alle, die nicht mit uns sind. Wir wollen unseren eigenen Bund aufbauen, wir wollen siegen."
Mir kamen leise Zweifel — w i e wollten wir diesen vielen Spießbürgern, diesen Strebern, diesen Kleinmütigen und Feigen unsere Ideale näherbringen?
Wir sahen die Ideale. Wir sahen nicht den Weg zu ihrer Verwirklichung.

HEUTE

Romantik und Weltanschauung — eine gefährliche Verbindung

Die ,,Bündische Jugendbewegung'' entstand schon vor dem Ersten Weltkrieg. In Deutschland und in Österreich.
Ihr Ziel war eine ,,permanente Umgestaltung der Welt''. Doch nicht die Umstände, sondern der einzelne Mensch sollte geändert werden.
Viele geistige Strömungen suchten nach neuer Ideologie, suchten nach gemeinsamer Weltanschauung — jedoch ohne Gewalt. Die meisten Revolutionäre der Jugendbewegung waren Pazifisten.
Die ,,Bündische Jugendbewegung'' war gekennzeichnet durch ständige Appelle an die Einigkeit, durch Zusammenschlüsse und Trennungen, Abspaltungen und Wiedervereinigungen.
Die meisten ihrer Führer wanderten auf dem schmalen Grat, der steil nach rechts oder nach links abfiel. So kam es, daß fast ebenso viele ehemalige ,,Bündische'' sich später der extremen Rechten wie auch der extremen Linken zuwandten. SS-Führer und höchste Persönlichkeiten der DDR waren das Ergebnis dieser Gratwanderung.
In der Zwischenkriegszeit gab es in Deutschland über tausend, in Österreich mehr als fünfzig verschiedene Jugendbünde.
In ihrem Aufbau und der Zielsetzung glichen sie sich alle — die ,,Adler und Falken'', die ,,Deutsche Freischar'', der ,,Bund der Kreuzfahrer'', der ,,Bund Neuland'' und der ,,Österreichische Wandervogel''.
Der ,,Österreichische Wandervogel'' war immer national. Trotzdem gab es keine echten politischen Zielsetzungen. Er war stark auf das Volksbrauchtum ausgerichtet und widmete sich sehr der Betreuung der Volks- und Auslandsdeutschen.
Das ungebundene, freie Leben sprach uns Buben in den Entwicklungsjahren an. Durch das ständige Zusammensein, die Feierstunden mit ihren Liedern und die bedingungslose Kameradschaft wurden wir immer enger an diese Gemeinschaft gebunden. Ihr fühlten wir uns auch durch die Begriffe ,,Ehre'' und ,,Treue'' besonders verpflichtet.

Uns wurde eingeredet, wir wären eine Auslese, die Elite der Jugend. Wir wären berufen, einst Führerstellen einzunehmen. Natürlich bildeten wir uns mit der Zeit ein, wirklich auserlesen zu sein, unseren Staat, unser Volk zu retten.
So entstand ein Dünkel. Eine echte Auslese konnte gar nicht stattfinden, da wir durch unsere Isolation die Masse der Jugend gar nicht erreichten. So waren wir selbsternannte „Könige", deren Fähigkeiten ganz unterschiedlich waren.
Die Suche nach der „Blauen Blume" der Erkenntnis und die Weisheit — „Wer zu den Quellen will, muß gegen den Strom schwimmen" — setzten wir gegen die materielle Welt, gegen Gleichgültigkeit und Terror.
Doch das war zu wenig.
Der aktive Kampf konnte nur von der politischen Seite her gewonnen werden. Die Ideen der bündischen Jugend waren letzten Endes steril. Sie konnten nicht durchschlagend sein, die bündische Jugend glaubte, in einem Raum frei von Politik und Weltanschauung operieren zu können. Auch der „Wandervogel" ging an den Realitäten der Tagespolitik vorbei.
Um einen charismatischen Führer scharten sich die Gruppen. Auf ihn und die Macht seiner Persönlichkeit gaben sie mehr als auf Ideen oder Weltanschauung.
Man gehörte einer Gruppe oder Schar an. Sie war der Mittelpunkt. Erst diese Gruppen ergaben den Bund.
Die Bünde mit ihren Scharen und Gruppen wurden zum Selbstzweck.
In Österreich wurden die nationalen Bünde schon vor 1938 verboten, die meisten schon nach dem 18. Oktober 1935, als das sogenannte „Österreichische Jungvolk" als Staatsjugend eingeführt wurde.
Aus diesem Grund wurden die Mitglieder dieser verbotenen Bünde zwangsläufig zur politisch agierenden Gruppe, zur ebenfalls verbotenen Hitler-Jugend gedrängt. Die bisher unpolitische Jugend profilierte sich politisch.
Plötzlich waren Vaterländische Front, Faschismus, Nationalsozialismus, Kommunismus und Sozialdemokratie Realitäten, mit denen wir uns auseinandersetzen mußten.
Die radikalen Ideen drängten zur Oberfläche.
So wurden auch in dieser Periode wieder Weichen gestellt — von der Umwelt, von den Erwachsenen. Wir schlitterten den vorausbestimmten Schienenstrang entlang. Das Ende kannten wir nicht.

Ist das alles nur mehr Vergangenheit?
Wenn ich heute vom „Versprechen" und den „Zehn Geboten der Pfadfinder" beim großen, friedlichen Treffen aller Stämme lese und staune,

wie sich der ,,Wölfling" das ,,dunkelblaue Halstuch" verdient, so wundert es mich nicht mehr, in den 10 Geboten der Pfadfinder die ,,Ehre", die ,,Treue" und die ,,Kameradschaft" zu finden.
Eine Neuauflage unserer alten Ideale?
Ich glaube kaum. Es ist nur eine Bestätigung dafür, daß die Träume und die Sehnsüchte eines Jungen seit eh und je die gleichen sind.
Der ,,Wandervogel" war der Protest junger Menschen gegen die stumpfe, brave, bürgerliche Gesellschaft. Ist es nicht der gleiche Protest, wie ihn heute die ,,Hippies" in ähnlicher Form vorbringen? Der Protest der Gegenwart hat sich den Zeitumständen angepaßt. Sex und Rauschgift fehlten bei uns. Heute ziehen sie per Autostopp durch die Gegend.
Aber sie haben ihre Gitarre, sie haben ihre Lieder, sie haben die Sehnsucht und die Romantik. So wie wir einst, wollen sie sich nicht in die bürgerliche Gesellschaft einordnen. In London, Paris, Amsterdam, in allen Städten der Welt, auf den Landstraßen, überall sind sie zu finden, die Wandervögel unserer Zeit: in Blue jeans, mit langen Haaren, tornisterähnliche Gebilde aufgepackt — manchmal auch ein Kind auf den Rücken gebunden.
Rauschgift und Sex haben ihnen unsere Gesellschaft verpaßt. Wer dafür anfällig ist, kann erliegen. Unterkriegen wird man auch diese Jugend nicht.
Auch heute wird die Sache bedenklich, wenn die politische Komponente dazukommt.
Sind wir damals mehr der rechten Seite verfallen, so glauben sie heute, auf der linken ihr Heil zu finden. Damals wie heute kann diese Verbindung — Romantik und Weltanschauung — eine gefährliche Entwicklung nehmen.
Heute sind andere ,,Weichensteller" am Werk. Wissen sie das Ziel, die Endstation?
Jede Generation will ihre eigenen Fehler machen.
Wir aber wurden damals kompromißlose Rebellen.

III.

1936—1938
DIE ILLEGALITÄT

DER POLITISCHE HINTERGRUND

1937	4. 2.	„Siebener Komitee" von der nationalen Opposition eingesetzt, um mit der Regierung zu verhandeln.
	22. 2.	Demonstrationen der Nationalsozialisten anläßlich des Besuches des deutschen Außenministers Freiherr v. Neurath in Wien.
	17. 6.	Das „Volkspolitische Referat" im Rahmen der VF wird zur Durchführung des „Juliabkommens" eingesetzt.
	25. 9.	Mussolini wird in Berlin triumphal empfangen und schwenkt auf deutschen Kurs.
	5. 11.	„Rossbach-Protokoll". Hitler legt in einer Geheimbesprechung als erstes Ziel eines Krieges die Besetzung Österreichs und der Tschechoslowakei fest.
1938	8. 1.	Letzte Zusammenkunft der Signatarmächte der „Römer Protokolle". Österreich wird der „deutsche Kurs" empfohlen.
	27. 1.	„Tavs Plan" wird entdeckt. Er legt die Maßnahmen der Nationalsozialisten im Falle einer Machtübernahme fest.
	12. 2.	Hitler und Schuschnigg treffen sich in Berchtesgaden. Hitler drängt auf Erfüllung des „Juliabkommens" und auf mehr Rechte für die Nationalsozialisten. NSDAP soll im Rahmen der VF legalisiert werden. Amnestie für alle Nationalsozialisten.
	15. 2.	Regierungsumbildung. Seyss-Inquart wird Innenminister.
	16. 2.	Amnestie für politische Delikte.
	17. 2.	Otto von Habsburg will von Schuschnigg die Regierungsgewalt übernehmen.
	18. 2.	Nationalsozialisten dürfen sich im Rahmen der VF betätigen.
	ab 1. 3.	Unruhen und Kundgebungen in ganz Österreich.
	9. 3.	Schuschnigg gibt Volksabstimmung für ein „freies und deutsches, unabhängiges und soziales, für ein christliches und einiges Österreich" bekannt. Termin 13. 3. Es gibt keine Wählerlisten, nur „Ja"-Zettel.
	11. 3.	Schuschnigg tritt unter Druck zurück. Seyss-Inquart wird Bundeskanzler.

1936
,,DEUTSCHES JUNGVOLK" IM UNTERGRUND

Es mußte so kommen.
Die ,,Illegalen" fanden zueinander.
Von den illegalen Hitlerjungen hörten wir bisher nur durch Skandale, Schulausschlüsse, Bestrafungen wegen Flugzettelstreuens, Schmieraktionen und ähnlichen Aktivitäten.
Wir lehnten das ab. Für unsere auserwählte Schar war es viel zu vulgär, sich mit diesen Dingen abzugeben.
Herbert, ein älterer Wandervogel, redete mich eines Tages an: ,,Ich glaube, wenn wir schon verboten sind, so sollten wir uns nicht scheuen, gleich die Konsequenzen zu ziehen. Wir sollten ein illegales ,Deutsches Jungvolk' aufstellen. Ich hätte die nötigen Verbindungen."
Das ,,Deutsche Jungvolk", das waren die 10- bis 14jährigen in der Hitler-Jugend. Das waren diejenigen, die man noch formen konnte.
Es hatte uns von neuem gepackt — der Reiz des Verbotenen, der Reiz, Verschwörer zu sein, der Reiz, ein Geheimnis zu haben, schlauer und listiger zu sein als die anderen, als die andere Welt mit ihrem Zwang, mit ihren Grundsätzen, die wir nicht wollten.
Das erste illegale Treffen wurde vereinbart. Es fand sich der gleiche Kreis wie schon beim Wandervogel und wie vor Jahren beim Jungenkorps.

Wir waren Verfolgte, also bekam jeder eine Nummer, jeder einen Decknamen. Das komplizierte zwar, erhöhte aber den Reiz. Wer wußte wirklich, ob wir tatsächlich verfolgt wurden?
Wir waren jedenfalls auf einem Weg, der kein Zurück mehr kannte.
Im Juli hatte die Regierung sogar einen Vertrag mit den Illegalen gemacht.
,,Wir" wurden beachtet, wurden ernstgenommen. Die Bedeutung des Vertrages konnten wir allerdings nicht verstehen. Auf jeden Fall stärkte er uns den Rücken. Andere sprachen davon, daß man uns abgeschrieben hätte.

Die Olympischen Spiele im Reich waren eine großartige Sache. Wir freuten uns über den Wirbel, den unsere Illegalen beim olympischen Staffellauf inszenierten.
Das waren Männer, das waren Kämpfer.
Fast ärgerte es uns, daß auch einige Österreicher in Berlin gewannen. Wir waren soweit, daß wir nur „deutsche" Siege akzeptierten.

11. November — Langemarkfeier.
Eintöniges Trommeln.
Ein Feldweg. Eine Kolonne im Gänsemarsch.
Herbert trommelte. Hinter ihm ging Arnold mit dem Wimpel. Es war Nacht und der Nebel so stark, daß die Tropfen in Streifen über das Gesicht liefen.
Das Trommeln reizte die Nerven. Ich stieß von hinten an Alex, der pfauchte zurück: „Kannst nicht aufpassen?"
Herbert: „Ruhe da hinten — Schweigemarsch!"
Zwei Fackeln wurden bei einer Lichtung im Wald entzündet.
Herbert, nach langen Sekunden der Stille: „Aus dem Kommuniqué der Obersten Heeresleitung vom 11. November 1914. Deutsche Freiwilligenregimenter stürmten bei Langemark mit dem Deutschlandlied auf den Lippen die feindlichen Stellungen und nahmen sie."
Stille — lange Stille.

„Fast alle kriegsfreiwilligen Studenten sind gefallen. Wir ehren die Toten von Langemark und singen:

> Heilig Vaterland in Gefahren,
> deine Söhne sich um dich scharen,
> von Gefahr umringt, heilig Vaterland,
> alle stehen wir Hand in Hand."

Fallen für das Vaterland — das Höchste. Fallen, sterben, tot sein, Held sein — so wie diese jungen Studenten mit dem Deutschlandlied auf den Lippen. Vorne wurde ein anderes Lied angestimmt:

> „Wir ziehn auf stillen Wegen,
> die Fahne eingerollt,
> es rinnt so leis der Regen,
> als wär es so gewollt . . ."

Ich bekam illegales Schulungsmaterial. Es waren Abhandlungen über weltanschauliche Fragen. Wir mußten uns doch klar werden, w o f ü r

wir sein wollten. Es waren auch einige Nummern des „Österreichischen Beobachters" — ein illegales Parteiblatt — dabei, das über Ereignisse in Österreich berichtete, die nicht in den Tageszeitungen standen.
Es gab noch den „Ger", das eigene, illegale Blatt. Es wurde nur in einem Exemplar hergestellt. Den Umschlag machte ich selbst mit viel Phantasie für jede Nummer neu. Der Inhalt war in der Hauptsache von Herbert und mir. Die Illustrationen lieferte Jörg — primitiv, aber eindrucksvoll.
Das „Material" mußte natürlich versteckt werden. Die Stufe einer Holzstiege war der geeignete Platz.
Wir beargwöhnten einen Mann unseres Hauses, der uns vielleicht einmal gefährlich werden könnte. Im vierunddreißiger Jahr hat er zuerst auf die Schwarzen geschimpft. Damals nahmen wir an, er wäre ein Roter. Dann trug er das rot-weiß-rote Existenzbandl und zog über die Roten her. Die Gendarmen grüßte er mit „Österreich". Vor Vater hatte er Respekt, bei ihm wußte er nicht, wie er dran war. Manchmal redete er im vertrauten Verschwörerton mit ihm.
Jörgs Schwester wurde in der Schule beim Austeilen von Flugblättern erwischt. Diese Gans hätte besser aufpassen sollen. Sie wurde von der Direktorin einvernommen, die Polizei sollte sogar eingeschaltet werden. Elsi, so hieß das Mädel, war dumm und stellte sich noch dümmer. Ihr wäre der Inhalt der Flugblätter ganz unbekannt. Ein Fremder hätte ihr die Zettel vor der Schule gegeben und ihr gesagt, sie solle sie verteilen. Sie konnte so schön heulen.
Trotz oder wegen ihrer Dummheit war ihr nichts nachzuweisen.

Langsam wurde uns auch klar, wofür wir waren.
Wir waren für alles, was Deutschland hieß und aus dem Dritten Reich kam — vorbehaltlos, bedingungslos.

1937
DER WEG ZUM UMBRUCH

Im Feber kam der deutsche Reichsaußenminister Freiherr von Neurath nach Wien.
Für den waren wir.
Daher wurde für ihn und gegen unsere Regierung demonstriert und die Probe aufs Exempel gemacht — ,,Heil Hitler" und ,,Heil Deutschland" gerufen. Der Erfolg war groß — die Polizei konnte nicht einschreiten, ohne die Deutschen zu verärgern.
Für uns war es ein Mordsspaß, einfach herrlich.

Herbert wurde der ,,Fähnleinführer" und ich sein Adjutant.
Das ,,Fähnlein" war sehr weit verstreut. Ich mußte das Schulungsmaterial zu den ,,Jungzugführern" bringen.
Jedes Wochenende fuhr ich mit meinem alten Fahrrad zu Ernst nach Gloggnitz, zu Erich nach Gutenstein, zu Karl nach Klosterneuburg. Stundenlang strampelte ich dahin, um das ,,Material" zuzustellen.
Meistens handelte es sich um ein vierzehntägig erscheinendes Heft — ,,Die Schar". Es befaßte sich mit unseren Problemen. Sie waren seit jeher beim Turnverein, beim Jungenkorps, beim Wandervogel, wie auch jetzt, die gleichen — Fahrten, Lager, Lieder, Sport. Der Inhalt — ein, zwei Bubengeschichten, ein paar Gedichte, ein neues Lied und einige Zeichnungen, mehr nicht.
Man hätte die Hefte genausogut mit der Post verschicken können. Wo aber wäre dabei das Verbotene, das geheimnisvoll Illegale geblieben? Und wo der Kontakt, die persönliche Verpflichtung?

Wir beschlossen, einen Heimabend zusammen mit der HJ zu machen. Früher sagten wir ,,Haje", jetzt waren wir schon aufgeklärter und wußten, daß man in Deutschland zum J nicht je, sondern jot sagt, also ,,Hajot".

Die HJ waren die Größeren, die Reiferen. Sie wurden regelmäßig politisch geschult, bei Wahlkämpfen eingesetzt und durften Parolen auf

Wände und Gehsteige schmieren. Die HJ waren die Hakenkreuzstreuer, die Flugzettelverteiler und Böllerwerfer, die Aktiven und Rabauken.
Es waren jene, die auf das „romantische Kleinzeug“ herunterblickten, das „Jungvolk“ als Kindergarten ansahen, als Unreife, als Schwärmer, wenn nicht gar als reaktionäre Gegenrevolutionäre, als Leute, die suspekt waren und nichts von großer Politik verstanden.
Wir, das Jungvolk, wollten jedoch unbedingt ernstgenommen werden, wollten genauso revolutionär sein wie die HJ, wollten die größeren Helden und wollten auch tote Märtyrer haben.
In der Wohnung eines illegalen Parteigenossen trafen wir uns. Das Zimmer war für unser Häuflein gerade groß genug.
Die Abwicklung des Heimabends überließen wir den „Großen“. Rudl, der Sohn eines Ziegeleiarbeiters, mit kurzer, enganliegender Lederhose, breitem Lederriemen mit Koppelschloß, weißem Hemd und weißen Stutzen, sprang auf und knallte seine Fersen — jetzt hießen die natürlich Haken — zusammen, riß den Arm hoch und schrie: „Heil Hitler! Der Junggenosse Zagler hält sein Referat.“
In kurzen, abgehackten Sätzen redete er über den großen Sieg der Junggenossen im Reich, über die Ehre der Arbeit, die Treue zum Führer und die Freiheit in Deutschland. „Eine Schanze ist ein Haufen Dreck — aber wenn der Soldat seine Fahne darauf verteidigt, ist sie sein Vaterland!“
Hätte er nicht so geschrien, wäre er besser zu verstehen gewesen. Trotzdem waren wir sehr beeindruckt, wenn uns auch nicht ganz klar war, was er eigentlich wollte.
Dann brüllte er noch: „Referat beendet — Heil Hitler!“
Nun wußten wir wenigstens, was das für Burschen waren.

Zum Abschluß sangen wir gemeinsam das Jungarbeiterlied:

„Es pfeift von allen Dächern:
für heut die Arbeit aus,
es ruhen die Maschinen,
wir gehen müd nach Haus.

Daheim ist Not und Elend,
das ist der Arbeit Lohn,
Geduld, verratne Brüder,
schon wanket Judas' Thron.“

Zu gerne hätte ich einmal einen echten Jungarbeiter kennengelernt. Vielleicht war Rudl einer, die anderen waren bestimmt keine. Auch das Jungarbeiterdasein war romantisch — zumindest für solche, die es nicht waren.

Es waren lauter feine Kerle, die sich zusammengefunden hatten. Ein Teil der Eltern war gegen unsere Gemeinschaft, andere unterstützten uns.
Bei Tommy und Fritz, bei Othmar, Erich und Fredl oder Alex hielten wir abwechselnd unsere Heimabende ab. Die Eltern bewirteten uns und freuten sich über unsere Lieder. Unsere wahren Heimstätten waren jedoch die Landheime. Nur dort konnten wir unser angestrebtes Eigenleben führen.
Die Anforderungen an den Wochenenden wurden immer härter. Nachtübungen, Kriegsspiele und Märsche bis zur totalen Erschöpfung. Zwischendurch spielten wir Schlagball und betrieben Leichtathletik.

Ein Name war es, mit dem wir immer öfter konfrontiert wurden — Adolf Hitler.
Er wurde für uns der einzige Mensch, dessen Machtwort wir uns unterwerfen wollten. Er war der einzige Politiker, Staatsmann, Reichskanzler und Führer, zu dem wir nicht in Opposition standen.
So und nicht anders stellten wir uns einen Menschen vor, der imstande war, seine Ideale, die immer mehr die unseren wurden, zu verwirklichen. Ein Erretter des Volkes aus tiefster Not nach dem verlorenen Weltkrieg, ein Heiland für die Deutschen, ein Idol, das seine größte Ausstrahlung über die Grenzen hatte.

Deutschlandfahrt.
Die Sehnsucht, ins Paradies unserer Ideale, ins „Reich" zu fahren, wurde riesengroß.
Zwölf Begeisterte brachen auf. In Räuberkluft, die Fahrräder mit Tornistern und Satteltaschen schwer bepackt, fuhren wir zur Grenze.
Schon in Österreich hatten wir Gelegenheit, unsere Gesinnung zu dokumentieren. Reichsdeutsche in Österreich durften auf ihren Autos Hakenkreuzwimpel führen. Jedesmal, wenn so ein Wagen vorbeifuhr, stellten wir uns an den Straßenrand und grüßten mit hocherhobener Hand.
Mit Herzklopfen passierten wir die Grenze.
In Deutschland suchten wir Kontakte in den Jugendherbergen, auf den Straßen, in Lokalen und überall, wo sich die Gelegenheit dazu bot.
Wie war doch dieses Volk organisiert! Alles war so selbstverständlich — die Hakenkreuzfahnen, die Abzeichen, die Uniformen, die Wimpel. Alles war sauber und ordentlich geführt.
Willig unterwarfen wir uns den Vorschriften und Regeln. Wenn wir auch manchmal wegen unseres Enthusiasmus belächelt wurden, wir sahen es nicht. Wenn ein Reichsdeutscher kritisierte, wir glaubten es nicht.
Wir bestaunten alles — von den vorbeiziehenden Wehrmachtskolonnen,

den Parteiformationen bis zu den Zeitungen und Plakaten, die Menschen und die Landschaft.
Abends lauschten wir den Erzählungen von Fahrten und Lagern. Ja, d i e haben schon alles, wofür wir noch kämpfen müssen. D i e haben wirklich die ganze Jugend erfaßt.
Ich war sehr enttäuscht, wenn ein Pimpf nicht die Begeisterung zeigte, die ich von ihm erwartete, oder wenn er gar vom Zwang des Dienstes sprach. Ich tröstete mich — Nörgler wird es eben immer geben. Hauptsache war doch das große, das strahlende Ziel — die gesamte Jugend, das ganze Volk kämpft für Adolf Hitler — und Adolf Hitler ist Deutschland.
Wo gab es sonst noch so eine einfache Formel — wo?
Wir fuhren durch München, Stuttgart, Nürnberg, Rothenburg ob der Tauber. Es war wie ein Rausch.
Unseren Hansl, der vor einigen Monaten aus Österreich geflüchtet war, besuchten wir in der Kaserne der ,,Österreichischen Legion''. Haralds Onkel war Kommandeur der Kaserne.
Ehrfurchtsvoll fuhren wir in den Kasernenhof ein. Der Sturmbannführer begrüßte uns. Wir durften in einer Mannschaftsstube übernachten und bekamen auch die Verpflegung.
Wir waren begeistert.
Hier hörte man keine großen Worte, hier wurden mit Härte und Drill Soldaten erzogen. Hier wurde die Befreiung Österreichs vorbereitet. Das sollte einmal so ein Schlappschwanz unserer Regierung sehen, diese Ordnung, diese Disziplin. Von früh bis abends lief alles wie am Schnürchen. Kurz und militärisch waren die Reden — keine Umschweife, kein Herumreden.
Einer erzählte uns vom Konzentrationslager Dachau. Es wäre eine einmalige Einrichtung für Volksfeinde und unbelehrbare Asoziale. Das wäre etwas ganz Neues — kein Gefängnis. Dort würden die Leute umerzogen und wieder zu vollwertigen Volksgenossen gemacht. Sie würden unter strenger Aufsicht in schönen Baracken wohnen.
Genauso sollte man bei uns in Österreich solche Typen behandeln. Doch bei uns erwischen sie immer nur die Idealisten.
Deutschland — da war alles gut, herrlich, einmalig. Wie kleinlich, häßlich und schmutzig kam uns jetzt Österreich vor. Die Regierung unfähig, die Menschen noch nicht aufgerüttelt und kleinmütig . . .

Nach Schulbeginn fand ein geheimes Treffen in einem abgelegenen Bauernhof des Gutensteiner Tales statt.
Immer besser wurden wir mit den Zielen der ,,Bewegung'' vertraut. Der

Wortschatz und das Liedgut wurden aggressiver, die Ansichten kompromißloser.

Zum ersten Mal sangen wir das „HJ-Weihelied“:

„Vorwärts! Vorwärts! schmettern die hellen Fanfaren.
Vorwärts! Vorwärts! Jugend kennt keine Gefahren.
Deutschland, du wirst leuchtend stehn,
mögen wir auch untergehn.
Ist das Ziel auch noch so hoch,
Jugend zwingt es doch!

Unsre Fahne flattert uns voran.
In die Zukunft ziehn wir Mann für Mann.
Wir marschieren für Hitler durch Nacht und durch Not
mit der Fahne der Jugend für Freiheit und Brot.
Und die Fahne führt uns in die Ewigkeit!
Ja, die Fahne ist mehr als der Tod!“

Der Text war vom Reichsjugendführer Baldur von Schirach.

Unser Deutschprofessor war Jude. Er soll 1934 zur katholischen Kirche übergetreten sein. Wir bekamen gewagte Aufsatzthemen; was ich darüber schrieb, war noch gewagter.
Ein Thema lautete — „Um die Freiheit des Menschen“.
Ich war bereits von der Richtigkeit unserer Ideen sowie von der Notwendigkeit unseres Widerstandes gegen die Gewalt und Diktatur in Österreich überzeugt.
Die Gewalt zeigte sich in vielfältiger Form. Da wurde vor drei Jahren auf rote Arbeiter geschossen und ein wenig später auf die Nazis. Es wurden Menschen aufgehängt, es wurde eingesperrt und in Konzentrationslagern angehalten. Das KZ Wöllersdorf, die Gendarmen und uniformierten Sturmschärler waren für uns die Zeichen der Unfreiheit.
Daß es in Deutschland ähnliche Einrichtungen gab, nahmen wir nicht zur Kenntnis.
Aus Gewalt und Zwang leiteten wir jedenfalls unser Recht auf Opposition ab. Wir sahen uns genötigt, dagegen zu sein und Wege zu suchen, sich dagegen organisieren zu können, um die Unfreiheit zu überwinden.
Wie oft hatten wir schon das Lied „Freiheit ist das Feuer, ist der helle Schein, solang sie noch lodert, ist die Welt nicht klein“ gesungen. Diese Liedworte waren für uns wie ein Gebet. Wir glaubten daran, wir klammerten uns daran, so wie an den Führer, an die Fahne und an das Reich,

das wir uns erhofften. Wir wollten es besser machen, wollten für diese Freiheit kämpfen.
Den Kopf voll revolutionärer Gedanken saß ich vor diesem Aufsatzthema. Ich schob alle Bedenken beiseite und schrieb mit fliegender Feder all das nieder, was ich glaubte und was mich bewegte: ,, . . .Der freieste Mensch ist jener, der für seine Ideale mit dem Leben einsteht . . .'' — ,,Die Jugend von Langemark hat mit ihrem Tod bewiesen, daß sie für die Freiheit zu sterben bereit war . . .'' — Und der Schlußsatz — ,,Ein Volk ist nur frei, wenn in ihm freie Menschen leben.''
Mit rotem Kopf und klopfendem Herzen gab ich meine Arbeit ab. Zweifelnd und aufgeregt erwartete ich das Resultat. Als der Professor wenige Tage später die Hefte wieder austeilte, war meines nicht dabei. Schon glaubte ich, daß die Welt einstürzen und ich von der Schule gefeuert werden würde. Doch das Wunder war perfekt. Der Professor ließ meine Arbeit vorlesen. Die Note — ein großes ,,Sehr gut''.
In Zukunft gab es kein Thema mehr, das von mir nicht leidenschaftlich, in meinem Sinne und meinem Weltbild entsprechend behandelt wurde.

Die Tagespolitik interessierte uns immer mehr.
Alles von Deutschland Kommende wurde ehrfürchtig gelesen, bestaunt und verteidigt, die negativen Berichte als Lüge und Verleumdung abgetan. Die Regierungsform der Diktatur akzeptierten wir als einzig richtige. Was war denn die Demokratie?
Wir sahen in ihr eine schwächliche, morbide und korrupte Gesellschaftsform des Kapitalismus. In Frankreich war fast Bürgerkrieg, gab es Arbeitslose und Hungernde. In Amerika herrschten Korruption und Gewalttaten. Und wenn uns in der Schule die englische Demokratie erklärt wurde, so hatten wir dafür nur ein mitleidiges Lächeln. Das Oberhaus, das Unterhaus, die Wahlen waren für uns Begriffe, die ferne, unverständlich und nichtssagend waren. Auch aus Österreich hatten wir nur Negatives über diese Staatsform gehört, erlebt hatten wir sie nie.
Deutschland und Italien, das waren für uns aufstrebende Staaten. Dort gab es Volksabstimmungen für entscheidende Maßnahmen, dort ging etwas weiter.
Von Hitler wurde die allgemeine Wehrpflicht eingeführt, die Schmach von Versailles getilgt, das Rheinland wieder besetzt. Die Welt lachte nicht mehr über die schwachen Deutschen.
In den Diktaturen gab es keine Arbeitslosigkeit mehr, keine Parlamente als Quatschbuden. Einhellig wie ein Mann stand der Reichstag hinter dem Führer und die Faschisten hinter dem Duce.
Wären wir nur auch schon so weit . . .

Das ,,Österreichische Jungvolk" der VF war weiterhin unsere Tarnorganisation, es war unser legales Aushängeschild. Der Betrieb wurde in unserem Sinn abgewickelt.
Otto, der ,,Führer", war verzweifelt, als er uns das neue VF-Jugendlied lehren wollte: ,,Wir sind des neuen Reiches Reiter . . ."

Wir feixten über den Doppelsinn und sangen brav mit. Nur das Bundesjugendlied: ,,Ihr Jungen, schließt die Reihen fest, ein Toter führt uns an, er gab für Österreich sein Blut, ein wahrer deutscher Mann . . ." wollte nie über unsere Lippen.
Unser Auftreten wurde immer sicherer, immer provozierender.
Die politischen Ereignisse spitzten sich zu. Es gab jetzt ein ,,Volkspolitisches Referat", eine Stelle, die unsere nationalen Belange in der Regierung vertreten sollte.
Auch die Professoren standen unter gewissem Druck. Wir merkten, daß sich viele scheuten, gegen uns aufzutreten.
Wir teilten die Menschen nur mehr ein in — dafür oder dagegen. Schwarz oder weiß. Wir hörten auf die feinsten Nuancen, auf das nebensächlichste Wort. Es gab keine Neutralen mehr.

Wir lasen viel, sehr viel sogar. Hungrig nach ,,deutschen", nach ,,völkischen" Schriften, trieben wir eine kleine Buchhandlung auf. Sie wurde ,,unsere" Buchhandlung, denn dort gab es alles. Alles, was verpönt, verboten oder sonst nirgends erhältlich war. Die Bücher von Grimm, Zöberlein, Kolbenheyer, Kratzmann, Pleyer, Jelusic, Brehm, Hohlbaum, Strobl und wie sie sonst noch alle hießen. Sie wurden gekauft, verschlungen, weitergeliehen. Sogar Gedichte wurden gelesen — Walter Flex, Heinrich Lersch, Stefan George. Alle anderen wurden gemieden, verachtet, geschmäht — Werfel, Zernatto, Kralik, sie waren für uns keine Deutschen, sondern gekaufte Schreiberlinge und Reaktionäre.

Mädchen spielten bei uns keine große Rolle. Jeder hatte seinen Schwarm. Es waren meist Mädel von Gruppen, die wie wir illegal arbeiteten oder früher Wandervögel waren. Manchmal trafen wir uns auf Lagern oder Fahrten. Doch mehr als gemeinsam gesungene Lieder und verstohlene Blicke gab es nicht.
Die Mädchen hatten ihre eigene Welt — wir die unsere. Wir nahmen unsere Aufgabe, unsere Sendung viel zu ernst, um uns von Mädchen ablenken zu lassen.

1938
JAHR DES SIEGES

Die Zeit wurde hektischer. Alles drängte auf eine baldige Lösung.
Die Fronten waren verhärtet, keiner wollte mehr nachgeben.
Auch in meiner Klasse prallten die Meinungen hart aufeinander. Eine tiefe Kluft teilte uns in zwei Lager. Wir fühlten uns im Recht, fühlten uns als Sieger und Führer von morgen. Wir hatten die besseren Argumente, waren schlagfertiger — unsere Rethorik war geschickter. Toleranz kannten wir nicht, Gegenargumente akzeptierten wir nicht. Unangenehme Zwischenfragen wurden einfach niedergeschrien.
Die Pausen waren mit Hochspannung erfüllt. Manche Professoren wurden gar nicht mehr ernstgenommen. Mit hochroten Köpfen dachten wir schon wieder an neue Formulierungen, neue Provokationen, suchten neue Argumente und Gegenargumente.
Gelernt wurde nur mehr nebenbei — wir wurden unaufmerksam und nachlässig. Viel zu Großes stand auf dem Spiel und bahnte sich an, um sich mit solchen Lappalien wie Lernen zu belasten.
Die Debatten rissen nicht mehr ab. Wir wußten, daß wir Demagogen waren, und genossen es, uns in unsachlichen Redewendungen zu übertreffen. Durch diese Redeschlachten wuchs von Tag zu Tag unsere Macht. Immer mehr bekannten sich zu unseren Anschauungen, immer mehr stießen offen zu uns. Vielleicht witterten sie den kommenden Umschwung?
Manchen registrierten wir mit Erstaunen — was, der auch? Der war doch immer ein „Schwarzer", und jener, von dem wir annahmen, er wäre ein Jude, entpuppte sich als überradikaler Mitkämpfer.

Das waren die Diskussionsthemen, die Kampfthemen, die Schreithemen: das Reich, der Führer, das Deutschtum, die Ehre, die Freiheit, die Größe der deutschen Geschichte, die Rassenfrage.
Es galt nur mehr der „Große Fritz" — Maria Theresia dagegen war eine schwächliche Herrscherin und Gebärmaschine. Und dann Ludendorff und Hindenburg — Kaiser Franz Joseph, ein seniler Trottel. Wir bewunderten Albert Leo Schlageter, Walter Flex, Horst Wessel als Helden und

Märtyrer — die österreichische Geschichte hatte nach unserer Meinung nur kleine Nullen aufzuweisen.
Wo standen unsere Professoren?
Die negativen Beispiele halfen uns bei den Streitgesprächen: der homosexuelle Pfarrer, der Professor mit seinem Haß auf alles Fortschrittliche, die klerikale Schulleitung mit ihren autoritären Methoden, die bigotten Mächtigen der Direktion.
Die Ausnahmen: der jüdische Deutsch- und Philosophieprofessor, der so tolerant war, daß wir uns fast schämten; der Englischprofessor, der uns Menschlichkeit und Fairneß lehrte. Wir aber waren der Meinung, daß Ausnahmen nur die Regel bestätigen. Nichts konnte uns daran hindern, nur das eine Ziel anzustreben — unserer Bewegung zum Sieg zu verhelfen.
Die wenigen deutschnationalen Professoren wagten kaum, ihre wahre Gesinnung zu zeigen. Von manchem ahnten wir, daß er mit uns sympathisierte, oder gar, daß er ein „Illegaler" war.

Wir saßen schon im Zug, um zum Schikurs nach Großarl zu fahren, als wir auf dem Bahnsteig Zeitungen mit der Überschrift „Schuschnigg zu Hitler nach Berchtesgaden" sahen. Diese Meldung schlug wie eine Bombe ein. Vorerst waren wir verwirrt — der „Feind" fährt zum Führer. Doch bald gab es für uns keinen Zweifel, wer der Stärkere sein würde. Adolf Hitler, der Große und Mächtige — was könnte Schuschnigg gegen ihn ausrichten. Wir waren überzeugt, daß Hitler ihn zu sich zum Rapport befohlen hatte. Die Unterdrückung des Deutschtums in Österreich konnte einfach nicht so weitergehen.
Wir triumphierten. Wir fühlten, daß Schuschnigg klein beigeben und zu Kreuze kriechen würde. Wir sahen schon einen großen Sieg unserer Sache.
Der Turnprofessor sah nicht sehr glücklich aus. Er hatte aufs falsche Pferd gesetzt.
Der Schikurs war nicht mehr wichtig, täglich stürzten wir uns auf die neuesten Zeitungen. Es gab große Erleichterungen und Zugeständnisse für die Nationalsozialisten. Seyss-Inquart, unser „legaler" Vertreter, kam in die Regierung.
Für uns war das Wichtigste — wir durften uns fast legal formieren, durften mit dem deutschen Gruß grüßen, wir durften, wir durften . . .
So frei hatten wir uns noch nie gefühlt.

Die politische Lage trieb zur dramatischen Entscheidung.
Wir trafen uns täglich zu Appellen sowie zum Befehlsempfang, wir wa-

ren fest davon überzeugt, daß nur unser voller Einsatz den Sieg bringen würde.
Die HJ war in allem gründlicher als wir. Sie exerzierten täglich in einem gemieteten Saal. Das würde in Zukunft wahrscheinlich unheimlich wichtig werden. Es mußte auf das reichsdeutsche Reglement umgelernt werden. Nicht mehr ,,Habt acht'', sondern ,,Stillgestanden'', nicht mehr ,,Ruht'', sondern ,,Rührt euch''. Wer das nicht beherrschte, würde künftighin nicht mitreden können.
Die Familienmitglieder sahen sich kaum mehr, sie gingen auf im Kampf für den Sieg der Bewegung. Was bedeutete der einzelne, was Privatleben, wenn die Revolution im Anzug war.
Wir, die Elite, und alle, die mit uns sympathisierten, beherrschten mit den demonstrativ angelegten weißen Wadenstutzen das Bild der Hauptstraße. Die Symbole der Revolution, die aus Blech gestanzten Hakenkreuze, waren angesteckt. Uns allen schmerzte schon der rechte Arm vom Grüßen, und wir ließen keinen Gruß aus.
Beim Schulungsabend fielen ernste Worte. Bald würden wir nicht mehr Opposition sein. Nach dem Sieg der Revolution würden wir die führenden Kräfte sein. Wir müßten unseren Führungsaufgaben, auf die wir uns jahrelang vorbereitet hatten, gerecht werden.
Die Jugend wird zu uns strömen, drängt jetzt schon in unsere Reihen. Werden wir diesem Vertrauen gewachsen sein?

HEUTE

Die faszinierende Anziehungskraft der Untergrundbewegung auf die Jugend

Die Zeiten und die Signale, unter denen Revolutionen gemacht werden, ändern sich.
Nach dem Ersten Weltkrieg wurden die Revolutionen der Rechten in Italien, Deutschland und Spanien gefeiert, die der Linken aber verdammt.
Heute ist das umgekehrt. Nur die Aufstände der Linken werden als „gerecht" empfunden.
Doch diese Überlegungen belasteten uns 1938 nicht.
Die Jugend war und ist immer und überall bereit, Bestehendes zu ändern.
Sie beurteilt die Mißstände, die Korruption und die zufriedene Sattheit im Staate mit viel strengeren Maßstäben. Sie richtet kompromißloser und härter, manchmal auch ungerechter.
Der zufriedene Bürger ist leicht einzuschläfern, die Jugend nie.
Heute gärt es überall auf der Welt. Diese Unruhe kommt nicht nur aus einer Geistesrichtung.
Linke und rechte Radikale schüren das Feuer.
Revolutionen werden schon im Entstehen von alten, erfahrenen Berufsrevolutionären gelenkt. Diese Leute im Hintergrund wissen das eine bestimmt: Jugend kann man manipulieren, in Bahnen lenken, begeistern, aufputschen, radikalisieren, kurz gesagt — sie für bestimmte Zwecke mißbrauchen.
Dies geschieht heute ebenso wie es damals geschah.
Unser Idealismus und unsere Begeisterung waren echt. Wir glaubten im tiefsten Inneren an unsere Sendung, wir glaubten, die starre Struktur des Staates verändern zu können. Wir bildeten uns ein, das Volk, im besonderen seine Jugend, umerziehen zu können.
Das größte Ziel war jedoch, Österreich mit Deutschland zu vereinen. Deshalb betrachteten wir uns auch untrennbar mit dem deutschen Volkstum verbunden. Deshalb wurde alles, was Hitler unternahm und was unserem Nationalismus entsprach, von vornherein kritiklos akzeptiert.

Das Programm des Nationalsozialismus eigneten wir uns nur schrittweise an, zum Teil verstanden wir es gar nicht.
Wer hatte Hitlers „Mein Kampf" wirklich gelesen? Wer war über die ersten Seiten von Rosenbergs „Mythos des XX. Jahrhunderts" hinausgekommen?
Wir versuchten, die Rassenfrage zu ergründen. Immer wieder wurde uns dieses Thema in Schulungsabenden präsentiert. Trotzdem verstanden wir die Mendelschen und die Nürnberger Gesetze kaum.
Aber wir zweifelten nicht im geringsten an der Richtigkeit des Parteiprogramms. Wir erlebten, wie die überwältigende Mehrheit mit größtem Enthusiasmus alle Maßnahmen guthieß. Aus diesem Grund überließen wir die Verwirklichung dieses Programms beruhigt den Großen.
Wir wollten uns nur auf unsere Aufgaben konzentrieren. Diese hießen Jugendführung und Jugenderziehung.
Von „Wehrertüchtigung" war noch nicht die Rede. Im Gegenteil — wir lehnten jede Einmischung seitens der Wehrmacht, der Partei, SA oder SS, der Schule oder von Behörden strikte ab. Unsere Arbeit war autonom. Wir waren ein Staat im Staate.
Noch waren es Indianer- oder Räuber-und-Gendarm-Spiele, Kriegs s p i e l e, wie sie Buben in aller Welt lieben. Noch war unser Marschieren ein Ausdruck von Zucht und Ordnung der jungen Generation, das Singen und die Wettkämpfe ein Zeichen von Lebensfreude.
Wir waren von unserem Auftrag überzeugt. Mit diesem Selbstbewußtsein erwarteten wir die zu uns strömende Jugend, um sie ehrlich für unsere Lebensart zu begeistern. Wir hatten nur die eine Angst — die Neuen zu enttäuschen. Wir wollten keinen Zwang, wollten keine behördlich gelenkte Staatsjugend.
Das erste Abzeichen der Hitler-Jugend hatte die Inschrift: „HJ — Deutsche Arbeiter-Jugend". Dieser Bezeichnung wurde die HJ in Österreich, besonders in Wien, gerecht. Ihre Mitglieder kamen zum größten Teil aus dem Arbeitermilieu, nur etwa 12 Prozent waren Schüler. Deshalb herrschte seitens der Führer der HJ-Jungarbeitergruppen gegenüber den „Bündischen", die überwiegend aus Schülern bestanden, Mißtrauen. Die „feinen Buben" wurden nicht voll genommen. Diese wieder wollten, trotz Ablehnung, besser sein als die anderen.
In Österreich war das Verhältnis der ehemaligen bündischen Jugend zur Hitler-Jugend nicht so belastet wie im Reich. Dort wurden mit Gesetzen und wiederholten Verboten die Organisationen der „Bündischen Jugendbewegung" zerschlagen und verfolgt.
Das war uns damals nicht bekannt.
In Österreich waren beide Teile verboten. Daher integrierten sich die mei-

sten Bünde problemlos in das Jungvolk und die Hitler-Jugend. Wir jedenfalls fanden keinen Widerspruch. Alle Ideale von einst wurden von uns im Deutschen Jungvolk und später auch in der Hitler-Jugend verwirklicht.
Der Bericht bis zu diesem Zeitpunkt zeigt nur einen kleinen Teil jener Strömungen in der „Bündischen Jugendbewegung" auf, die zur illegalen HJ hingeführt haben. Aus diesem Grund kann ich auch nicht für die vielen anderen sprechen, die auf anderen Wegen zum gleichen Ziel kamen oder sich von uns trennten.
In der illegalen HJ und im illegalen DJ vereinigten sich bis zum März 1938 unzählige Gruppen der nationalen, bündischen und sonstigen Jugendbewegungen.
Die Arbeitsweise der illegalen Hitler-Jugend hatte frappante Ähnlichkeit mit den heutigen „Basisgruppen" der Linken: Zerstörung und Zersetzung der bestehenden Ordnung. Auflehnung gegen jede Gewalt und Bevormundung, die Gruppen straff und diszipliniert organisiert.
Jeder durfte nur soviel von der Organisation wissen als unbedingt notwendig war. Nur der unmittelbare Vorgesetzte war bekannt. Selbst in den Tagen des Umbruchs von 1938 wußten wir nicht, wer unsere höheren Führer waren, nur die Vornamen waren uns geläufig.
Alle wurden zu unbedingtem Schweigen und Gehorsam verpflichtet. Der weltanschaulich und politisch geschulte Kern der illegalen HJ und die ideal-romantischen Vorstellungen der bündischen Jugend vereinigten sich zu einer echten Kampfgemeinschaft.

Die illegale österreichische Hitler-Jugend war keineswegs bedingungsloser Befehlsempfänger der deutschen Reichsjugendführung (RJF).
Einige Beispiele ihres rebellischen Geistes:
Im Herbst 1937 stellten sich fast alle HJ-Banne geschlossen gegen die für uns in Österreich unverständlichen Weisungen der RJF.
Im Jänner 1938 wurde der bisherige HJ-Führer im „Reich" zurückgehalten. An seiner Stelle wurde von der RJF ein eigener Beauftragter für die HJ Österreichs entsandt.
Die österreichische HJ wollte die „Heimkehr ins Reich" nur aus eigener Kraft erreichen. Sie war der Meinung, daß ein Anschluß durch militärische Besetzung der Idee einen tödlichen Stoß versetzen würde.
Die Illegalen waren davon überzeugt, daß nur sie neuen Schwung in die schon erstarrte Jugendorganisation des Altreiches bringen könnten. Sie hatten klare Vorstellungen davon, wie man die Jugend schrittweise überzeugen, erfassen und zu sich heranziehen könnte.
Sie wollten nicht Masse, sie wollten Elite bleiben. Sie wollten keine „Kolonie" werden . . .

Sie glaubten, daß nicht Hitler und seine Idee, sie glaubten, daß die kleinen Geister der Reichsjugendführung, daß nur untergeordnete Stellen Fehler machten . . .

Heute wie damals sucht sich die Jugend selbst ihre Ideale. Da sie heute so rar sind, werden sie von weither geholt. Ho Tschi Minh, Mao Tse-tung, Che Guevara — doch egal, woher sie kommen, sie werden und sie wurden gebraucht. Es kann auch Udo Jürgens, Frank Sinatra, Karl Schranz oder Franz Klammer sein.
Damals waren eben die Freiheitshelden aus den Napoleonischen Kriegen, die Helden des Ersten Weltkrieges und der Freikorps die großen Vorbilder. Es waren die Märtyrer der Bewegung, es waren die nationalen Schriftsteller, deren Werke wir wie Evangelien lasen.
Und da der kleine Dollfuß oder der intelektuelle Schuschnigg so gar nicht unseren Vorbildern entsprach, so wählten wir eben den starken Adolf Hitler.
Wenn Reinhard Mey heute singt: ,,Über den Wolken muß die Freiheit wohl grenzenlos sein . . .'' — so scheint mir der Unterschied zur damaligen Freiheitssehnsucht mit ,,. . . Freiheit ist das Feuer, ist der helle Schein, solang sie noch lodert, ist die Welt nicht klein'' nicht allzu groß.
Heute wie damals ist das Wort Freiheit für viele, die es gebrauchen, ein nebuloses Wort. Sie denken und dachten nicht daran, daß die Freiheit des einen die Unfreiheit eines anderen bedeuten kann.
Heute weiß ich, daß uns der Sieg und der Siegesrausch blind gegen alle negativen Seiten des Umsturzes gemacht haben.

IV.

1938—1940

DEUTSCHES JUNGVOLK UND HITLER-JUGEND

DER POLITISCHE UND MILITÄRISCHE HINTERGRUND

1938	12. 3.	Einmarsch der deutschen Truppen in Österreich.
	13. 3.	Bundesgesetz über die Wiedervereinigung Österreichs mit dem Deutschen Reich.
	18. 3.	Die Bischöfe Österreichs erlassen einen Aufruf, bei der Volksabstimmung für den Anschluß zu stimmen. Kardinal Innitzer unterzeichnet mit „Heil Hitler".
	27. 3.	Ernst Rüdiger Fürst Starhemberg, ehemaliger Heimwehrführer, schreibt an Hitler: „... Es ist mir ein aufrichtiges Bedürfnis und eine selbstverständliche Pflicht, mich Ihnen, mein Führer, für Volk und Vaterland zur Verfügung zu stellen."
	3. 4.	Staatskanzler Dr. Karl Renner begrüßt den „Wiederzusammenschluß der Deutschen Nation" mit freudigem Herzen.
	7. 4.	Bundespräsident Miklas an Seyss-Inquart: „... so will ich mich, auch jetzt in der großen Schicksalsstunde, als Deutscher dem eigenen innersten Empfinden gehorchend und nicht zuletzt auch dem Appell der österreichischen Erzbischöfe und Bischöfe folgend, nicht vom deutschösterreichischen Volke trennen, wenn es sich zur Wiedervereinigung mit dem Deutschen Reich bekennt ... mit dem deutschen Gruß — Miklas."
	10. 4.	Volksabstimmung über den Anschluß Österreichs an das Deutsche Reich. 99,73 Prozent „Ja"-Stimmen. Schuschnigg schrieb als Gefangener: „... hätte ich abstimmen dürfen, ich hätte selbstredend den Ja-Zettel in die Urne geworfen."
	25. 4.	Gauleiter Bürckel aus dem Saarland wird Reichskommissar für die Wiedervereinigung.
	29. 9.	„Münchner Abkommen" — Frankreich, England, Italien und Deutschland einigen sich über die Abtretung des Sudetenlandes.
	1.10.	Einmarsch deutscher Truppen im Sudetenland.
	8.10.	Wiener Hitler-Jugend stürmt das Erzbischöfliche Palais.

	9.11.	„Reichskristallnacht" — Ausschreitungen gegen die Juden.
1939	15. 3.	Einmarsch deutscher Truppen in die Rest-Tschechoslowakei. Bildung des Protektorates Böhmen und Mähren. Dienstverordnungen zum Gesetz über die Hitler-Jugend.
	1. 4.	„Ostmarkgesetz" — Bundesländer werden Reichsgaue.
	1. 9.	Kriegsbeginn mit dem Einmarsch deutscher Truppen in Polen.
1940	9. 4.	Beginn des Norwegenfeldzuges.
	10. 5.	Beginn des Frankreichfeldzuges.
	7. 7.	Reichsjugendführer Baldur von Schirach wird Gauleiter und Reichsstatthalter von Wien.

1938
NACH DEM SIEG

11. März 1938.
Ein unbestimmtes Gefühl trieb uns auf die Straße.
Hakenkreuzarmbinden wurden angelegt, niemand fragte mehr ob erlaubt oder verboten. Eine nie gekannte Stimmung erfaßte uns, als wir uns bei der „Bude", der ehemaligen k. u. k. Militärakademie in Mödling, versammelten. Burschen, Mädel, Männer und Frauen, Hunderte, Tausende Menschen strömten zusammen. In Marschblöcken marschierten wir Richtung Stadt.
Mich überkam ein berauschendes Glücksgefühl — das war der Sieg. Die ersten Polizisten mit Hakenkreuzarmbinden kamen uns entgegen. Was sollte da noch schiefgehen? Sprechchöre ertönten — „Deutschland erwache — Juda verrecke!" — „Heil Adolf Hitler!" — „Sieg Heil!" —, und Kampflieder waren aus allen Marschkolonnen zu hören:

„Es zittern die morschen Knochen
der Welt vor dem großen Krieg.
Wir haben den Schrecken gebrochen,
für uns war's ein großer Sieg.

Wir werden weitermarschieren,
wenn alles in Scherben fällt,
denn heute, da hört uns Deutschland
und morgen die ganze Welt . . ."

Wer wollte uns, die Jugend, die Revolution, noch aufhalten — wer?
Auf dem Marsch durch die Stadt schrie jeder jedem zu — „Heil Hitler!" — bis die Stimmen rauh und heiser waren.
Plötzlich ein Gerücht — „Schuschnigg ist zurückgetreten". Daraufhin erscholl Jubel, unbeschreiblicher Jubel. War das doch der Mann, den wir für alles, für die Unfreiheit, für die Knechtung, für das Elend, für die Arbeitslosigkeit, für die wirtschaftliche Not und für den Terror verantwortlich machten. Das Symbol der Unterdrückung war weggefegt.

Wann hatte ich zum letzten Mal gegessen, wann getrunken, wann geschlafen? Ich kam nur mehr ab und zu nach Hause. Längst hatte ich mir von irgendwoher ein Braunhemd, ein HJ-Koppel, einen HJ-Dolch und eine Jungvolkführermütze verschafft.
Bei uns allen wurden aufgestaute Energien frei. Wir glaubten nun, in wenigen Stunden und Tagen all das verwirklichen zu müssen, was wir uns jahrelang am Lagerfeuer, im Zelt, auf Fahrten und bei Heimabenden erträumt und erdacht hatten.
Die Termine für Großkundgebungen, Aufmärsche und Demonstrationen überschlugen sich.

14. März 1938.
Der Führer in Wien.
In den Straßen der Stadt wälzten sich unübersehbare Menschenmassen. Viele Leute sprachen mich an, ob ich nicht ein gestanztes Hakenkreuz für sie hätte: Es waren Arbeiter und auch gutgekleidete Leute — keiner wollte zurückstehen, keiner ausgeschlossen sein in dieser historischen Stunde.
In der Linzer Straße waren das Geschrei und der Lärm fast unerträglich. Die unwahrscheinlichsten Gerüchte waren zu hören: „Mussolini hat Südtirol zurückgegeben!"
Das Volk raste. Alles wurde geglaubt und mit überschlagender Begeisterung aufgenommen.
„Denn heute, da hört uns Deutschland und morgen die ganze Welt . . ."
Warum sollte noch etwas unmöglich sein, warum sollten unsere Lieder nicht Wirklichkeit werden? Wer sollte sie noch aufhalten, die Hunderttausende, die Millionen? Alle, alle hatten sich uns angeschlossen, ein Narr, der es nicht getan hätte. Das Ausland, die ganze Welt mußte sie hören und spüren — diese Begeisterungsstürme, diese Woge von Einigkeit.
„Ein Volk, ein Reich, ein Führer!" — nicht enden wollende Sprechchöre, Hunderttausende Male gerufen, mußten einfach Wirklichkeit werden. Das Geschrei wurde zum Orkan.
Die ersten Kradfahrer der Deutschen Wehrmacht kamen in Sicht, von einem tausendstimmigen „Sieg Heil! — Sieg Heil! — Sieg Heil!" empfangen. Männer, Frauen, BDM-Mädel fielen einander um den Hals, lachten, weinten und jauchzten. Die Deutschen wurden mit Blumen und Geschenken überschüttet. Der letzte Knecht aus dem Bayrischen Wald wurde zum Übermenschen, zum Heros, zum Befreier.
Es gab keine Steigerung mehr, als die Wagenkolonne mit der aufrecht stehenden Gestalt des Führers vorbeifuhr.

Vorbei — so kurz war der Augenblick, der größte Augenblick meines bisherigen Lebens. Unsäglicher Stolz erfüllte mich — ich hatte Weltgeschichte erlebt.

In der nächsten Zeit waren Tag und Nacht nicht mehr zu trennen, verschmolzen die Stunden und die Ereignisse. Aufmärsche, Appelle, Kundgebungen und Befehlsausgaben wechselten einander ab.
Einmal marschierten wir auf dem Heldenplatz, dann wieder auf dem Rathausplatz und waren stolz auf unsere ,,illegalen" Uniformen. Zu den weißen Hemden trugen wir schon HJ-Armbinden. Noch klappte nicht alles so, wie es sein sollte — die Kommandos, das Exerzieren.
Immer mehr uns bisher nicht bekannte Führer aus der Illegalität tauchten auf. Aber auch die ersten HJ-Führer aus dem Altreich erschienen. Fast schämten wir uns vor ihnen und standen oft da wie die armen Verwandten.
Sie imponierten uns sehr — die Uniformen, die Überlegenheit, das Auftreten, die Sprache, die markige, kurz angebundene, klare deutsche Sprache.
Doch egal — wir, die illegale, verschworene Gemeinschaft, die Elite, sind die Führer geworden. Der Viktor, der Willi, der Herbert, sie wußten schon, warum sie immer wieder zu uns sagten — ,,Ihr seid die Auserwählten."
Befehlsausgabe durch Hauke am Südbahnhof. Hauke, der das illegale Jungvolk Österreichs führte, in neuer Uniform. Jetzt wurden wir erstmals organisiert, straffer geführt — wir wurden eben eine Organisation.
Ich bekam Befehle und führte sie aus. Das war der Triumph des Führerprinzips. Von oben wurde befohlen und unten gehorcht. Ja, so, genauso hatten wir uns dieses neue Reich immer vorgestellt.

Auch der graue Alltag der Schule sollte revolutioniert werden. Wir wollten unsere Macht und Überlegenheit demonstrieren. Daher befahlen *wir* alle Schüler zu einem Appell auf den Schulhof. Wir, das waren Alex und ich. Er führte die Oberstufe, ich die Unterstufe. Nachdem die Schüler im Karree aufgestellt waren, wurde das Horst-Wessel-Lied gesungen. Nach wenigen Worten verbrannten wir ergriffen und feierlich die uns so verhaßte Schulfahne mit dem eingestickten Kruckenkreuz auf rotsamtenem Grund.
Nachher begegnete mir beim Schuleingang unser Deutschprofessor. Ich stockte und grüßte ihn dann mit ,,Heil Hitler". Er nickte und sah mich an. ,,Ich werde doch weiter unterrichten können", fragte er, ,,bei meinen Qualitäten?" Was hätte ich darauf sagen sollen? Also schwieg ich verlegen und war froh, daß diese Entscheidung nicht ich treffen mußte.

In der Schule wollten wir uns nichts mehr sagen lassen. Der Turnprofessor wies mich wegen irgendeiner Kleinigkeit zurecht. Ich bekam einen roten Kopf und muckte auf. Das Wort ,,Märzveigerl" fiel. Es war die größte Beleidigung für einen, der — wenn auch nur kurz — ,,schon immer dabeigewesen" war.
Ich mußte zum neuen Direktor und sollte mich entschuldigen, i c h mich entschuldigen. Wenn nicht, würde ich bestraft werden, müßte die Angelegenheit ,,weitergehen". Ich wollte nicht einsehen, daß ich Unrecht hatte. Erst nach langem Hin und Her gab ich mir einen Ruck und entschuldigte mich — s o hätte ich es nicht gemeint.

April 1938.
Heinz, mein neuer Vorgesetzter, holte mich mit dem Motorrad ab. Ich erhielt den Befehl, in Niederösterreich Führerlager zu leiten. Jedes Lager sollte drei Tage dauern. Das erste sollte bei Krems, das zweite in Waidhofen an der Thaya und das dritte in Hollabrunn stattfinden. Nachdem wir einen Dienstplan aufgestellt hatten, stürzte ich mich auf meine erste große Aufgabe.
Innerhalb dieser kurzen Zeitspanne versuchte ich, meine Begeisterung und meinen Idealismus auf die Jungen, die nun auch Führer werden sollten, zu übertragen. Wir lernten Lieder, lasen heroische Bücher vor, turnten, exerzierten, veranstalteten Feierstunden, Kampfspiele, Geländeübungen und Lagerfeuer mit viel Romantik.
Nach dem dritten Turnus war ich ausgequetscht wie eine Zitrone, fühlte mich hundeelend und todmüde. Trotzdem, in mir wurden ungeahnte Kräfte frei. Der Wille hatte über den Körper gesiegt. Für mich war es ein Beweis für die Richtigkeit unserer Weltanschauung, ein Beweis, daß unsere Idee siegen wird.
Wir schwebten auf einer Welle der Euphorie. Alles, alles, was wir ersehnt, erwünscht und erhofft hatten, war in Erfüllung gegangen. Der Sieg war so vollkommen und umfassend, wie kaum je ein Sieg errungen worden ist. Ein Sieg des Besseren über die alte, verkommene Welt.
In den Aufrufen unserer ehemaligen Gegner sahen wir uns nun ebenfalls bestätigt: Innitzer, der Schwarze, und Renner, der Rote, traten für einen geschlossenen deutschen Lebensraum ein. Viele der ehemaligen Größen hatten ihre Gesinnung geändert und stellten sich unserer Bewegung zur Verfügung.
Die Volksabstimmung vom 10. April war nur mehr ein überwältigendes, klares Bekenntnis für etwas, was wir schon längst wußten.
Nun hieß es an die Arbeit gehen.
Jede Woche fanden wir irgendeinen anderen Grund, vom Unterricht

freigestellt zu werden. Die Professoren mußten uns als Hitler-Jugend- oder Jungvolkführer akzeptieren.
Wir hatten jetzt Dienstränge und Dienststellungen. Wir waren Führer.

Am 20. April, dem Geburtstag des Führers, sollte der Geburtsjahrgang 1928 geschlossen und freiwillig in das Deutsche Jungvolk aufgenommen werden.
Ein großer Werbe- und Propagandafeldzug ging dem voraus. In allen Orten hatten wir feierlich hergerichtete Aufnahmestellen. Die Eltern brachten uns ihre Zehnjährigen wie früher zum ersten Schultag. Die meisten Buben waren sehr aufgeregt. Viele trugen schon neue Uniformen. Einige waren wohl etwas ängstlich, doch alle, fast alle kamen.
Die wenigen, die nicht erschienen, suchten wir auf. Wir überredeten sie, überzeugten sie oder versuchten es mit sanfter Gewalt. Wir wollten ein hundertprozentiges Ergebnis und meinten, manche zu ihrem Glück drängen zu müssen.
Zum ersten Mal wurden unsere eben geschulten, jungen Führer eingesetzt. Jugend muß von Jugend geführt werden, das war die einfache Formel unseres Erfolges.
Das ,,Fähnlein" war mit 100 bis 200 Pimpfen der Kern der Einheiten. Sein Führer war etwa 15 bis 16 Jahre alt. Das Fähnlein hatte für jeden Jahrgang zwischen 10 und 14 Jahren einen ,,Jungzug", dieser umfaßte wieder drei Jungenschaften. Die Führer dieser kleinen Einheiten waren höchstens 1 bis 2 Jahre älter als ihre Gefolgschaft.
Jeder Führer mußte sich wie in einer richtigen Bubenhorde die Autorität erst erkämpfen. Er wurde fast nie von ,,oben" bestimmt, sondern immer auf Grund seiner Fähigkeiten von unten ,,hinaufgeschoben".
Mehrere Fähnlein bildeten den ,,Jungstamm", mehrere Jungstämme den ,,Jungbann". Nur der Jungbannführer war hauptamtlich angestellt. Die Zahl seiner Pimpfe betrug mehrere Tausend. Er war schon das ,,große Tier", der Erwachsene, auch wenn er in den meisten Fällen erst 18 bis 20 Jahre alt war. Der Jungbannführer war die große Autorität — der ,,Alte". Trotzdem wurde er natürlich mit ,,du" angesprochen.

In einer großen Feierstunde wurden die neuen Pimpfe in unsere Organisation aufgenommen. Feierstunden konnten wir immer schon aus dem Handgelenk veranstalten. Die Neuen waren tief beeindruckt. Anschließend marschierten wir mit Landsknechtstrommeln und Fanfaren durch die Stadt, an der Spitze unsere schwarze Fahne mit der silbernen Sigrune. Wir waren stolz auf das in wenigen Wochen Erreichte.
Ich bekam einen Jungstamm übertragen und ging ganz in dieser Aufgabe auf.

Im Sommer 1938 löste ein Lager das andere ab. Das Führerlager in Krumpendorf am Wörther See war ein richtiger Massenbetrieb für alle Pimpfenführer von Wien — eigentlich ein „Betrieb", wie wir ihn fürchteten. Denn noch war es unser größter Ehrgeiz, uns individuell mit jedem einzelnen zu befassen, ihn zu formen und zu erziehen. In einem derartigen Großlager war dies fast nicht mehr möglich.
Danach fand ein Führerlager des Jungbannes am Hafnersee statt. Heini, der neue Jungbannführer, war ein harter Knochen. Mit allen Mitteln versuchte er, uns unter Druck zu setzen, uns Angst einzujagen, uns zu schleifen und uns bis zur Erschöpfung zu fordern. Trotzdem oder vielleicht eben deshalb blickten wir bewundernd zu ihm auf.
So hart müßten wir einmal selbst werden, so kompromißlos hart gegen sich und gegen die Untergebenen.
Im Herbst begann die Zeit der Heimabende und Schulungen. Nach dem wochenlangen Zelt- und Lagerleben war das eine wirkliche Erholung.
Unsere romantischen Vorstellungen wurden langsam in ein gewisses Schema gepreßt. Uns wurde klar, daß eine so gewaltige Organisation nur nach einheitlichen Richtlinien geführt und ausgebildet werden konnte.
Seit Monaten herrschten die Uniform, das Exerzieren, der Marsch, das Marschlied, die genaue Diensteinteilung — eben Zucht und Ordnung. Nun auch für jene, die das vorher nicht gekannt hatten.
Dann kamen sie an, die Totengräber unserer Idee, die Krämer und Geschäftemacher aus dem Altreich. Den Spruch „Jetzt auch in Österreich, jetzt auch in der Ostmark" konnte ich nicht mehr hören. An allen Ecken und Enden war er zu hören, war er zu lesen.
Egal, ob es sich um irgendein Hilfswerk handelte oder ob unter diesem Schlagwort Lexika und Bücher verkauft wurden. Alles, was das Altreich an Organisationen, an Institutionen, an Verkaufbarem zu bieten hatte, wurde jetzt uns beschert.
Wir waren nicht glücklich darüber, daß nun auf allem und jedem unser heiliges Symbol, das Hakenkreuz gedruckt war, daß kaum ein Artikel oder Schriftstück sich nicht auf den Nationalsozialismus berief und daß alles nur mehr vom Völkischen und von den Germanen abgeleitet wurde.
Unsere einstigen Gegner waren nun die eifrigsten Verfechter dieses Kultes. Wir glaubten, diese Dinge hinnehmen zu müssen.
Ich schrieb im Jahresbericht des Realgymnasiums: „. . . Ihr deutsche Jungen denkt daran, daß wir in schwerster Kampfzeit in einem Lied sangen: ‚. . . wir tragen in hämmernden Herzen den Glauben an Deutschland mit.' Laßt dies nicht zum leeren Schlagwort werden, sondern setzt euch für dieses deutsche Land ein, und strengt euch an, denn der Führer braucht ganze Kerle."

GLIEDERUNG DER HITLER-JUGEND (HJ) IM GEBIET WIEN

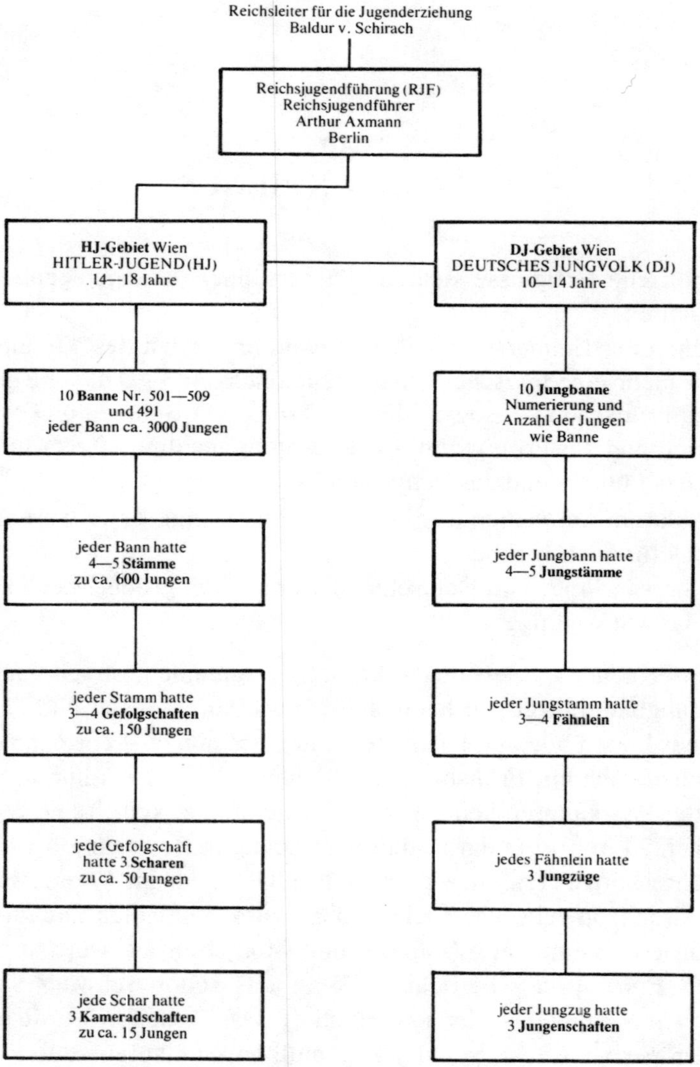

Das Gebiet Wien entsprach dem Reichsgau Wien, die Banne den Kreisen der NSDAP. Zuordnung der Bezirke zu den Bannen: Bann 501 (1./6./7./8./9. Bez.) Bann 502 (2./20. Bez.) Bann 503 (3./4./5. Bez.) Bann 504 (10./11. Bez.) Bann 505 (23./24. Bez.) Bann 506 (12./13. Bez.) Bann 507 (14./15. Bez.) Bann 508 (17./18./19. Bez.) Bann 509 (21./22. Bez.) Bann 491 (16. Bez.). Der Bann 507 wurde 1940 in 507 und 491 geteilt, da er zu groß geworden ist.

1939
JAHR DES KRIEGES

Weltpolitische Ereignisse stellten alle persönlichen Angelegenheiten in den Schatten.
War schon der Einmarsch ins Sudetenland im Herbst des Vorjahres für uns nur mehr eine logische Selbstverständlichkeit — Deutsche gehören eben zu Deutschen —, so war die Besetzung von Böhmen und Mähren, die Errichtung des Protektorates eine Bestätigung der unüberwindlichen Macht des Führers und des Deutschen Reiches.
Meine Matura am selben Tag, dem 15. März, ging ohne wesentlichen Eindruck für mich vorüber.
Der Führer in Prag, und Deutschland wurde noch größer, noch mächtiger — das war wichtig.

Lex, unser neuer Gebietsjungvolkführer, fragte mich, ob ich hauptamtlicher Jungbannführer werden wolle. Ich war sofort Feuer und Flamme. Ein neues Leben begann. Ich mietete mir ein Zimmer — ein Zimmer? —, eine Schlafstelle mit Frühstück, eine Schlafstelle, die ich nur ab und zu benützte. Wir kannten keine Sonn- und Feiertage, kein freies Wochenende mehr. Lex sorgte dafür, daß wir ständig in Bewegung waren, wir, das Führerkorps. Trafen wir uns um 5 Uhr früh im Wienerwald, so mußten wir froh sein, um 8 Uhr endlich zum Atemholen und zu einem Frühstück zu kommen. Waldläufe und Morgenturnen wurden bis zur völligen Erschöpfung betrieben. Wenn uns schon schwarz vor den Augen war, begann erst der solide Schliff. Das Schleifen wurde manchmal zum Selbstzweck. Stundenlang mußten wir laufen, durch Dreck robben, hüpfen, Liegestütze machen und alle Schikanen auskosten, die unter militärischem Drill verstanden wurden.
Der Druck, der auf uns ausgeübt wurde, sollte weitergegeben werden. Denn nur derjenige, dessen Wille gebrochen war, würde widerstandslos gehorchen. Wir glaubten an den Sinn.

20. April 1939 — Jungbannfahnenweihe in Marienburg in Ostpreußen. Der Einmarsch mit den Bann- und Jungbannfahnen war ein Massen-

rausch in Rot und Gold, in Schwarz und Silber, ein Massenrausch von Liedern und Sprechchören. Es war ein erhebender Anblick, eine einmalige Weihestimmung, als das Lied gesungen wurde:

„Deutschland, heiliges Wort,
du voll Unendlichkeit,
über die Zeiten fort,
seist du gebenedeit.
Heilig sind deine Höhn,
heilig dein Wald . . .“

Was brauchten wir noch die Kirche? Wer benötigte noch die Religion? War nicht diese Gemeinschaft Kirche und Religion genug?
Erst jetzt wurde mir klar, was wirklich heilig war — die Fahne und die Treue zu ihr und die Ehre, für diese Fahne und den Führer zu sterben. Und das Höchste — das deutsche Volk und die nationalsozialistische Idee, die uns diese Werte gab.
Beim Zusammensein mit den altreichsdeutschen Kameraden konnten wir zwar vieles nicht verstehen, was unserer Auffassung von einer reinen, spartanischen Lebenshaltung widersprach, doch die Kritik war schon verdrängt, ehe sie Formen annahm. Bei so einer Massenbewegung gab es eben Auswüchse, Fehltritte und unvermeidliche Pannen.

Reichsführerlager in Braunschweig.
Im Gegensatz zu unserem harten und entbehrungsreichen Dienst war dieses „Lager“ ein gemütlicher Urlaub.
Wohl um das Image zu wahren, wohnten wir in Zelten. Unsere reichsdeutschen Kameraden waren meist um vieles älter als wir und auch um vieles bequemer. Bald merkten wir, um wieviel lieber manche in einem Hotel gewohnt hätten.
Der Dienstbetrieb war ausgesprochen lax.
Täglich marschierten wir durch die Stadt zu den verschiedenen Veranstaltungen.
Wir hatten den festen Vorsatz, zu lernen, alles in uns aufzunehmen, zu begreifen — doch es blieb kaum etwas haften. Die philosophisch vorgebrachte Weltanschauung blieb uns unverständlich.
Die reichsdeutschen Führer — so meinten wir — hatten diese Sachen bestimmt schon längst begriffen. Die völkische Philosophie war für sie wohl nur mehr Routine. Wir hielten uns für noch viel zu primitiv, zu revolutionär, zu ungebildet und ungeschliffen.

Da sprach Rainer Schlösser vom Amt für weltanschauliche Schulung. Beim Satz: ,,Als König Friedrich August ohne Begleidung in seiner Loge saß . . .'' konnten wir uns nicht mehr halten und lachten laut auf. Wie konnte er auch das ,,t'' so weich aussprechen.
Als Schirach sprach und es im Zelt drückend heiß war, entschlummerte einer nach dem anderen.

Die Ostmark, das Wort Österreich hatten wir uns schon abgewöhnt, wurde von Führern aus dem Altreich überschwemmt. Saarländer und Sachsen übernahmen das Regiment in der Gauleitung, in vielen Abteilungen der HJ-Gebietsführung und teilweise sogar in den Bannen. Zum ersten Mal sahen wir rauchende HJ-Führer, flirtende BDM-Maiden und betrunkene Jugendführer. Langsam begann die Entglorifizierung der Altreichsdeutschen.
Gewiß waren das Ausnahmen, in letzter Zeit aber schon sehr viele Ausnahmen.
Wir wurden auch gesellschaftlich geschult und besuchten Theater und Konzerte. Wir gingen ins ,,Wiener Werkel'', delektierten uns zusammen mit anderen Parteiführern an den ironischen Selbstpersiflagen mit den ,,Banzei, Banzei''-Rufen der ,,Tokioten''. Wir verstanden und lachten mit über unsere ,,Götter'' aus dem Reich.

Im Unterbewußtsein vermißte ich den Kontakt mit der ausländischen Jugend. Isoliert im Großdeutschen Reich waren wir uns selbst genug geworden. Wir trugen Scheuklappen und konnten ihnen nicht zeigen, was wir wollten, und nicht beweisen, daß unsere Bewegung einmalig war. Was wußten wir von ihnen? Was wußten sie von uns? War es nicht falsch, daß sie uns nicht kennenlernten, und wir nicht wußten, wie sie dachten?

Eines Nachts — ich konnte einfach nicht einschlafen — begann ich zu grübeln und unsere Situation zu überdenken. Was war aus uns geworden?
Aus Revolutionären waren Spießbürger geworden.
Wo war unsere große Idee geblieben — wo waren unsere hohen Ideale?
Wofür waren wir angetreten?
Für die Freiheit.
Die hatten wir jetzt. Aber war es noch Freiheit, daß jetzt nach dem Gesetz auch die zu uns kommen mußten, die nicht wollten, daß alle gezwungen wurden, unsere Uniformen zu tragen?

Für die Ehre.
Ehre — ein Begriff wie Herrgott — unerreichbar, undefinierbar. Man wußte nicht recht, was er bedeutete, und doch wurde er nur feierlich ausgesprochen. Unehrlich waren nur Betrüger. Aber waren wir nicht auch schon zu Krämern geworden mit diesem ständigen Sammeln für Mitgliedsbeiträge und Spenden?
Für die Treue.
Treu waren wir — der Partei, der Idee, dem Führer. Aber wir wollten doch immer Revolutionäre sein, immer gegen das Alte, das Reaktionäre, das Morsche sein — gegen die Kapitalisten. Wir zerschlugen das Alte — was jetzt?
Unsere Zeitschrift hieß ,,Wille und Macht" — Wörter Nietzsches —, egal, das war das Ziel. Macht und herrschen. Alle anderen beherrschen, alle Zaudernden, alle Schwachen.
Wir wollten die permanente Revolution, da es immer wieder Schwache, Zaudernde und Gegner geben würde. Alle, die im März 1938 so geschrien und sich um die Blechhakenkreuze gerissen hatten, alle waren wieder in ihr altes Spießbürgertum zurückgefallen. Sie machten sich in den verschiedenen Parteiorganisationen wichtig, in der NSV, im NSKK, in der DAF usw.
Wir müßten wachsam sein, um zu verhindern, daß die ,,Idee" durch solche Gestalten nicht verwässert, mißbraucht oder verraten werde.
Unsere großen Vorbilder konnten noch für ihre Überzeugung sterben, wir nur noch für sie kämpfen. Kämpfen für unsere eigenen Gesetze, gegen die Bürokratie und Laxheit. Wir müßten stolz und frei bleiben von allen unguten Gesellen, die sich rundum breitmachten.
Das waren so die Gedanken einer Nacht.

Sommer 1939 — Große Rheinlandfahrt.
Diese Großfahrt entsprach wieder unserem Geschmack. Es war wie in alten Zeiten.
Ich bemühte mich, meine Unterführer besser kennenzulernen, Kameradschaft zu pflegen und das Idealbild des jungen, ehrlichen, sportlichen und zähen Führers zu formen.
Beim Marsch durch das Rheinland und das Moseltal lernten wir einen neuen, geordneten, deutschen Staat kennen. Was uns jedoch abging, war die Begeisterung, der große Idealismus, das Bekenntnis zur Revolution. Der Alltag hatte abgestumpft.
Der Westwall beeindruckte uns außerordentlich. Doch was in der Welt tatsächlich vorging, kam uns erst auf der Rückfahrt in München zu Bewußtsein.

Die Straßen waren voll von bepackten und schwitzenden Reservisten, der Bahnhof von ihnen belagert.
Kriegsgerüchte gingen um.
Ernst standen wir auf den Gängen des D-Zuges, der uns nach Wien zurückbrachte, und sprachen kaum.

1. September 1939 — Kriegsbeginn.
In der Früh erklang die Stimme des Führers aus den Lautsprechern der Volksempfänger.
Krieg mit Polen.
Krieg!
Ich saß mit meinen Führern zusammen. Kein Gefühl der Freude oder des Triumphes kam auf.
Was wird werden? Diese Frage hing beunruhigend wie ein Damoklesschwert über uns. Wir hatten alles zu gewinnen oder alles zu verlieren. Wir kannten den Krieg nur aus Büchern. Wir wußten, daß er etwas Furchtbares und Unwägbares war.
Unsere Liedertexte begannen Gestalt anzunehmen — „. . . denn die Fahne ist mehr als der Tod!"
Nach langer Zeit fuhr ich wieder heim. Von mir erfuhr Mutter, daß der Krieg ausgebrochen war. Sie wurde bleich und begann zu weinen.
Weshalb? Wußte sie denn, was kommen würde, was uns bevorstand?

Ein Kriegsnotdienst der HJ wurde eingerichtet. Fünf Jungen mußten Tag und Nacht „Meldedienst" in der Kreisleitung machen. Nach einigen Tagen wurden die Jungen nur noch zu persönlichen Botendiensten eingesetzt. Sollte dies der Zweck unseres „Kriegseinsatzes" sein?
Ich beneidete die Klassenkameraden, die schon am 1. April als Freiwillige zur Deutschen Wehrmacht eingerückt waren. Die durften jetzt schon dabeisein.
Wir werden bestimmt zu allen Siegen zu spät kommen.

1940
JAHR DER ERNÜCHTERUNG

Der Bannführer mußte einrücken und ich daher die kommissarische Führung des Bannes übernehmen. Das hieß, auch die 14- bis 18jährigen zu führen.
Obwohl der Krieg, wie mir schien, schon zu Ende war — nur an der Westfront fiel ab und zu noch ein Schuß —, hielt ich diesen Zustand nicht länger aus. Ich meldete mich als Kriegsfreiwilliger. Sonst wäre ich erst in einem Jahr eingezogen worden.
Einige unserer Kameraden waren schon gefallen, viele verwundet. Vor kurzem noch in unserer Mitte, durften sie wahr machen, was sie ungezählte Male geschworen hatten — für Deutschland ihr Leben zu lassen, für den Führer und die Fahne zu sterben und treu bis in den Tod zu sein.
Peter war gefallen, Hannes und Willi. Junge Menschen, mit denen wir vor kurzem gelacht, gescherzt und gerauft hatten, waren in den Tod gegangen.
Wir sahen den Schmerz der Eltern und begriffen bald, daß es doch nicht so einfach war, wie wir geglaubt hatten.

HEUTE

Die ,,Organisation" triumphierte, die Idealisten wollten nicht aufgeben und glaubten an ihre Sendung

Was wir damals fühlten, dachten und taten, hielten wir zu der Zeit für richtig.
Das Leben und die Ereignisse zwingen uns ständig, unsere Ansichten neu zu überdenken. Das sture Festhalten an Doktrinen ist Verknöcherung und Versteinerung. Viele haben aus den Fehlern nicht gelernt. Sie kommen daher auch mit der Gegenwart nicht zurecht.
Ich fürchte, daß alle jene dieses Buch mißverstehen werden, die es schon immer besser gewußt haben. Es sind jene, die vom ersten Tag an wußten, was kommen würde. Sie wußten es besser — im nachhinein. Damals waren diese Leute die größten Schreier.
Jedenfalls — ich habe es nicht ,,schon immer gewußt . . ."
Wenn jemand das Gefühl des Sieges je ausgekostet hat, so waren wir es im März 1938.
Mit Feuereifer widmeten wir uns dem Aufbau der Jugendorganisation. Uns war damals nicht bewußt, daß der Staat diese ,,Organisation" als perfekte Vorbereitung der Jungen zum Wehrdienst vorgesehen hatte. Wäre es uns allerdings klar gewesen, wir hätten dies als Notwendigkeit zur Sicherung und Verteidigung der Errungenschaften des Dritten Reiches hingenommen.
Auf weltanschaulichem Gebiet war alles auf die Verherrlichung des Volks- und Deutschtums ausgerichtet. Sollten wir uns deshalb schämen? Waren nicht berühmtere und mächtigere Gestalten der Geschichte auch dieser Meinung?

Einige Zitate aus unseren Feierstunden:
Kaiser Maximilian:

> *,,Mein Ehr' ist teutsch Ehr',*
> *und teutsch Ehr' ist mein Ehr'."*

Kaiserin Maria Theresia:

„. . . Vergiß niemals, daß Du als Deutsche geboren bist . . .“

Wolfgang Amadeus Mozart:

„Ich bitte alle tag gott, daß er mir die Gnade giebt, daß ich hier standhaft aushalten kann, das ich mir und der gantzen teutschen nation Ehre mache . . .“

Kaiser Joseph II.:

„. . . Ihre Ansichten über die Mittel mir mitzuteilen, um das allgemeine Wohl Deutschlands zu erzielen, unseres gemeinschaftlichen Vaterlandes, das ich so gern nenne, weil ich es liebe und stolz darauf bin, ein Deutscher zu sein.“

Erzherzog Karl:

„. . . Unsere Sache ist die Sache Deutschlands . . .“

Erzherzog Johann:

„Kein Preußen, kein Österreich, ein einziges Deutschland, so fest und frei wie seine Berge.“

Anastasius Grün:

„Ich fühlt's wie deutsch dies Land und Volk,
kerndeutsch seit Urweltzeiten,
Deutsch ist sein Blut, deutsch sein Herz, und
deutsch sein Sinn und Treiben,
Deutsch sind wir noch und wollen deutsch trotzdem und dem auch bleiben!“

Bauernbefreier Hans Kudlich:

„Wir Deutsche müssen zum Urquell unserer Existenz, zum deutschen Volk und Reiche, wieder zurück . . .“

Anton von Schmerling:

„Der österreichische Soldat ist nur deutscher Soldat, er betrachtet sich als deutscher Krieger.“

Kaiser Franz Joseph:

„Ich bin vor allem Österreicher, aber entschieden deutsch, und wünsche innigsten Anschluß Österreichs an Deutschland.“

Adalbert Stifter:

„. . . Könnte ich dem deutschen Vaterlande und allen, die ich liebe, ihr volles Glück geben, ich würde freudig dafür mein Leben opfern.“

Robert Hamerling:

„Deutschland ist mein Vaterland!
Und Österreich? Ei, mein Mutterland . . .“

Bürgermeister Lueger:

„. . . Ich bin Deutscher, halte auch fest an meinem Vaterlande . . .“

Ottokar Kernstock:

„Das Hakenkreuz im weißen Feld,
im feuerroten Grunde . . .“

Conrad von Hötzendorf:

„Es gibt für uns nur mehr das eine Ziel: die Vereinigung mit allen unseren Stammesbrüdern . . .“

Josef Weinheber:

„Deutschland, ewig und groß,
Deutschland, wir grüßen dich!
Führer, heilig und stark,
Führer, wir grüßen dich!
Heimat, glücklich und frei,
Heimat, wir grüßen dich!“

Diese Zitate sind oft aus dem Zusammenhang gerissen. Die Kürzungen sind heute, wie auch damals, absichtlich erfolgt. Das störte uns damals nicht.

Sollten wir kritisch sein, wo so klare Aussagen von Persönlichkeiten unseren Weg bestätigten?

Der Totenkult war ein bestimmendes Moment unserer Jugenderziehung. Es gab kaum ein Lied, das nicht vom Tod, vom Sterben im Morgenrot, vom Fallen, vom Heldentum oder von der Selbstaufopferung handelte.

Es gab kaum eine Feierstunde, in der nicht der Toten gedacht wurde — in Liedern, Zitaten und Sprechchören. Sie waren mystisch und erregend, die Langemarkfeiern, die Totengedenkstunden zum 9. November, die Feiern zum Gedenken an die Toten der Feldherrnhalle, des Weltkrieges oder der Märtyrer der SA, wie Horst Wessel, und des Jungvolkes, wie Herbert Norkus.

Fackeln, Feuerstöße, dumpfe Trommelwirbel, gesenkte Fahnen und Lieder sollten dem Sterben einen Sinn geben.

Der Mythus von Blut und Fahnen bei den jährlichen Fahnenweihen steigerte noch die Todessehnsucht.

So entstand eine neue Pseudoreligion, neue Heiligtümer und ein neuer Glaube. Alles war darauf ausgerichtet, das Sterben für das Vaterland als erstrebenswertestes Ziel zu sehen.

Für uns war die einheitliche Presse mit gleichen Nachrichten und Kommentaren über alle Tages- und Weltgeschehen eine Selbstverständlichkeit. Es wäre unmöglich gewesen, und wir hätten es auch nicht verstan-

den, wenn eine Zeitung Maßnahmen, Zustände oder Gesetze kritisiert hätte. Loyalität gegenüber der Partei und dem Staat war oberstes Gebot. Pressefreiheit war uns ein Fremdwort, da wir vor 1938 auch keine hatten. Unter Presse- und Meinungsfreiheit der westlichen Demokratien konnten wir uns nichts vorstellen. Sie wurde als Schwäche der Plutokraten empfunden.
Aggressionen wurden geschickt gelenkt. Es wurde schwarzweißgemalt und Emotionen gegen Völker, Rassen und Personen geschaffen. Die Slawen waren minderwertig, die Juden artfremd und Schuschnigg ein Verbrecher . . .
Das Volk war befriedigt. Es hatte etwas, wogegen es sein konnte. Objektivität und Toleranz waren verpönt.
Wie anders hätte vieles kommen können, hätten wir Kontakte mit der Jugend der Welt gehabt. Heute ist klar, warum dies nicht der Fall war.

Schon bald nach dem Umbruch 1938 machte sich bei den Jugendführern ein großes Unbehagen bemerkbar. Das war, als in Wien die ,,Sachsen- und Saarlandinvasion" einsetzte, als aufgeputzte ,,HJ-Offiziere" aus dem Altreich in Österreich das Kommando übernehmen wollten.
Gegen diese ,,Überfremdung" und aufgezwungene Führung entstand heftige Opposition. Es kam zu Demonstrationen gegen die Gebietsführung in der Albertgasse. Es gab eingeschlagene Fensterscheiben und Sprechchöre. Mehrere Bannführer intervenierten bei der Gauleitung gegen die ,,Deutschen". Die Gauleitung hatte die gleichen Probleme.
Die Reichsjugendführung steckte daraufhin etwas zurück. Sie entsandte den Stabschef der RJF nach Wien, um die Aufmüpfigen zu vergattern. Es kam zur Klausur des gesamten Führerkorps mit der RJF. Dort gab es harte Diskussionen, es kam auch zu Handgreiflichkeiten. Das Führerkorps war tief enttäuscht.
Zahlreiche ,,illegale" Führer zogen sich zurück.
Wir jungen Führer glaubten an Irrtümer und Übergriffe, wir glaubten nur unseren Idealismus einsetzen zu müssen, und alles wäre wieder in Ordnung.
Dann schickte die RJF einen Rheinländer nach Wien, der mehr Fingerspitzengefühl als sein Vorgänger hatte. Ein Gebietsjungvolkführer aus ,,unseren" Reihen schirmte uns gegen die aus dem ,,Altreich" ab.

Im März 1939 wurden die Bestimmungen zum ,,Gesetz über die Hitler-Jugend" bekannt. Darin hieß es im § 1 (2):

,,Alle Jugendlichen vom 10. bis zum vollendeten 18. Lebensjahr sind verpflichtet, in der Hitler-Jugend Dienst zu tun . . ."

Es folgten die Ausnahmen, die Aufnahmemodalitäten und die Strafbestimmungen.
Zuerst jubelten einige Führer, daß wir endlich die gesamte Jugend in „den Griff" bekommen würden. Die Ernüchterung kam jedoch bald. Verzweifelt versuchten wir, diesem Massenbetrieb die „Seele" zu erhalten. Doch die „Bewegung" war schon zur Organisation geworden.
Immer mehr mußten wir gegen die Tücken des Alltagsbetriebes kämpfen. Die zahllosen Feiern, Aufmärsche, Großkundgebungen und Monsterlager stumpften ab. Die verbürokratisierten „altreichsdeutschen" Kameraden taten das ihre dazu.
Aber noch war unser Schwung nicht erlahmt. Wir versuchten, aus den Fehlern zu lernen. Wir sagten ihnen offen, daß wir uns dies und jenes nicht so vorgestellt hätten.
Nach Kriegsbeginn betrachteten uns einige Kreisleiter und manche Wehrmachtsdienststelle als Leibeigene. Wir meinten, das müsse im Interesse des Endsieges so sein. Das Resultat waren Spannungen und immer sturere Dienstbefehle von oben.
Auf Grund des „HJ-Gesetzes" mußten alle Jugendlichen erfaßt werden. Es wurden lange Listen und umfangreiche Karteien geführt sowie Beiträge eingesammelt. Artfremde Hilfsdienstleistungen machten die Jungen bald zu bürokratischen Jugendsoldaten.
Alle Anstrengungen, den uns von Haus aus nicht wohlgesinnten Teil der Jugend zu begeistern, hatten dadurch wenig Erfolg.
Ein Auszug aus den Erlässen zum „Wohle der Jugend", 1940:

> *25. März:*
> *Erlaß des Jugendführers des Deutschen Reiches über polizeiliche Maßnahmen zur Erfüllung der Jugenddienstpflicht.*
> *13. April:*
> *Erlaß zur Sammlung von Kräutern und Heilpflanzen.*
> *20. April:*
> *Erlaß zur Einberufung des Jahrganges 1923.*
> *9. Mai:*
> *Erlaß zum Einsatz der Jugend für landwirtschaftliche Arbeiten.*
> *4. Juli:*
> *Erlaß zum Heranziehen von HJ und BDM für Zwecke des Sicherheits- und Hilfsdienstes.*
> *20. Juli:*
> *Erlaß über polizeiliche Maßnahmen zur Erfüllung der Jugenddienstpflicht.*
> *3. September:*
> *Erlaß über Sammlung von Roßkastanien.*

12. September:
Erlaß über Erzwingung der Jugenddienstpflicht.
19. September:
Erlaß über die Dienststrafe „Jugenddienstarrest" . . .

Jugend hat ihre eigenen Gesetze. Wenn die Erwachsenen mit Zwang und behördlichen Maßnahmen kommen, so müssen sie mit massiver Opposition rechnen. Diese Opposition gegen uns begann demnach folgerichtig mit Einführung der „Pflicht-HJ", mit Einführung des Zwanges, den wir einmal so haßten.

Erstaunlich war, daß trotz all dem ein großer Teil der Jugendlichen noch immer gerne bei der Sache war.

Leider lebten wir auch an den Realitäten vorbei. Die wenigsten wußten, was es heißt, Lehrling zu sein oder täglich stundenlang manuelle oder geistige Arbeit leisten zu müssen.

Wir waren Manager und glaubten von allem etwas zu verstehen. In Wahrheit verstanden wir nur sehr wenig. Das tägliche Leben der Umwelt war für uns graue Theorie. Wir beurteilten es von der höheren philosophischen Warte unserer Weltanschauung aus. In sie mußte alles hineinpassen, und sie reduzierte sämtliches Geschehen auf unsere Interessen.

Schließlich glaubten wir, ausschließlich Fahrten, Lager, Feierstunden und Heimabende, mit einem Wort der Dienst, würden die Glückseligkeit im Leben eines Jungen ausmachen.

Die positivsten Aspekte zeigten sich, wenn wir den jungen Menschen eine Aufgabe, wie etwa den Landdienst, stellten. Die Jugend wollte ja gefordert werden, herausgefordert, Leistungen zu vollbringen.

Heute glaubt man ihr nichts mehr zumuten zu dürfen.

Auch Leistungs- und Sportwettkämpfe konnten sie begeistern.

Humanismus in Wort und Tat vertrug sich nicht mit dem Führungsanspruch der Elite, mit dem Herrenmenschentum. Menschlichkeit wurde als Schwäche ausgelegt. Keiner wollte als schwach gelten.

Daher waren wir und unsere Anschauungen zwangsläufig inhuman. Für manche war von diesem Zustand zur Unmenschlichkeit nur ein kleiner Schritt.

Als mit Beginn des Krieges die graue Uniform alle gleich machte, begannen sich etliche an Härte und Inhumanität gegenseitig zu überbieten. Mancher, der da nicht mithalten konnte, aber doch nicht als „weich" gelten wollte, ließ sich zu wilden Reden hinreißen und ließ entsprechende Taten folgen, um bei seinen Kameraden als „harter Knochen" zu gelten.

In dieser Verwirrung der Gefühle war die Einberufung für mich eine wahre Erlösung. Ich hoffte auf Klarheit und Lösung aller Konflikte an der Front.

V.

1940—1944

REICHSARBEITSDIENST UND DEUTSCHE WEHRMACHT

DER POLITISCHE UND MILITÄRISCHE HINTERGRUND

1940	Okt.	Unternehmen „Seelöwe" — die Invasion von England — wird abgeblasen.
		Einführung der Wehrertüchtigungslager (WE-Lager) der Hitler-Jugend.
1941	März	Deutsche Truppen greifen in Afrika ein.
	6. 4.	Beginn des Balkanfeldzuges.
	20. 5.	Eroberung von Kreta.
	22. 6.	Beginn des Rußlandfeldzuges.
	16. 12.	Alliierte erklären die Wiederherstellung Österreichs als Kriegsziel.
		Beginn der Kinderlandverschickung (KLV).
1942		Größte Machtausdehnung des Großdeutschen Reiches.
	4. 11.	Mit der verlorenen Schlacht bei El Alamein kündigt sich Wende des Kriegsglückes an.
1943	2. 2.	6. Deutsche Armee geht bei Stalingrad unter.
	13. 5.	Ende der deutschen „Heeresgruppe Afrika" in Tunis.
	10. 6.	Landung der Alliierten auf Sizilien.
	25. 7.	Sturz Mussolinis.
	8. 9.	Kapitulation Italiens.
	1. 11.	„Moskauer Deklaration" über die Wiederherstellung eines freien und unabhängigen Österreichs mit den Grenzen von 1938.
1944	6. 6.	Landung der Alliierten in der Normandie.

IM KRIEG

Sommer 1940 — Reichsarbeitsdienst.

Die Einberufung zum Reichsarbeitsdienst, zum RAD, kam zur rechten Zeit. Vielleicht würde es mir doch noch gelingen, zum großdeutschen Freiheitskampf, zum Sieg zurechtzukommen.

Mit nie gekannter Härte wurden wir, die auf drei Monate einberufenen Kriegsfreiwilligen, geschliffen: Exerzieren mit dem Spaten bis zum Umfallen, Schikane den ganzen Tag, dann sture Arbeit — Regulierung des Göllersbaches, abends wieder exerzieren mit dem gleichen Spaten. Dazu mußten die vorher dreckverkrusteten Werkzeuge blitzsauber sein, die Spatenblätter so geschmirgelt, daß sie als Spiegel benutzt werden konnten.
Anschließend waren bis tief in die Nacht hinein Stuben- und Sauberkeitsappelle. Truppführer und Feldmeister überboten sich. Schweißtriefend rieben wir täglich Wände und Fußböden der Stuben. Die Hocker- und Tischbeine wurden mit Glassplittern abgezogen, um die schwarzen Striche, die von unseren Stiefeln stammten, zu entfernen.
Nach dem Zapfenstreich kam der Truppführer zur Stubenkontrolle, fuhr einmal über irgendeinen Gegenstand und fragte: „Was ist das?“
Egal wie die Antwort lautete — die Stube, die Betten, der Inhalt der Spinde wurde durcheinandergeworfen. In einer Stunde mußte wieder Ordnung sein.
Es war ein Glücksfall, mußten wir nach all dem nicht noch in Nachthemden, mit Stiefeln, Spaten und Koppel antreten.
Da ich Vorbild sein wollte, sein mußte, schenkte ich mir nichts.
Meine Hand schwoll unförmig an. Trotzdem arbeitete ich weiter im Sumpf und warf die lehmige Erde von einer Terrasse auf die andere. Nachts hatte ich furchtbare Schmerzen und lief mit hocherhobener Hand im Lager umher, biß die Zähne zusammen und wollte unbedingt durchhalten. Schließlich mußte die Phlegmone doch operiert werden.
Mit kaum verheilten Wunden ließ ich mich gesundschreiben.
Inzwischen war meine Abteilung zum Flugplatz Aspern verlegt worden.

Dort wurde eine Rollbahn betoniert. Ich konnte die Schubkarre nur mit einer Hand halten, arbeitete trotzdem und ließ mich noch dazu von einem Truppführer ,,Schlappschwanz'' schimpfen.
Beim Barackenaufstellen wurden wir von einem Feldmeister unmenschlich geschunden. Mit Barackenteilen auf dem Rücken ließ er uns hin und her laufen, hinlegen, kriechen und wieder laufen. Langsam verstand ich den Langen, der vor sich hinkeuchte — ,,Das Schwein bring ich um!''
Trotz allem — wir wurden das erste Mal als ,,Männer'' angesprochen, und die meisten waren stolz, endlich richtig dazuzugehören. Es war interessant, die Gesichter dieser gescheiterten Existenzen zu studieren, die sich als RAD-Führer an uns kriegsfreiwilligen Maturanten austobten und ihre Minderwertigkeitskomplexe abreagierten. Die Elite unserer Führerschaft waren sie bestimmt nicht, die stand im Einsatz an der Front.
Auch meine Stubenkameraden waren interessante Typen: der Homosexuelle, der Gleichgültige, die Aufgebrachten, die Gleichgesinnten und die Gegner. Gespräche über das ,,Thema eins'' — die Frauen —, über Essen und Trinken erfüllten die wenigen freien Stunden.
Es entstand bald eine echte Kameradschaft. Auch diese drei Monate gingen vorbei.

Herbst 1940.
Deutsche Wehrmacht.
Endlich war das Ziel erreicht.
Man könnte meinen, es wäre das Erstrebenswerteste auf der Welt, im unkleidsamen, schlotternden Drillichanzug über den Kasernenhof gejagt zu werden.
Die Ausbildung war wohl streng und hart, doch ohne jede Schikane; nach dem Vorhergegangenen eine wahre Erholung.
Manchmal glaubte ich allerdings, der einzige zu sein, der in dem Wahn lebte, die Uniform wäre ein ,,Ehrenkleid''.
Einer Gruppe von echten ,,Wiener Strizzis'' kam das Soldatsein als die größte Schande ihres Daseins vor. Ich wurde mit völlig neuen Gedankengängen vertraut und zog mich in das Schneckenhaus meiner Ideologie zurück. Die Wohltat, in der anonymen Masse keine Verantwortung tragen zu müssen, genoß ich sehr.
Der tägliche Dienst im grauen Kasernengebäude, das Gang- und WC-Schrubben, das Zusammensein mit den eher wehrunwilligen Stubenkameraden nahm dem von mir ersehnten Soldatentum vorerst jeden Glanz. Ich tröstete mich damit, daß dies wohl bei jeder Ausbildung, bei jedem Anfang, so sein müsse.

Manchmal mußte ich mir selbst Begeisterung einreden.
Mit der Zeit zeigte es sich, daß die negative Haltung, die zynischen Kommentare und losen Reden oft nicht ernst zu nehmen waren. Manche wurden nach wenigen Tagen preußischer als die Preußen. Zum ersten Ausgang marschierten sie stolz mit ihrem Mädchen am Arm aus der Kaserne. Ich lernte eine neue Einstellung, lernte das Denken eines Wiener Durchschnittsbürgers kennen. Die Ernüchterung war beträchtlich, als ich feststellen mußte, daß ihre Ansichten in vielen Dingen weit von meinem Wunschdenken entfernt waren, daß die „Partei" vom „Volk" und seiner Meinung schon sehr getrennt war. Die Partei und ihre Bonzen wurden mir in neuem Licht präsentiert.
Unsere Stube wurde bald zum Debattierklub. Die Streitgespräche wurden mit ungleich größerer gegenseitiger Achtung und wesentlich sachlicher als einst in der Schule geführt. Erstmals hörte ich auch auf die Argumente der anderen.
Nach Abschluß der Grundausbildung als Funker wurden wir nach Südfrankreich verlegt. Zu den Kämpfen kamen wir schon zu spät. Der Landungseinsatz gegen England, das Unternehmen „Seelöwe", wurde gerade abgeblasen.
Die Offiziere und Unteroffiziere waren Soldaten, nichts als Soldaten, sie waren unpolitische Pflichterfüller, Militärs, die durch nichts als militärische Erfolge zu begeistern waren.
Wir wurden recht gute Kameraden. Selbst die Kommunisten der Kompanie machten den Dienst eifrig mit.

1941
KRIEG GEGEN RUSSLAND

Ende März erfolgte die Verlegung aus der sonnigen Biskaya in das Schneetreiben von Tschenstochau, wo wir Wochen hindurch eine scharfe, gefechtsmäßige Ausbildung erhielten.
Rudolf Heß flog nach England. Kreta wurde erobert.
Gerüchte, nichts als Gerüchte, schwirrten durch die Luft. Krieg gegen Rußland, kein Krieg, dann doch wieder Krieg.
Eines Abends verlas der Kompaniechef den Aufruf des Führers zum Angriff auf Rußland. Wir hörten in atemloser Stille zu, ungläubig, betroffen, bestürzt.
Am nächsten Tag, dem 22. Juni, war meine Feuertaufe. Das Trommelfeuer um 3 Uhr früh wischte alle Bedenken weg, der Gang der Ereignisse überrollte uns. Als Gefreiter und Funktruppführer des Generals fuhr ich im Morgengrauen über den Bug.
Zum ersten Mal im Leben wurde ich mit dem Tod konfrontiert. Er wurde bald zur Selbstverständlichkeit, er gehörte zur Gewalt, zu den Explosionen, den vorstürmenden und zurückweichenden Massen. Er war weder erschütternd noch schrecklich — er war da.
Es war ein russischer Soldat. Von einer Gewehrkugel oder einem Granatsplitter getötet, lag er auf der Vormarschstraße, plattgewalzt von Hunderten Rädern und Panzerketten, breitgetreten von Tausenden Stiefeln — kein Mensch mehr, kein Leichnam — nur mehr die Kontur einstigen Lebens, seelenlos und ohne Gesicht — tot.
Und zum ersten Mal fühlte ich, was Leiden heißt. Trotz rascher Fahrt entging mir nicht, daß ein Russe neben der Straße im Graben kauerte, schwerstverwundet mit aufgerissenem Bauch. Flehend hob er seine Hand und bettelte um Wasser. Als ihm ein Landser eine Feldflasche zuwarf, ging ein Leuchten über das blutverschmierte Gesicht.
Endlose Kolonnen russischer Gefangener strömten zurück. In einem Garten neben dem Gefechtsstand wurden sie gesammelt und bewacht. Sie fingen zu singen an. Die schwermütigen, wunderschönen Chöre gingen unserem Stab auf die Nerven. Die Russen aber ließen sich das

Singen nicht verbieten. Ihre Lieder erinnerten mich an weit, ganz weit zurückliegende Zeiten.
Bei Sonnenuntergang fuhren wir entgegen dem Vormarschstrom wieder zurück. Der todwunde Russe saß noch immer da. Seine schon glanzlosen Augen flehten zu jedem Fahrzeug empor, flehten um Erlösung. Seine Gestalt, seine Uniform und das Gesicht waren fast von gleicher Farbe wie die ihn umgebende Erde. Nur die Augen, die Augen wurden mit diesem Elend nicht fertig.
Die Wochen vergingen mit dem Vormarsch in der Ukraine. Wir fuhren, funkten, schlüsselten, schluckten Staub, schlugen uns durch, fluchten und lernten den Krieg kennen.
Vor Kiew am Irpen.
Immer wieder flogen Stukas heran und kippten über Kiew zum Angriff ab, immer wieder, stundenlang. Wie lange wir wohl festliegen würden? Da kam per Funk meine unerwartete Abkommandierung zum 8. Reserveoffizierslehrgang.

Herbst 1941.
Hindenburgkaserne in Leipzig.
Ein neuer Abschnitt militärischen Lebens begann. Die Waffenschule mit dem Offizierslehrgang war das Nonplusultra an Perfektion und Ausbildung. Hier wurde die militärische Elite der Deutschen Wehrmacht herangezogen.
Faszinierend war die Klarheit des Weges: befehlen — gehorchen, ein Mittelding gab es nicht.
Der Dienst begann mit einer Mutprobe. Zum Sprung vom Zehnmeterturm gehörte tatsächlich Mut, besonders wenn man ihn noch nie probiert hat. Einer weigerte sich zu springen und rief: ,,Das ist doch kein Beweis dafür, ob ich mutig oder feig bin, ich spring' nicht. Ich kann nicht schwimmen. Das Ganze ist ein Blödsinn!''
Tags darauf schon war er nicht mehr bei uns.
Der Aufsichtsoffizier versuchte uns preußischen Drill und preußische Lebensart beizubringen. Der Drill schreckte uns nicht mehr — allzu viele hatten sich damit an uns versucht, und allzuviel versuchten wir schon davon weiterzugeben.
Die preußische Lebensart war etwas schwerer zu begreifen. In der Tanzschule Ritter sollten wir jeden Freitag den letzten gesellschaftlichen Schliff erhalten. Dabei fehlte jede romantische Atmosphäre, jede Stimmung und Lust. Alle waren wir heilfroh, wenn wir unsere Tanzpartnerinnen wieder zu Hause abgeliefert hatten und die Qual dieser fast militärischen Pflichtübung zu Ende war.

Offiziersanwärter, die sich außerhalb des Dienstes nicht der Etikette entsprechend benahmen, flogen unbarmherzig von der Schule.
Stundenlanger Unterricht über militärische und auch private Lebensbereiche wechselte mit Geländedienst, Taktik, Sport und Exerzieren.
Auch weltanschaulicher Unterricht war vorgesehen. Er war sachlich und steril. Man lehrte die Weltanschauung unseres Oberbefehlshabers Adolf Hitler — kurz und zackig. Die höheren Orts befohlene Weltanschauung war zur Pflicht geworden, selbstverständliche Pflicht jedes preußischen Offiziers — keine Zweifel, keine Debatten.
Bei den „gemütlichen" Aufsichtsabenden gab es Dünnbier in jeder Menge. Diese Abende gehörten auch zum Dienst — Feststellung, wie sich der Offiziersanwärter „privat" im Kreise seiner Kameraden verhält, und Pflege der Kameradschaft. Die Stimmung war immer freudig und besoffen. Heiterkeit mit militärischer Zurückhaltung und tiefgekühltem Humor. Manchmal wurde diese Ausgelassenheit auch ganz gestrichen.
In der Kaserne waren wir von den Nachrichten und der Außenwelt fast abgeschnitten. Erst während des Weihnachtsurlaubes hörten wir von den Schrecken des russischen Winters, den Winterkämpfen, der Sammlung des Winterhilfswerkes.
Lange Abendstunden debattierten wir ernst und sorgenvoll. Dabei kristallisierte sich zweierlei heraus. Wir waren fest davon überzeugt, daß zum einen die Heimat zu wenig für die Front tat, und zum anderen, daß nur unbedingte Pflichterfüllung und Anstrengung aller Kräfte den Sieg bringen würde.
Den meist Zwanzigjährigen schien es viel zu wenig, was sie als zukünftige Funkoffiziere für den Endsieg leisten konnten. Die meisten wünschten sich den Kampf und keine Schreibtischarbeit.

1942
JAHR DER WENDE

Es war Ende Jänner. Eiskalter Schneewind fegte über den Kasernenhof der Waffenschule. Der gesamte Lehrgang war angetreten. Der Kommandeur verlas einen Aufruf des Führers.
Die Wehrmacht brauchte Offiziere für die Infanterie und die Panzergrenadiere, zu hoch waren die Ausfälle bei der Winterschlacht gewesen. Ohne Zögern hob ich meine Hand und mit mir fast ein Drittel des Lehrganges.

Erleichtert schlief ich an diesem Abend ein. Ich hatte erreicht, was ich mir immer gewünscht hatte. Richtigen Einsatz und richtigen Kampf. Ich brannte darauf, mich zu bewähren.
Nach der Beförderung zum Leutnant fuhren wir nach Berlin in die Deutschlandhalle. Sämtliche Offiziere aller Waffengattungen, die befördert worden waren, kamen hier zusammen. Trotz Massenaufgebot war es sehr feierlich und lief mit Routine und Präzision sondergleichen ab.
Ich hörte das erste Mal den Führer unmittelbar sprechen. Es beeindruckte mich sehr.
Wie viele von uns würden wohl in einem Jahr noch am Leben sein?

Als ich mich anschließend in Wien bei meinem Ersatztruppenteil zurückmeldete, wurde ich mit größter Freundlichkeit empfangen. Dann gab ich meine Freiwilligenmeldung zu den Panzergrenadieren bekannt. Das Gesicht des Kommandeurs erstarrte. Von da an war ich im Kasino ein Aussätziger, ein Verräter an der Waffengattung.
Der Bruch war perfekt, als ich mit der hellgrünen Waffenfarbe der Panzergrenadiere aufkreuzte.

Umschulung in der Panzertruppenschule Wünsdorf.
Natürlich kamen wir uns im neuen Rang fesch vor. Ein Offizier mußte eine Ausgehuniform mit langen Hosen und Stiefeletten haben. Zum geschneiderten Waffenrock aus bestem Tuch, der flotten Mütze mit der Silberkordel gehörte je nach Anlaß auch ein Dolch oder Säbel.

Genauso kamen wir, Günther und ich, in Wünsdorf an. Ironisch lächelnd empfing uns Hauptmann Kaiser. Grinsend lud uns ein Leutnant Maier, ganz einfach Maier, mit einem „Bitte, meine Herren“ (meine Herren!) auf einen Lastwagen.

Die Fuhre „grüner“ Leutnants, vornehm eingekleidet und behangen mit allem Firlefanz, wurde sofort in das Gelände gekarrt. Das Gelände war der vom Frühjahrsregen aufgeweichte, grundlose Truppenübungsplatz. Blitzartig wurden wir in den Dreck gejagt. Fluchend, über die Säbel stolpernd, die Halbschuhe mit lehmigem Dreck gefüllt, die Mäntel aus feinem Tuchstoff nahmen bald die Tarnfarben der Gegend an. So liefen, krochen und robbten wir stundenlang. Wie die Säue beschmutzt, ohne Mittagessen, unseren Idealismus in Grund und Boden verdammend, kamen wir abends in unsere Unterkünfte.

Die Umschulung war umfassend und gründlich. Jetzt erst wurden richtige Soldaten aus uns. Tiefer in den Schmutz ging es nicht mehr. Es konnte nur mehr besser werden — glaubten wir, hofften wir.

Mährisch-Weißkirchen — Ersatztruppenteil der 2. Panzerdivision.

Diese ehemalige k. u. k. Garnison war deprimierend. Ein alter, verknöcherter Kommandeur verstand es, uns jeden Idealismus zu nehmen. Manchmal wünschten wir uns — nicht zu sein.

Endlich wurde ich in die kleine Kaserne von Wallachisch Meseritsch versetzt. Dort erhielt ich eine Rekrutenkompanie zur Ausbildung.

Ich war jünger als meine Rekruten und Ausbildner, also mußte ich mir irgendwelche Vorteile verschaffen, um nicht überfahren zu werden. Noch ehe ich die Mannschaft zu Gesicht bekam, vertiefte ich mich in ihre Personalien, studierte die Gesichter nach den Fotos der Soldbücher, lernte ihre Berufe und Familienverhältnisse auswendig.

Mit Herzklopfen sah ich der ersten Begegnung mit meinen Untergebenen entgegen. Die Überrumpelung gelang.

Als ich die Reihen der weißen Drillichmänner entlangging, ließ ich mein Wissen blitzen:

„Sie sind doch Spengler in Linz?“

„Und sie haben drei Kinder.“

Der Bauer mit der spitzen Nase, das konnte nur der Bursche aus der Gegend von Weitra sein: „Wie steht es mit der Aussaat im Waldviertel?“

Und die Geburtsdaten des blonden Lockenkopfes hatte ich auch behalten. Die Leute waren perplex. Von da an hatte ich es leicht mit ihnen.

Mit den Tschechen hatten wir wenig Kontakt. Trafen wir sie während unserer Geländeübungen und Leistungsmärsche, waren sie nicht unfreundlich. Manchmal hatten wir allerdings das ungute Gefühl, sie würden uns am liebsten erdolchen.

21. Juni 1942. Aus dem Volksempfänger erfuhren wir den Fall von Tobruk. Rommel, das war ein Führer, ein Feldherr, wie wir ihn uns vorstellten und wünschten.
Wir erwarteten jeden Tag unsere Versetzung zur Ostfront. Bei Orel war die 2. Panzerdivision in schwere Kämpfe verwickelt. Da entdeckte ich einen Anschlag in der Schreibstube — Offiziere, Freiwillige wurden für das Afrikakorps gesucht. Für sechs gab es kein langes Überlegen.

Afrika.
In kürzester Zeit nahm uns dieser neue Kriegsschauplatz ganz gefangen. Der Sand, die Steine, die Wüste, die Hitze und die gnadenlose Härte des täglichen Kampfes — all dies war erregend und neu für uns.
Die endlose, unendliche Weite des Sandmeeres zwang zum Denken, zum Sinnieren. Die Widersinnigkeit dieses Kampfes und der Zweck des Lebens waren Fakten, die wir nicht begreifen konnten und trotzdem immer wieder diskutierten.
Wenn es auch niemand aussprach, jeder fühlte den Irrsinn, daß sich Engländer und Deutsche um Steine und Sand gegenseitig umbrachten.

Der Ball der Sonne hing in den ersten Septembertagen wie Blei am Himmel. Beim Alam el Halfa, dem Bergrücken in der Wüste, fühlten wir instinktiv — das war die große Wende dieses Krieges, das war die Umkehr.
Am Jahrestag der englischen Kriegserklärung kam das Unheil aus der Luft. Die Bomben rauschten genau in meine dicht aufgefahrene Kompanie. Stahl auf Stein und Eisen. Die grauenhaften Explosionen, die Todesschreie und die unmenschlichen Qualen nahmen kein Ende.
El Alamein — das war das Ende eines glorreichen Feldzuges, die makabre, die endgültige Endstation und das Ende aller Illusionen.
Als ich die Kompanie übernehmen mußte, wurde ich von der Last der Verantwortung für das Leben und den Einsatz von hundertzwanzig Männern fast erdrückt. Die Überwindung der Angst wurde zur höchsten menschlichen Vollkommenheit, zeugte die Größe und den Mut der Menschen.

23. Oktober — das Trommelfeuer sprengte alle Vorstellungen und Grenzen des Erträglichen.
Es war der Beginn der großen englischen Offensive, der Anfang vom Ende, vom Ende nach der Wende. Der Riesenaufwand, den Menschen

trieben, um andere zu vernichten, war imponierend. Er wirkte wie ein Test, wieviel ein Mensch aushalten konnte.
Auch die Menschlichkeit wurde getestet. Anscheinend kommen wir nur zur Besinnung, zur Erkenntnis, daß Töten und Kämpfen nicht Selbstzweck sein können, wenn wir an den Grenzen des Wahnsinns angelangt sind. Das war, als ich verbot, auf wehrlose Besatzungen der von uns abgeschossenen Panzer zu schießen. Und das war, als die Engländer so lange ihr Artilleriefeuer einstellten, bis ich meine Schwerstverwundeten durch die Minengasse abtransportiert hatte.
Zu den pausenlosen Kämpfen, Artillerie-, Bomben- und Panzerangriffen, den zermürbenden Explosionen gesellten sich die Geiseln dieses Leidensweges in Afrika — Gelbsucht und Ruhr. Viele waren nicht nur zu schwach zum Kämpfen, nein, selbst stehen konnten sie nicht mehr.
Sie weinten, sie starben.
Ruhig und sinnlos.

3. November — beim Morgengrauen waren sie da. Panzer, mehr als tausend Panzer, soweit das Auge und das Fernglas reichte. Einer neben dem anderen, einer hinter dem anderen. Unübersehbar von Horizont zu Horizont.
Auf der anderen Seite wir. Meine Kompanie mit ihren zwei armseligen Pakgeschützen, den paar Gewehren und Handgranaten. Ohnmächtige Wut des hoffnungslos Unterlegenen überkam mich. So fahrt doch los, ihr Feiglinge! In wenigen Stunden hätte diese Pein und Qual ein Ende gehabt.
Sie fuhren nicht los, noch nicht. Sie lauerten und fühlten nur vorsichtig vor. Ein Schuß von uns wurde drüben von Hunderten Augenpaaren beobachtet und löste hundertfache Vergeltung aus. Schuß auf Schuß jagten sie aus ihren Panzerkanonen, bis sie glaubten, uns vernichtet zu haben. Das eine Rad des Pakgeschützes war zwar abgeschossen, doch die Männer gaben nicht auf. Zwei Kanoniere legten sich übereinander unter die Achse, und als die Engländer wieder mit den ,,Mark II", den ,,Piloten", den ,,Churchill" losfuhren, wurden sie nochmals abgewiesen.
,,Sieg oder Tod" — ließ Hitler uns sagen. Wir begriffen es nicht, erfaßten nicht den Sinn. Waren wir doch dem Tod näher als dem Sieg. Als ich mit dem Rest der Kompanie, es waren nur noch achtzehn Mann, am nächsten Tag gegen den durchgebrochenen Tommy einen Gegenangriff fahren sollte, wurde ich schwer verwundet.
Auf dem Rücktransport ins Kriegslazarett Tobruk lernte ich alle Qualen der Hölle kennen. Das Abnehmen des Beines verhinderte ich mit dem letzten Aufbäumen meines Willens.

Im Lazarett in Deutschland erkannte mich mein Vater nicht mehr. Aber es war ein einziges, wohliges Ausstrecken im weißen, sauberen Bett.

Mit der Ruhe kamen die Gedanken, die nicht enden wollenden Überlegungen:
War das das Ziel, um das wir gekämpft haben?
Unsere besten und gesündesten jungen Soldaten waren dort unten in Afrika gestorben — an Kreislaufschwäche, Ruhr, Malaria und Gelbsucht, wurden zerfetzt von Bomben und Granaten, verbrannten in Panzern oder verdursteten gräßlich.
Immer wieder stellte ich mir die Frage, die bohrende Frage — wofür?
Was werden einst die Soldatenfriedhöfe verkünden?
Jedes Kreuz bedeutet Angst und Tapferkeit, Elend und Schmerzen, Idealismus oder wütende Verachtung — vielleicht —, eines jedoch sicher: das Ende eines jungen Lebens, das Ende ohne neuen Anfang.

1943
JAHR DER MENETEKEL

GvH — garnisonverwendungsfähig Heimat. Ein schreckliches Wort für eine schöne Sache in einer wunderschönen Gegend, in Landau in der Pfalz.
Als Ausbildungsoffizier einer Rekrutenkompanie waren mir meist ältere Männer aus dem Rhein-Ruhr-Gebiet anvertraut. Mit meiner Fronterfahrung brauchte ich keine Mätzchen mehr anzuwenden, um anerkannt zu werden. Das hatte ich am eigenen Leib erlernt — harte und sorgfältige Ausbildung spart Blut.

Stalingrad — die Tragödie ging zu Ende.
Am liebsten hätte ich die Augen vor der grausamen Wirklichkeit verschlossen. Ich konnte es nicht. Zu viele meiner Freunde und Kameraden in der 44. Infanterie-Division waren dort für immer geblieben.
In den Nächten danach wachte ich oft auf. Das konnte nicht wahr sein, das mußte ein Traum gewesen sein. Doch am Morgen war er nicht vorbei, war es Gewißheit, daß wir eine große Niederlage erlitten hatten. Niemand wußte etwas Genaues. Niemand wagte sich auszurechnen, wie viele Soldaten vor Stalingrad geblieben waren. Niemand wollte das Ausmaß der Katastrophe wahrhaben.
Wir Gläubigen glaubten weiter an das Genie der Führung, an die Richtigkeit unseres Weges und Zieles. Wir trösteten uns mit Sprüchen: „Was uns nicht umbringt, macht uns nur stärker." Umgebracht wurden wir noch nicht, also wurden wir stärker. Womit sollten wir uns sonst trösten?

Der Kasernenbetrieb war mir ein Greuel. Die jungen Leutnants mußten nach dem Essen das Grüßen üben. Immer wieder wurde ich zurückgeschickt, immer wieder angeschnauzt. Dabei konnte ich wegen meiner Operation gar nicht anders grüßen als mit abgespreiztem kleinem Finger. Die vielen Heimatbürokraten machten uns das Leben sauer. Hier konnten sie so richtig ihre Daseinsberechtigung nachweisen.

Mai 1943 — Afrika geht verloren.
Wenn wir es auch alle schon kommen sahen — viel früher als erwartet —, traf es uns schwer. Wir sprachen nicht viel darüber. Jeder wollte die Gedanken an den Untergang einer Armee verdrängen, wollte das Beste aus den Hiobsbotschaften herauslesen. Doch alle wußten wir, was dieses Ende in Afrika bedeutete.
Zurück blieben die Gräber, die Erinnerungen der Davongekommenen und das Leid der Zurückgebliebenen. Der Sand wird die Gräber verwehen, die Zeit die Erinnerung trüben und das Leid mildern.

Im Herbst wurde die Ausbildung der Rekruten immer realistischer. Am Truppenübungsplatz übten wir Angriffe auf Bunker mit Pak- und Granatwerferunterstützung, MG und geballten Ladungen. Dabei ging ich bis an die Grenze des gerade noch Erträglichen, um der Mannschaft ein möglichst ungeschminktes Bild des Krieges zu vermitteln, um ihr Illusionen von frischfröhlichen Kriegsspielen zu nehmen.
Nach diesen anstrengenden Übungen, nach den 60-, 70- und 80-Kilometer-Märschen, nach ermüdendem Sport, nach all dem werden sie mich oft verflucht haben.
Dazu kamen immer öfter Alarmübungen zu jeder Tages- und Nachtzeit. Die einen sollten zur Niederschlagung innerer Unruhen dienen. Sie wurden mit dem Stichwort „Walküre" ausgelöst. Die anderen nannten sich „Fallschirmjägeralarm" und waren zur Abwehr einer Invasion gedacht. Wir glaubten an keine der Möglichkeiten.
Die ehemaligen „Afrikaner" wurden jetzt wieder an die Front versetzt. Da der Kriegsschauplatz Afrika nicht mehr existierte, wurden sie zu einer unbekannten oder neu aufgestellten Division abkommandiert. Während ich mir noch den Kopf darüber zerbrach, wie ich diesem Schicksal entgehen könnte, kam mir ein rettender Zufall zu Hilfe. Zur Panzerdivision „Großdeutschland", dem Eliteverband des Heeres, wurden freiwillige Offiziere gesucht. Das war die Gelegenheit.
Während ich auf meine Versetzung wartete, erreichte mich eine niederschmetternde Nachricht. Ein gutes Drittel meiner Rekrutenkompanie, erst vor drei Wochen nach Italien abgefahren, war tot. Sie waren im Apennin, weit hinter der Front, zu Schanzarbeiten eingesetzt worden. Während eines unerwarteten Feuerüberfalls schwerer Schiffsartillerie war es zu dieser Katastrophe gekommen.
Ich stellte mir die Männer vor, holte ihr Bild zurück. Jeder einzelne war mir bekannt. Jeder einzelne ein Mensch, eine Persönlichkeit.
Und was blieb?
Ein Brief an die Angehörigen — „. . . für Führer und Vaterland gefal-

len . . . er hat nicht gelitten . . . er war uns allen ein guter Kamerad . . . er war das Vorbild seiner Einheit . . . wir werden ihn nie vergessen . . .“
Er hat nicht gelitten? — Er wurde von einer Explosion zerfetzt, einen Arm haben wir erst am nächsten Tag auf einem Baum gefunden.
Er war sofort tot? — Die Bauchhöhle wurde ihm aufgerissen, stundenlang mußte er Qualen und Durst ausstehen, bis er nicht mehr konnte und starb.
An der Spitze seines Zuges gefallen? — Der Tod arbeitete sich in tagelangen, heimtückischen Sprüngen an ihn heran. Immer wieder befreiten ihn gnädige Ohnmachten von seinen unmenschlichen Schmerzen. Sein Körper war den zahllosen Wunden nicht gewachsen.
Drei barmherzige Lügen.
Drei Birkenkreuze in Italien.
Drei Opfer des Kreuzzuges für Europa, des Kampfes für Führer und Volk oder — des Kreuzzuges gegen den Faschismus und Nazismus.
Den drei Opfern war der vorgeschützte Zweck egal. Sie waren nicht mehr, waren ausgelöscht und geopfert.
Geopfert einem sinnlosen Moloch.

Mene: „Gott hat dein Königreich gezählt und vollendet.“
Tekel: „Man hat dich in einer Waage gewogen und zu leicht befunden.“

1944
JAHR DER LETZTEN VERSUCHE UND HOFFNUNGEN

Cottbus — Ersatztruppenteil von GD — ,,Großdeutschland".
Mir war nicht bekannt, welch vornehmer Klub das war. Ich staunte über die Offiziere mit umgeschnalltem Säbel — ein im Kriegsjahr 1944 völlig ungewohntes Bild. Im Kasino kam ich mir wie ein Außenseiter vor. Feine ,,Herren von . . ." mit Ritterkreuzen beherrschten den Raum.
Wir Neuen standen bedrückt in einem Winkel. Es wäre gar nicht so einfach, in diesen Exclusivklub aufgenommen zu werden, wurde uns beteuert. Am nächsten Tag sollte sich bei einer Prüfung entscheiden, ob wir ,,GDt", das war ,,Großdeutschlandtauglich", oder ,,GDu" — ,,Großdeutschlanduntauglich" — wären.
Ich spielte ihnen im Sandkasten eine Wüstenkriegslage von El Alamein vor und wurde ,,GDt". Drei von uns waren unwürdig, mit den Schulterstücken ,,GD" fürs Vaterland zu sterben.
Es mußte doch ein eigenartiger Staat, ein seltsames System sein, in dem man nicht nach eigener Fasson sein Leben opfern durfte.

Rumänien.
Wir näherten uns Jassy. Der Zug war fast leer. Am Bahnhof nahmen uns zwei Offiziere mit knallroter Armbinde ,,OKH" in Empfang und teilten uns einer Alarmeinheit zu. Die Russen waren bis zur Stadt durchgebrochen. Alles, was laufen konnte, wurde ihnen entgegengeworfen. Mit viel Glück gelang es dem Kommandeur, uns den ,,OKH-Häschern" zu entreißen.
Alles war trostlos — die Orte, die Städte, Kischinew, die Lage, die Stimmung. Gleich am ersten Tag, gleichsam zum Empfang, stand ich an den frischen Gräbern von zwölf Landsern. Sie waren gestern gefallen. Oberst Lorenz sprach: ,, . . . Ein Soldatenleben ist kurz, aber voll schönster und reichster Stunden . . ."
Die einst so kampfkräftige Division bestand nur mehr aus etwa 400 Mann Kampftruppe, zwei Panzern, einem ,,Tiger" und einem ,,Panther" —

einer davon war immer in Reparatur —, und noch einigen Sturmgeschützen, sonst nichts.
Es war ein eigenartiger Krieg.
Ständig war bei uns und um uns etwas los. Die Russen kamen Tag und Nacht, von allen Seiten, mit und ohne Waffen, unermüdlich. Trotzdem waren wir niemals verzagt und immer voll Optimismus, da wir uns in jeder Phase dieses Kampfes den Russen überlegen fühlten. Die ersten Angriffswellen der Russen waren meist unbewaffnet oder ganz schlecht ausgerüstet; sie bestanden zum großen Teil aus Sträflingen. Dann liefen ganz junge, höchstens 15- bis 16jährige Sibirier gegen uns an. Einen von ihnen behielt ich mir als Burschen. Er tat mir leid, und ich wollte ihn keinesfalls in ein Gefangenenlager abschieben.
Von Kole, so hieß er, erfuhr ich die erstaunlichsten Dinge. Erst vier Wochen lang Soldat, wußte er überhaupt nicht, was da vorging. Deutschland war ihm ein fast unbekannter Begriff. Sein Befehl lautete, auf alles zu schießen, was nicht seine Uniform trug. Kole kannte keinen Haß, keine bösen Menschen, er kannte kein Radio, kein Kino, keine ,,Zivilisation". Er diente mir mit einer eigenartigen Treue. Vielleicht wußte er es auch nur zu schätzen, daß es ihm gutging.

Targul Frumos. Im Wehrmachtsbericht hieß es: ,,Deutsche Verbände stießen in Wolhynien weit in die Flanken des Feindes und brachten ihm schwere Verluste bei."
Und wie sah das wirklich aus?
Wir waren einfach losgefahren — Richtung Westen. Ausnahmsweise waren diesmal beide Panzer intakt. Einige Fahrzeuge, Pakgeschütze und Trosse der Russen wurden überrascht und überwalzt. Mehr als hundert Troßfahrzeuge wurden erbeutet. Die Lage war jedoch die gleiche geblieben — überall saß der Gegner, und wir waren mittendrin. Täglich griffen wir irgendwo an, täglich wehrten wir irgendwo ab. Die Gefangenen waren verhärmt, abgerissen, ausgehungert, schmutzig und apathisch.
Die Bevölkerung kam uns mit weißen Fahnen entgegen. Die Leute grüßten mit erhobener Hand und schenkten uns Milch und Eier. Die Russen wurden wahrscheinlich ebenso begrüßt, nur daß statt des deutschen Grußes die geballte Faust gezeigt wurde. Die Alten aber, die hoben beide Arme hoch und verbeugten sich.
Major Remer, in dessen Bataillon ich die 1. Kompanie führte, wurde in die Heimat als Kommandeur des ,,Wachbataillons Berlin" versetzt.
In der Nacht saßen wir beisammen. Leutnant Bernhard las aus dem Cornet vor — dem Traum vom Frieden: ,, . . . aus dunklem Wein und tausend Rosen rinnt die Stunde rauschend in den Traum der Nacht . . ."

oder ,, . . . auch der Mut muß sich einmal strecken und sich am Saum seidener Decken in sich selbst überschlagen. Nicht immer Soldat sein. Einmal die Locken offen tragen und den weiten offenen Kragen und in seidenen Sesseln sitzen und bis in die Fingerspitzen so: nach dem Bad sein. Und erst wieder lernen, was Frauen sind . . .''
Wir redeten, schmiedeten Pläne und entwarfen ein Bild von Deutschlands Zukunft, so wie wir sie uns wünschten. Wir glaubten fest daran, daß alles anders werden müßte, und daß die Erneuerung nur von den Frontsoldaten ausgehen könnte. Wir schimpften über die Bonzen der Partei. Wir wollten sie nach Kriegsende alle hinwegfegen und waren uns darin einig, wie dies geschehen müßte.
Alle haßten wir den Krieg, alle ersehnten wir sein Ende. Es war egal, ob einer bei der Partei oder sonstwo Mitglied war, wir wußten, was wir wollten. Das gab uns einen großen, moralischen Halt. Wir alle hatten die Hoffnung, daß nichts umsonst gewesen sein konnte. Wir alle sahen eine ganz neue Zukunft vor uns.
In der Nacht vor dem Angriff wurde der Kompaniegefechtsstand in eine Kate mitten in der Stellung verlegt. Im Morgengrauen fuhr ich hoch — vor mir stand ein rumänischer Bauer im Sonntagsgewand. Er hatte eine Schüssel mit Brot, Salz und Eiern in der Hand. Mit vielen Verbeugungen und in gebrochenem Deutsch erklärte er mir, daß heute Ostersonntag der Rumänen wäre . . .
Der Schlag gegen das Knie und die Schläfe waren das letzte. Viele, viele Stunden später kam ich am Hauptverbandsplatz aus Morphium- und Narkoserausch wieder zu mir.
Die Fahrt von Bukarest in die Heimat war ein Leidensweg. Mehr als eine Woche waren wir unterwegs. Die Toten des Lazarettzuges durften nicht ausgeladen werden. Die Verbände konnten kaum erneuert werden und stanken bestialisch. Die Zehe von Paule aus Leipzig stieß bei jedem Ruck des Zuges gegen meinen Hinterkopf. Paule war schon seit Tagen tot und starr. Nur mehr Kettenrauchen hielt mich aufrecht.
6. Juni — Lazarett in Plauen. Die Invasion im Westen hatte begonnen. Wie würde das wohl ausgehen? Werden wir das schaffen können? Mein Bettnachbar bagatellisierte die Kampfkraft und den Kampfwert der Amerikaner. Ich warf ein: ,,Hast du schon einmal den Alptraum einer vielfachen Übermacht erlebt, diese Ohnmacht, dieses furchtbare Gefühl der Machtlosigkeit, dieses Nur-ganz-Kreatur-Sein, dieses Ausgeliefertsein?''
Dann kam die Schwester mit einem Formular in der Hand. ,,Sie sind heute aus der Deutschen Wehrmacht entlassen worden'', rief sie.
Sollte ich mich freuen?

HEUTE

Die Todessehnsucht von einst, der Idealismus und die Einsatzbereitschaft mußten bezahlt werden

Dieser Abschnitt war ein Kurzbericht. Das gleiche haben Millionen deutscher Soldaten in ähnlicher Weise auch erlebt.
Die harte Schule des Krieges holte uns sehr rasch auf den Boden der Wirklichkeit zurück. Durch Entbehrungen und Leiden wurden die menschlichen Schwächen bloßgelegt. Sämtliche hochgestochenen Ansichten und Theorien verblaßten.
Die Soldaten der Deutschen Wehrmacht taten gerne oder ungerne ihre Pflicht. Wir taten sie gerne, weil wir uns immer noch als Elite fühlten.
Eine erschreckend hohe Zahl ehemaliger Kameraden war gefallen oder schwerverwundet. Die Führer der Jugendbewegung zahlten den größten Blutzoll. Mit jedem Brief aus der Heimat erhielten wir neue Todesnachrichten. Jede dieser Nachrichten deprimierte uns und putschte uns auf — Vorbild zu sein und uns nicht unterkriegen zu lassen.
Fast alle aktiven HJ- und DJ-Führer waren eingerückt. Daheim war oft schon die dritte oder vierte Führungsgarnitur eingesetzt. Diese Führer und Führerinnen machten alle Anstrengungen, um ihr Daheimsein zu rechtfertigen. Sie betreuten die Eingerückten, die Verwundeten und die Lazarette.
Krieg und Zwang haben die Jugend b e w e g u n g abgedrosselt. Die Dynamik des Anfangs war weg. Die Verpflichtung der Kriegsmaschinerie gegenüber hatte Vorrang.
Die Rebellen waren an der Kandare.

Aus heutiger Sicht trugen wir sicher oft Scheuklappen und rosarote Brillen. Erst mit den Kriegsjahren und wachsender Reife wurden manche nachdenklicher und kritischer. Unsere „Nibelungentreue", heute würde man Loyalität sagen, hinderte uns, aufzubegehren oder offen Kritik zu üben.

Meist waren wir den Leistungen der Heimat und des Hinterlandes gegenüber ungerecht. Nur der Träger von Tapferkeitsauszeichnungen oder Verwundetenmedaillen wurde als richtiger Mann angesehen. Alle Geschehnisse hinter der Front kamen uns unwesentlich, kleinlich und zänkisch vor. Erst durch die Bombenangriffe auf die Städte bekamen wir Achtung vor den Torturen und Leiden der Zivilisten daheim.
Die menschlichen Werte wurden völlig umgekehrt.
Wir, die ehemaligen Jugendführer, machten fast alle einen Läuterungsprozeß durch. Allmählich verwünschten wir den Krieg und wußten doch mit einem möglichen Ende nichts Rechtes anzufangen . . .
Zwei Extreme kennzeichnen unsere damalige Verfassung –

Auf dem Kriegerdenkmal in Eggenburg steht folgende Inschrift:

„Ruhet stolz, ihr hohen Helden,
Ruhmessang sei euch geweiht,
und aus euren Gräbern blühe
Segen uns für alle Zeit.“

Ich schrieb nach dem Afrikafeldzug: „. . . unter den Sinnlosigkeiten ist der Tod im Kriege das Sinnloseste . . .“

Abb. 1 Zeltlager der Bündischen Jugend.

Abb. 2 Bündische Jugendgruppe auf Fahrt (Kreuzfahrer).

Abb. 3 März 1938 — Hitler-Jungen in Räuberzivil beim Plakatieren.

Abb. 4 März 1938 — Ankunft von Rudolf Heß, Stellvertreter Hitlers, am Westbahnhof. Heß schreitet die Front der noch im „illegalen" Aufzug angetretenen HJ-Einheit ab.

Abb. 5 März 1938 — Eröffnung der Führerschule des Gebietes Wien im Czartoryski-Schlössel in Wien-Währing.

Abb. 6 April 1938 — HJ-Werbemarsch auf dem Stephansplatz in Wien.
Weiße Stutzen, weiße Hemden und Schulterriemen gehörten zur Uniform der ,,Illegalen''.

Abb. 7 Juni 1938 — Wiener Straßenbahn auf Werbefahrt für die Hitler-Jugend.

Abb. 8 Sommer 1938 — Deutsches Jungvolk in der Führerschule des Gebietes Wien im Czartoryski-Schlössel in Wien-Währing.

Abb. 9 1939 — Hitler-Jugend auf dem Marsch ins Pfingstlager.

Abb. 10 1942 — Fingernägelkontrolle in einem Jungvolklager.

Abb. 11 1943 — Reichsjugendführer Arthur Axmann vor HJ-Führern im Wiener Rathaus.

Abb. 12 1943 — Hitler-Jungen als Flakhelfer in der Geschützstellung Wien-Nußberg.

Abb. 13 1944 — Schirach bei der Besichtigung des Wehrertüchtigungslagers der HJ Wien-Exelberg. Kartenkunde.

Abb. 14 1944 — Schirach bei der Besichtigung des gleichen Lagers. Schießausbildung.

Abb. 15 März 1945 — Brennende Wiener Oper nach amerikanischem Luftangriff.

Abb. 16 April 1945 — Das brennende Wien.

VI.

1944—1945

LUFTWAFFENHELFER UND WEHRERTÜCHTIGUNGSLAGER

DER POLITISCHE UND MILITÄRISCHE HINTERGRUND

1944	20. 7.	Attentat auf Hitler und Putschversuch von Offizieren.
	10. 10.	Aufruf Schirachs zum Bau des Südostwalles.
	19. 10.	Der Volkssturm wird laut Erlaß (vom 25. 9.) aus dem Führerhauptquartier aufgestellt.
	16. 12.	Beginn der „Ardennenoffensive" im Westen.
	22. 12.	3. Volkssturmaufgebot des Jahrganges 1929.
1945	16. 1.	Beginn der Russenoffensive im Osten.
	6. 3.	Beginn der „Plattenseeoffensive". Letzter Versuch, den Angriff auf Wien zu verhindern.
	29. 3.	Sowjettruppen überschreiten beim Kloster Marienburg die Reichsgrenze.
	31. 3.	Der „Völkische Beobachter" meldet, daß die Russen an der Südostgrenze beim Leithagebirge zum Stehen gebracht wurden.
	1. 4.	Vereidigung des HJ-Volkssturmes im Inneren Burghof.
	3. 4.	Aufruf Schirachs im „Völkischen Beobachter": „. . . mein Freund Sepp Dietrich hat die Verteidigung Wiens übernommen." Verlautbarung der „Werwolf"-Proklamation des Propagandaministers Göbbels vom 1. 4. 1945.
	6. 4.	Schirach verläßt Wien.
	13. 4.	Wien wird von den Russen eingenommen.
	16. 4.	Die Hitler-Jugend wird für den Einsatz bei Manhartsbrunn letztmalig im Kommentar zum Wehrmachtsbericht erwähnt.
	27. 4.	Proklamation der Wiederherstellung der Republik Österreich.
	1. 5.	Selbstmord Hitlers. Berlin von Russen eingenommen.
	8. 5.	Bedingungslose Kapitulation des Deutschen Reiches.

Endabrechnung des Zweiten Weltkrieges — 55 Millionen tote Menschen auf der ganzen Welt.

DIENSTVERPFLICHTUNG ZUR HJ-GEBIETSFÜHRUNG WIEN

Juli 1944.
Wie hatte sich doch alles verändert in den letzten vier Jahren.
Vorerst war es mir fast unmöglich, mich mit dem neuen Ton und den neuen Kameraden zurechtzufinden.
In den ersten Tagen kam mir der Betrieb kindisch und unnötig vor.
Man schickte mich auf das Reichsschulungslager für HJ-Führer nach Eichsfeld. Ich sollte wieder mit der weltanschaulichen Linie vertraut und auf den letzten Stand gebracht werden. Zu meinem Erstaunen kam ich da nicht mehr ganz mit. Bald merkte ich, worin der Unterschied lag. Es fehlte die Offenheit der Soldaten.
Es gab harte Auseinandersetzungen mit etablierten, oft bürokratischen, in der Heimat verbliebenen Jugendführern und solchen, die meinten, das Heldentum gepachtet zu haben.
Hier waren Funktionäre und keine Führer mehr. Sie hatten sich in vielen Stellen eingenistet und unentbehrlich gemacht. Sie waren die Prediger des unduldsamen Weges und glaubten die „Fahne der Bewegung" hochhalten zu müssen.
Und sie ließen keinen zu Worte kommen, der etwas anderes, etwas Besseres darunter verstand, der erkannte, daß der Krieg viele Werte und Ansichten verändert hatte, daß heute schlecht ist, was gestern noch gut war.
Vieles, ja alles, würde sich ändern müssen, wenn wir die an der Front gewonnenen neuen Erkenntnisse je verwirklichen wollten.

In Wien wußten sie nicht, was sie mit mir anfangen sollten. Schließlich fand man die Lösung. Ich wurde Inspekteur der Luftwaffenhelfer des Gaues Wien, der 24. Flak-Division und Verbindungsführer zum Luftgaukommando XVII, das war Wien, Niederdonau, Oberdonau, Steiermark und das Protektorat Böhmen und Mähren.
Die Jahrgänge 1926/27 waren schon Mitte Februar 1943 als Luftwaffenhelfer eingezogen worden, meist waren es Gymnasiasten und Oberschü-

ler. Ab Jänner 1944 ist auch der Jahrgang 1928 einberufen worden. Von 1330 Jungen waren allerdings nur etwas über 900 tauglich. Ursprünglich sollten sie in der Woche 18 Stunden Unterricht erhalten. Dies war mit dem Dienstbetrieb in den Batterien auf die Dauer nicht vereinbar, daher kamen später die Lehrer und Professoren direkt in die Flakbatterien zum Unterricht.
Die 16- bis 17jährigen Jungen waren keine Luftwaffensoldaten. Sie unterstanden nach wie vor der Hitler-Jugend. Sie wurden auch nicht als Soldaten vereidigt, sondern mußten nur ein feierliches Gelöbnis ablegen.
Die Aufgabe war klar: Junge, heranwachsende Menschen, die Soldaten werden sollten, zu betreuen.
Hilfskräfte und Hilfsmittel erhielt ich keine. Fahrzeuge und Geld gab es auch nicht. Außer einem leeren Schreibtisch in der Abteilung „Wehrertüchtigung" erhielt ich bei Bedarf stundenweise eine Schreibkraft zugeteilt.
Ich lernte die komplizierten Unterstellungsverhältnisse in der Heimat kennen. Dieses System bewirkte ein bewußtes Aufteilen und Abschieben der Verantwortung.

Offizielles Vorstellen im Luftgaukommando bei Major Fischer. Freundlich, unverbindlich, aalglatt. „Mal sehen", meinte der Rheinländer, „was sich für die Jungs machen läßt."
Auch bei der 24. Flak-Division im Schloß Kobenzl waren nur nichtssagende Worte und Versprechungen zu hören. Man wollte diesen unbequemen HJ-Führer möglichst rasch wieder loswerden.
„Kann ich in die Flakstellungen gehen?"
„Bitte, wenn Sie es für nötig halten."
Unterstützung?
„Was in unserer Macht steht."
Also wahrscheinlich nichts . . .

Da ich nie einen klaren Auftrag erhielt, steckte ich mir selbst das Ziel. Es konnte nur heißen — kulturelle Betreuung in der Freizeit. Was hätte ich ihnen sonst vermitteln können? Kultur und menschliche Werte waren bisher sicher zu kurz gekommen, ebenso wie das Denken, das Nachdenken über das Geschehen um uns, das kritische Überdenken, das selbständige Ziehen von Konsequenzen und das Überlegen von zwei Seiten her.
Mir war es egal, ob das auf der gewünschten Linie lag. In vielen, langen Gesprächen unter Soldaten haben wir gerade das vermißt, haben wir das Einseitige gehaßt und die ewigen Dogmatiker zum Teufel gewünscht.

An unsere Sendung und Aufgabe hatten wir bisher noch immer geglaubt, aber oft am Weg gezweifelt.
Die Luftwaffenhelfer mußten plötzlich den Dienst von Erwachsenen machen. Sie wurden wie Erwachsene behandelt, sie mußten mit Männern leben und womöglich wie Männer sterben. Was sollten sie mit Politik, was mit weltanschaulichen Betrachtungen? Sie standen ohnehin schon mitten in der Auseinandersetzung. Sie mußten das Gefühl bekommen, nicht alleine der Welt der Militärs ausgeliefert zu sein. Sie mußten wissen, daß sich jemand um sie kümmert.

Mit der Straßenbahn und zu Fuß machte ich mich zur Besichtigungstour in die Flakstellungen auf.
Die Reaktionen waren unterschiedlich — die Reaktionen der Batteriechefs, denn mit den Jungen konnte ich kaum zusammentreffen.
„Betreuung? Betreuung brauchen wir nicht. Die Jungs sind ja jetzt Soldaten."
„Haben Sie vielleicht selbst einen Sohn in diesem Alter?" wagte ich zu widersprechen.
Verdutzt sah mich der Oberleutnant an und sagte dann seine Unterstützung zu.
Ein Flakoffizier — ein Oberlehrer: „Sehn Sie mal", meinte er treuherzig, „was ich mit den Jungs alles unternehme."
Schon schleppte er einige Wälzer, Schulbücher und den Stundenplan an. Da war alles dran — vom Deutschunterricht bis zur Geographiestunde. Gut, das ließ sich sehen. Doch was machten sie in der Freizeit?
„Ach, da sind die viel zu müde, um etwas zu unternehmen. Burschen in diesem Alter müssen müde gemacht werden . . ."
Und da waren auch die Zackigen:
„Ick, ick laß mir den Einsatzplan und die Einsatzbereitschaft nich üban Haufen werfen, von Ihnen nicht!"
„Verzeihung", warf ich ein, „aber Sie haben doch halbe Kinder hier, Herr Hauptmann. Die kann man doch nicht wie richtige Soldaten beurteilen."
„Wollen S i e mir vielleicht sachen, wie ick Soldaten zu behandeln hawe?" schnarrte er mich an.
„Was meinen Sie mit dem S i e ?"
„Na, sin wir mal ehrlich, Sie hawen wohl noch kei Pulva jerochen. Jehn Sie mal erst raus an die Front, dann kommen Sie wieda . . ."
In meiner Pseudouniform war ich dem Gockel unterlegen. Hier galten nur Orden und Lametta. Ich beschloß, in Hinkunft nur mehr „aufgeputzt" vorzusprechen.
Es gab auch andere.

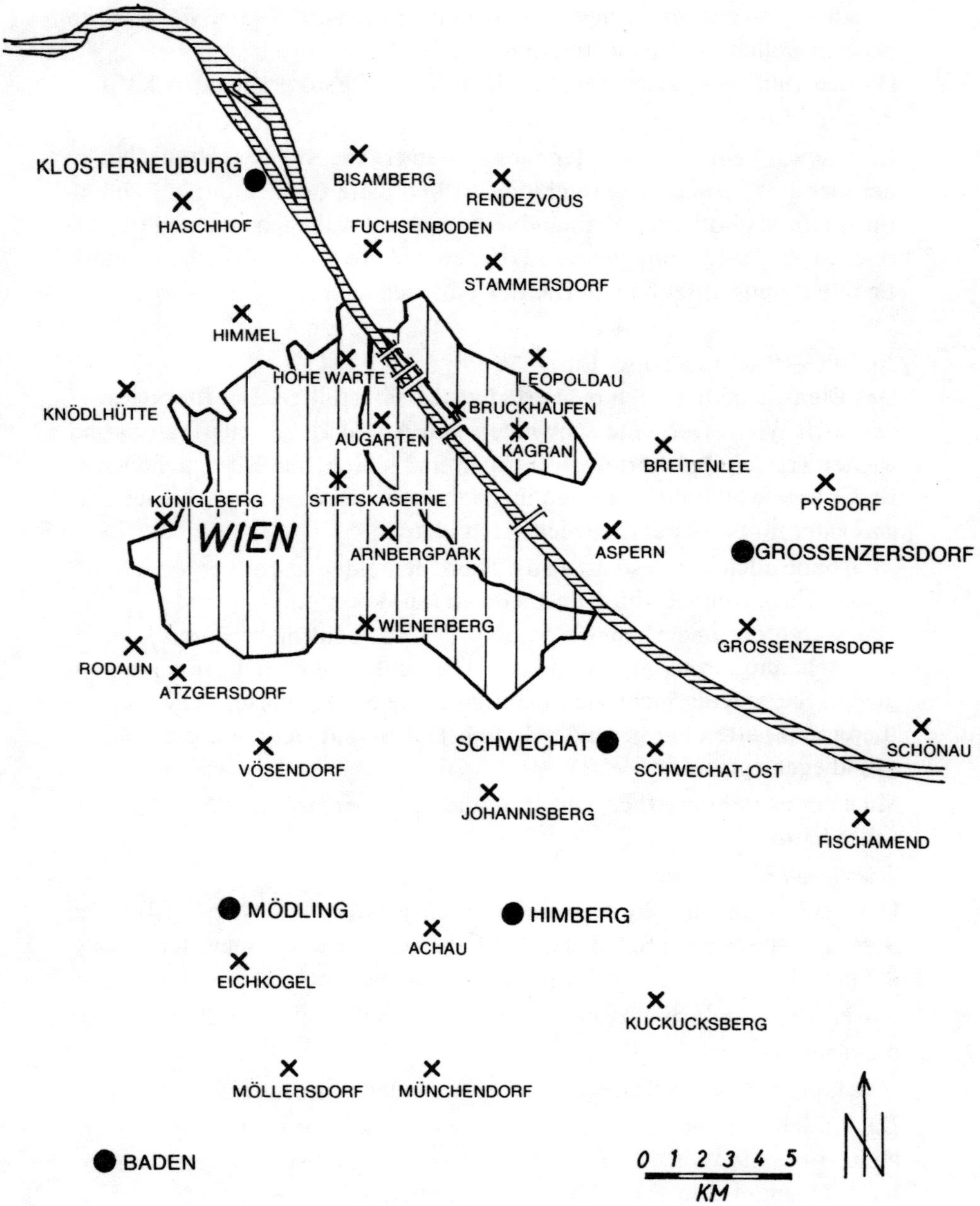

FLAK-BATTERIEN DER 24. FLAK-DIVISION UM WIEN / HERBST 1944

INSGESAMT WAREN IN DIESEM BEREICH CA. 4000 LUFTWAFFENHELFER EINGESETZT

✕ STANDORTE DER BATTERIEN

,,Endlich jemand, der sich um die Kleinen kümmert. Sagen Sie, was Sie machen wollen, und ich werde Ihnen helfen."

Danach fuhr ich zu den Dienststellen des Luftgaukommandos XVII in Prag und Linz.

In Prag war keine Spur des Krieges zu bemerken. Auf dem Hradschin, in der Gebietsführung des Protektorates, herrschte Bonzentum in Reinkultur. Mehr als höfliches Verständnis für meine Anliegen war nicht zu erreichen. Es hätte wohl mehrere Wochen gedauert, um dort eine vernünftige Betreuung aufzubauen. Die Zeit hatte ich nicht.

20. Juli — Rückfahrt über Linz.

Das Dienstliche hatte ich bald erledigt. Im überfüllten Zug fuhr ich wieder nach Wien. Gerüchte schwirrten von Abteil zu Abteil. Tratsch und wieder Tratsch. Ich hörte von Intrigen und kleinlichen Eifersüchteleien. Im Grunde wollten die meisten ihren unentbehrlichen Platz, besser, das was jeder für unentbehrlich hielt, verteidigen.

,,Ich habe mich schon so oft an die Front gemeldet, leider vergeblich."

,,Mein Gott, wenn ich bloß an die Front raus könnte."

Das waren die unehrlichen Sprüche, die ich nicht mehr hören konnte. Fast schämte ich mich, da zu sein. Die echten Soldaten erkannte man gleich. Sie redeten nicht viel, kannten keine Schlagworte, keine Schöntuerei und hatten ein gesundes Urteil. Das Soldatsein hatte die Männer grundlegend geändert.

Mir kam es unbegreiflich vor, daß auch ich einmal leeres Stroh gedroschen hatte.

Wien — Westbahnhof.

Das heiße, schwüle Wetter machte mich wieder einmal fertig. Bei der Sperre wollte mir ein Schaffner den Fahrtausweis abnehmen. Ich konnte ihn nicht hergeben, da ich ihn zur Verrechnung benötigte.

Als er mich am Ärmel packte, brauste ich heftig auf: ,,Rührn S' mich nicht an!"

,,Sie kommen mit zur Bahnpolizei!" brüllte der Uniformierte.

Da sah ich rot und schrie zurück. Zum Glück kam in diesem Moment mein Freund Willi. Ein Auflauf war entstanden. Entsetzt blickte ich mich um, wie so etwas überhaupt geschehen konnte.

,,Gib ihm den Wisch und komm rasch!"

Verständnislos folgte ich seinem Rat. Der Auflauf zerstreute sich. Als die Bahnpolizei ankam, waren wir schon weg.

,,Du, in Wien stinkt und wirbelt es", stieß Willi hervor, ,,es ist allerhand los. Stell dir vor, der Sinzinger, der Stadtkommandant, hat den Scharit-

zer, den Gauleiterstellvertreter, verhaften lassen. Der Schirach ist grad nicht in Wien. Mit dem Führer soll auch etwas los sein.“
Erst langsam klärte sich, was wirklich geschehen war. Wir malten uns die Folgen aus, das Chaos und das Blutbad, in welches Deutschland gestürzt worden wäre. Die Gegner an allen Fronten wären wie die Wölfe über uns hergefallen. Der Zusammenbruch wäre vollkommen gewesen.
In Wien wurde zwar schon viel geraunzt, doch der Glaube an die Allmacht, an das Genie und die Voraussicht des Führers war noch immer vorhanden.
Noch sah ich nicht hinter die Kulissen. Wir nahmen die offizielle Version des Attentates mit Unbehagen zur Kenntnis. Die Tat von Stauffenberg verurteilten wir einmütig.

Ich begann sofort mit der Betreuungsarbeit. Große Hilfe war mir die Erfahrung, die die entsprechende BDM-Abteilung des Obergaues Wien hatte. Sie kannte sich am kulturellen Sektor Wiens am besten aus.
Das einfachste wäre gewesen, Bücher zu sammeln und an die Batterien zu schicken. Das konnte jeder Depp, aber gemacht hatte es bis dahin auch noch niemand.
Die zweite Möglichkeit — Künstler in die Batterien zu bringen. Dadurch wäre die Einsatzbereitschaft nicht gefährdet und kein Chef hätte sich beklagen können. Nur der Dienstplan wäre vielleicht ein wenig durcheinandergekommen. Da waren die Künstler natürlich das größte Problem.
Und zum Dritten — Veranstaltungen in Wien, Freiplätze in Theater, Sonderveranstaltungen und so weiter. Die Schwierigkeit — jede Batterie ließ nur zwei bis drei Buben gleichzeitig weg. Unter dem Vorwand mangelnder Einsatzbereitschaft konnten mir die Batteriechefs die Entsendung der Jungen verweigern. Dazu kam noch der relativ lange Anmarschweg von manchen Standorten. Der große Vorteil — die Burschen kamen aus der militärischen Tretmühle heraus. Sie konnten sich bei dieser Gelegenheit daheim wieder einmal auffrischen.
Ich beschloß, alle drei Möglichkeiten zu versuchen.
Um Bücher zu ergattern, plünderte ich mit viel List und sanfter Gewalt die ohnehin eher sinnlosen Dienststellenbibliotheken.
Wen immer ich von den bekannten Literaten, Freigeistern und Persönlichkeiten des Schrifttums und der Kunst erreichen konnte, und von dem ich glaubte, daß er den Burschen etwas geben konnte, lud ich ein. Alle machten mit. Keiner lehnte ab.
Da waren Bruno Brehm, Ernst Kratzmann und Josef Weinheber, der Leiter der Wiener Sängerknaben Ferdinand Grossmann und viele andere.

Zuerst waren die Luftwaffenhelfer erstaunt. Als sie erkannten, daß es keine der üblichen gefürchteten Betreuungen waren, reagierten sie begeistert.

Manchmal waren es richtige Expeditionen, um in die Flakstellungen zu gelangen.

Einer der ersten, der mir großzügig Hilfe zusagte, war Prof. Grossmann. Er bemühte sich rührend und aufrichtig — allen Schwierigkeiten zum Trotz —, wöchentlich mehrmals einen Chor der Sängerknaben in irgendeine Batterie zu bringen. Ende Oktober überraschte uns ein Luftalarm in der 8,8-cm-Flakstellung am Eichkogel. Nach der Entwarnung dauerte es Stunden, um wieder nach Wien zu kommen. Prof. Grossmann ertrug diese Strapazen und Unbille mit viel Humor und Geduld.

Bruno Brehm machte mit seiner Persönlichkeit den größten Eindruck auf die Jungen. Er scheute nicht harte Kritik an unserer Kriegsführung im Osten, besonders aber verurteilte er die Zustände in den besetzten Gebieten. Als ehemaligem Angehörigen der k. u. k. Armee war ihm die jetzige Behandlung der Völker im Osten unverständlich und ein Greuel. Er sagte damals viel, was uns erst später bewußt wurde.

Durch Ausdauer und Hartnäckigkeit erhielt ich mit der Zeit genügend Freikarten für die wenigen noch in Wien stattfindenden Veranstaltungen.

In erster Linie waren es die Aufführungen des Reinhardtseminars im Schönbrunner Schloßtheater. Professor Niederführ unterstützte mich. Fast jeden Abend besetzten meine Burschen in dem winzigen Theater bis zu zwanzig Plätze. Die Aufführungen waren für alle ein echtes Erlebnis. Ob es die Mephistoszenen von Helmuth Janatsch waren oder ob Martha Mödl spielte — für viele Jungen war es der erste Theaterabend ihres Lebens.

Langsam schwand auch das Mißtrauen der Luftwaffenhelfer mir und meiner Tätigkeit gegenüber. Die Chefs tauten auf, und die Jungen freuten sich auf jede neue Darbietung.

Es war für mich überraschend, zu sehen, was diese, kaum der Kinderstube entwachsenen Burschen zu leisten hatten. Mehr als 50 Prozent der Flakstellungen waren mit Jungen besetzt. Der Rest bestand aus fremdländischen „Hiwis“ — Hilfswillige — oder deutschem Stammpersonal.

Von meiner Arbeit war in der Öffentlichkeit nicht viel zu merken, außerdem war ich ein schlechter Schreibtisch- und Dienststellenmensch. So war ich bei Dienstbeginn nie in der Gebietsführung anzutreffen, was natürlich manche Bürokraten ergrimmte.

September 1944 — in der Slowakei soll ein Aufstand niedergeschlagen worden sein.
Auch Schirach war dort. Nach seiner Rückkehr wurde eine Großkundgebung auf dem Stephansplatz angesetzt. Der Stabsleiter befahl mir, mit einem Kontingent Luftwaffenhelfer teilzunehmen, sie einmal „vorzuzeigen".
Mit gemischten Gefühlen wartete ich am Treffpunkt bei der Oper. Wahrscheinlich würde ich mich mit einer kläglichen Schar lächerlich machen. Doch dann kamen sie von allen Seiten an, strahlend und selbstbewußt.
Sie waren keine pseudomilitärische Einheit. Ohne sie wäre die Luftverteidigung Wiens eine Farce gewesen. Sie waren es, die immer wieder feindliche Bomber herunterholten.
Und das wußten sie.
In tadelloser Disziplin marschierten mehrere Hundert Jungen in zwei Marschblöcken zum Stephansplatz. Die Prominenz staunte, als die Luftwaffenhelfer, das Fliegerlied schmetternd, kamen.
Schirachs Rede war 08/15. Das einzig Neue war sein weißer Kopfverband, mit dem er aus der Slowakei zurückgekehrt war, und seine feldgraue Uniform als „Reichsverteidigungskommissar".
Welch ein Unterschied zu 1938. Aus Idealismus war Militarismus, aus Schwung Disziplin geworden und aus Begeisterung — Pflichterfüllung.
In den Flakbatterien wurde der geordnete Unterricht eingestellt. Die immer massiveren Bombenangriffe auf Wien machten die Lehrpläne illusorisch.

Die Bannführer des Gebietes Wien wurden zur hohen Frau, Henriette von Schirach, auf die Hohe Warte gebeten — zur Jause.
Wir kamen. Geschniegelt und feixend.
Im Garten war serviert.
Baldur empfing uns gnädig, danach Henriette. Baldur trug noch Kopfverband. Inzwischen hatte es sich herumgesprochen, daß es keine Kriegsverletzung, sondern eine „Bremsverletzung" war.
Es entwickelte sich eine gequälte Unterhaltung. Schirach legte uns seine Theorie von speziellen Nachschubeinheiten für Panzerdivisionen in künftigen Kriegen dar. Diese illusionsreichen Gespräche unterbrach er ab und zu, um seine sehr lebhaften Söhne zur Ruhe zu mahnen.
Nach dem Tee wurden wir mit einem sinnigen Geschenk verabschiedet. Wir erhielten blaue Sonnenbrillen.
Die entsprechende Notiz in Schirachs Tagebuch müßte lauten: „Heute Pflichtnachmittagsstunde mit den Wiener HJ-Führern. Bin froh, daß ich sie hinter mir habe. Die guten Leute haben sehr unterschiedliches

Niveau. Muß sie mir aber warmhalten — kann sie vielleicht noch einmal brauchen. Dachte nie, daß man mit Wienern so wenig Kontakt haben könnte . . .“

Oktober — Kriegsfreiwilligenwerbung für den Jahrgang 1927.
Es war der Ehrgeiz des Gebietsführers, den Jahrgang 1927 geschlossen „kriegsfreiwillig“ melden zu können. Kriegsfreiwillig zur Waffen-SS.
Das leuchtete ein. Auch ich hätte mich zu dieser Truppe gemeldet. Hatte man doch in den letzten Jahren erkennen müssen, daß es vor allem auf die bessere Ausrüstung, die besseren Waffen, bessere Verpflegung und Versorgung ankam. Denn je besser diese Dinge waren, desto größer waren, zusammen mit guten Führern, die Überlebenschancen.
Die SS erhielt die besten Waffen und die beste Ausrüstung. Daher war dies auch unser stärkstes Argument, um für diese Truppe zu werben. Dies umso mehr, als uns die harte, aber zielführende Ausbildung bei der Waffen-SS bekannt war.
Bei den meisten Jungen hatten wir keinerlei Schwierigkeiten. Über die Schulen, Wehrertüchtigungslager und die Flakbatterien kamen täglich Berge von Meldungen. Für die noch ausständigen Jungen setzten wir alle verfügbaren Führer ein, um sie persönlich aufzusuchen und sie zur Meldung zu überreden. Bald war der Jahrgang zu fast 100 Prozent „freiwillig“ gemeldet. Viele hatten sich bestimmt nur auf Grund der sanften Gewalt „entschlossen“. Andererseits konnten wir nichts tun, wenn einer darauf beharrte, sich zur Luftwaffe, Marine oder zum Heer zu melden.

Obwohl mir schien, daß diese Aktion nur eine Augenauswischerei war, schaltete ich mich bei Schwierigkeiten selbst ein. Augenauswischerei deshalb, da die Jungen zu diesem Termin ohnehin eingezogen worden wären — freiwillig oder unfreiwillig —, und zwar zu jenem Truppenteil, der dem Wehrbezirkskommando paßte.
Es sollte die Begeisterung und Einmütigkeit der Jungen dokumentiert werden. Wir gaben ihnen nur die Illusion, die Freiheit der Wahl zu haben. Sie hatten keine Freiheit. Sie hatten keine Wahl. Sie saßen, wie wir alle, im fahrenden Zug und konnten nicht mehr abspringen.
In diesen Tagen rief Göbbels den Volkssturm auf und ordnete die Mobilmachung des ganzen Volkes an.
Das wunderte mich. Dachte ich doch, daß schon längst alles getan worden war, um unsere Reserven auszuschöpfen.

Nun gebärdete sich auch die unwichtigste Dienststelle so, als würde von ihr der Ausgang des Krieges abhängen. Jeder, der ein Amt innehatte, versuchte sich so viele „unentbehrliche“ Mitarbeiter als möglich zu sichern.

Unzählige Maßnahmen liefen parallel, unzählige Dinge wurden zweigeleisig in Angriff genommen, erledigt oder auch liegengelassen.

Bei der Flakbatterie Arnbergpark klappte es gar nicht. Zuversichtlich fuhr ich hin und war sehr überrascht. Eine unverhältnismäßig große Anzahl von Jungen war zu keiner Meldung zu bewegen.
Das reizte und interessierte mich.
Ich wollte eine Diskussion beginnen. Eine eisige Mauer des Schweigens war die Antwort.
Nach einigen provozierenden Fragen tauten sie ein wenig auf. Ein großer, schwarzhaariger Bursch tat sich als Wortführer besonders hervor. Er kam mit gescheiten Argumenten, mit Fragen, auf welche ich nicht vorbereitet war, mit Fakten, die stimmten. Er beherrschte vollendet Dialektik und Demagogie.
Irgendwie mußte ich mein Gesicht wahren, konnte nicht einfach aufstehen und weggehen. So versuchte ich es — ich hätte es wissen und fühlen müssen, daß das nicht ging — mit Drohungen, mit Ankündigung von Repressalien und einer Art Ultimatum: „Überlegt es euch bis morgen."
Wieder peinliches Schweigen.
Nachdenklich ging ich fort, fragte den Batteriechef, wie sie denn im Einsatz wären. Er war mit ihnen vollauf zufrieden und lobte sie sehr.
Auf einer Seite mußte also der Fehler liegen.
Was machten wir falsch?
Bisher lebten wir in der Vorstellung, alle Befehle von „oben" wären richtig und Mißerfolge nur dem Feind oder Saboteuren zuzuschreiben.
Ich versuchte umzudenken. Was wäre, wenn doch nicht alles von oben stimmen oder wenn so ein junger Menschenverstand doch logischer denken würde?
Es wäre nicht auszudenken.

Gleichzeitig mit der Kriegsfreiwilligenaktion lief die Einberufung zu den Wehrertüchtigungslagern. Dort wurde intensive vormilitärische Ausbildung betrieben.
Von dem bis jetzt Gesehenen und Gehörten war ich nicht begeistert. Es waren oft nicht die richtigen Leute am Werk — aber was wollte man im fünften Kriegsjahr noch für Ansprüche stellen? Die Zeiten, da alle Führer Persönlichkeiten darstellten, waren längst vorbei. Man mußte diese Ausbildung als notwendiges Übel ansehen, um im Einsatz unnötige Verluste zu vermeiden.
Die WE-Lager waren außerdem durch einige überzackige Scharfmacher in schlechten Ruf gekommen.

In meiner Dienststelle erschien ein Vater, um seinen Sohn vom WE-Lager freizubekommen. Nach den Gründen befragt, erzählte er mir die Geschichte einer kranken Mutter, der Sohn — einziges Kind, kränklich und sensibel. Ich lehnte ab und sagte ihm, wir dürften keine Ausnahmen machen, da sonst alle kommen könnten. Plötzlich kniete der Vater nieder und flehte mich weinend an, seinen Buben zu schonen. Entsetzt über diese Situation, kam ich mir wie ein Scherge, wie ein Scharfrichter vor, wie ein Machthaber, der über Leben und Tod seiner Untergebenen zu entscheiden hätte.
Für welche Unmenschen mußten wir gehalten werden, wenn so etwas geschehen konnte.
Waren wir Menschen oder Unmenschen?
Herrgott, wer konnte mir sagen, was richtig war, wer mich von den Zweifeln erlösen?
Ruhelos ging ich auf und ab, setzte mich, stand auf, hoffend, daß dieser Vater endlich ginge, hoffend, eine Lösung zu finden, verfluchend, daß gerade ich eine Lösung finden sollte.
Was hatte diese Zeit aus uns gemacht . . .?
Dann rief ich mich wieder in die Gegenwart zurück. Da saß er, zusammengesunken und hilflos. Wortlos zerriß ich den Einberufungsbefehl.
Nochmals wollte er auf die Knie sinken und mir jetzt die Hand küssen.
Stumm ging ich zur Tür, um sie für ihn zu öffnen.
Hatte ich vielleicht die Tür zu einer neuen Freiheit geöffnet?
Eine andere Stimme nannte mich Verräter, Kleinmütiger, Feigling.
Wer konnte mir sagen, was ich hätte tun sollen? Wer?

Noch einmal fuhr ich zu den Luftwaffenhelfern im Arnbergpark. Diesmal war mein Auftreten freier, ungehemmter, offener. Als ich über ihre abweisenden Gesichter lachte, waren auch sie entwaffnet. Das Eis war gebrochen, wir konnten reden.
„Es heißt doch Freiwilligenmeldung", sagte der große, lange Bursche. „Nun, wir wollen den Wehrdienst ja nicht verweigern, aber Freiwillige wollen wir auch nicht sein. Auch wir halten die Freiheit für das Höchste — also laßt uns die Freiheit."
Diese Argumente waren nicht übel.
„Die Freiheit und die Freiwilligkeit sind so eine Sache mit zwei Seiten", entgegnete ich. „Da das eine Freiwilligenmeldung sein soll, kann ich keine Unfreiwilligen brauchen."
Jetzt gibt er nach, dachten sie wohl. Aber ich mußte sie herausfordern, provozieren.
„Habt ihr keine Ehre?"

„Was hat unsere Ehre damit zu tun, ob wir uns freiwillig melden oder nicht?" warf er ein. „Es muß doch auch einen Unterschied geben. Wo wäre denn der Unterschied, wenn es nur Freiwillige gäbe?"
Womit er nicht unrecht hatte.
„Habt ihr keinen Mut?"
„Vielleicht", rief einer, „gehört mehr Mut dazu, nein zu sagen, als überall zuzustimmen!"
Das saß.
„Und wenn dieses Nein für euch Folgen hätte?"
„Siehst du jetzt ein", meinte der Schwarze, „daß es uns nicht an Mut fehlt?"
Dagegen gab es wenig einzuwenden.
„Fühlt ihr nicht die Verpflichtung gegenüber dem Vaterland?"
„Ja eben, siehst du, da draußen sind ohnehin so viele. Wir denken, daß wir mehr für das Vaterland leisten könnten, wenn wir daheim unsere Arbeit machen."
Ich machte noch einen letzten Einwand.
„Seht, ich habe mich doch auch freiwillig gemeldet."
„Na, wenn du nicht", murmelten sie, „wer denn sonst?"
Nun wußte ich wirklich nicht mehr weiter. Mein Mund war ausgetrocknet, die Stimme heiser. Ich war ausgebrannt, kam mir fast erniedrigt vor und ahnte, daß ich mit meiner Uniform, meinem Rang, meinen Machtbefugnissen vom Podest gestoßen worden war.
Es blieb mir nur noch zu gehen — sehr nachdenklich, sehr traurig und enttäuscht, eine triumphierende Schar zurücklassend.
Wie sollte das enden, wenn wir nicht einmal mehr in der Lage waren, diese Jugend zu überzeugen, zu begeistern? Blieb nur noch die Gewalt und der Zwang, und das war doch das Letzte, was wir ihnen antun wollten.
Es waren genug Anhänger dieser Gewalt in unseren Reihen. Es waren jene Geister, die auf Grund der Gesetze des Staates und der Partei einen Machtrausch bekommen hatten. Das Gesetz gab ihnen das Recht, und das wollten sie nützen. Nicht die Macht der Argumente, nicht die Macht des Geistes und der besseren Werte — nein, die Macht, die ihnen Dienstrang und Uniform, die Macht, die ihnen das Führerprinzip verlieh.
So kam es zu Zwangsmaßnahmen bei den Einziehungen in die WE-Lager. Über die unwilligen und aufsässigen Jungen triumphierten die Schleifer, die Büttel, die Handlanger des „Gesetzes". Sie wollten so ihre Berechtigung beweisen, die Berechtigung, in der Heimat zu sein.

November — ein Bombensonntag.
Müde und hungrig kamen Mäxchen, meine Frau und ich vom Mittag-

essen. Es war eine Abspeisung mit langer, ermüdender, aufreibender Wartezeit, mit Lärm und bangem Horchen auf den Voralarm mit dem „Kuckucksruf", mit Küchengeruch, mit Zank und Streit hungriger Leute.

Endlich daheim angekommen, heulten die Sirenen. Sirenen, die schon zum Alltag gehörten.

Wir blickten uns an. Lohnte es sich überhaupt noch, um unser Leben zu bangen?

Der Keller war ein Witz — die Fenster lagen über dem Straßenniveau. Aber es war immerhin ein Keller und täuschte Geborgenheit vor.

Immer mehr Menschen strömten herein. Auch solche, die wir hier noch nie gesehen hatten — wohl Sonntagsausflügler. Ja, das gab es auch noch. Die Welt konnte untergehen — die Wiener fuhren am Sonntag in den Wienerwald.

Der Gestapomann, der jedes Mal über die dünnen Wände seiner Wohnung klagte, war auch wieder hier, der Tischlermeister von gegenüber und einige verschreckte Fremdarbeiter.

Niemand nahm diesen Sonntagsalarm ernst, bis auf einmal durchdringendes Brummen zu hören war, metallisch und bösartig.

Die Flak schoß aus allen Rohren — „meine" Flakhelfer.

Plötzlich rauschte es herunter wie Tonnen, wie Megatonnen Wasser. Nie glaubte ich, das einmal erleben zu müssen — jetzt war ich mitten drin.

Doch die erwarteten Explosionen blieben aus.

Die Ruhe war unheimlich.

Nur Flüche, hysterische Frauenschreie, Geplapper der Ausländer waren zu hören.

Da blitzte grelles Licht durch die Fenster.

Magnesiumbomben.

Niemand fand sich bereit, mit uns auf den Dachboden zu laufen, um nachzuschauen. So rannten wir alleine hinauf.

Oben war beißender Rauch und Qualm, dazwischen gleißender, weißer Schein.

Nirgends war Sand, nirgends Schaufeln — nichts.

Schon fingen die Holztrame zu glosen an.

Schließlich fand ich einen Zementsack. Rasch deckten wir die Stabbrandbomben flüchtig ab, als schon wieder neues Brummen in der Luft zu hören war, unheilvoll und unabwendbar.

Es hieß doch immer — einer Welle Brandbomben folgt eine Welle Sprengbomben.

Während wir hinunterliefen, hörte man schon die ersten Bombenexplosionen bei der Meidlinger Hauptstraße.

Die zweite Welle galt bestimmt uns.
Als wir in den Keller stürzten, ertönte infernalisches Pfeifen, Stöße und Detonationen erschütterten das ganze Haus.
Mäxchens Gesicht war schneeweiß. Ein Fremdarbeiter betete, eine Frau schluchzte, einem Mann rannen lautlos dicke Tränen über sein bleiches, eingefallenes Gesicht.
Im dichten Qualm stürzten wir auf die Straße. Unter den Fenstern brannte die Plache eines Möbelwagens hellauf. Während einige ihn mühsam wegschoben, erscholl schon wieder das unheilvolle Dröhnen am Himmel. Im Weglaufen sahen wir, daß die Großtischlerei gegenüber in Flammen stand.
Der Besitzer war der weinende Mann im Keller. Jetzt hatte er seine Hände gefaltet, während sein ganzer Körper zuckte, starrte er uns blicklos an. „Mein Betrieb", stammelte er leise, „mein Haus . . ."
Es dröhnte, explodierte und ließ Furcht aufkommen, als der Keller schwankte.
Durch dicke Rauchschwaden rannten und stolperten wir zur Tischlerei. Die im Hof liegenden Werkstätten brannten schon lichterloh. So versuchten wir, die vorderen Wohnungen zu retten.
Während die Feuerwehrleute — welch Wunder, es gab noch solche — ihre Schläuche auslegten, wurden die Kellerinsassen rührig und schleppten Möbel aus den Wohnungen, die meist erst aufgebrochen werden mußten. Es war ja Sonntag, also der Wienerwaldausflug fällig.
Dreckig und zerschunden, Rauchgas in den Lungen, bildete ich mir ein, eine unbedingt notwendige Pflicht zu erfüllen. Der Rauch wurde immer dichter und die Luft immer heißer. Das Feuer fraß sich näher, obwohl die Feuerwehr schon bis zum Brandherd vorgedrungen war.
Eine Wohnungstür hielt unseren Öffnungsversuchen stand. Erst als die Hausmeisterin mit einer Brechstange erschien, gab die mit Eisenbändern beschlagene Tür nach.

Das Bild war unbeschreiblich. Vorzimmer, Wohnzimmer, Schlafzimmer und Küche waren mit einer gleichmäßigen Lage Heu bedeckt. Dazwischen hoppelten Hasen, Hasen und wieder Hasen. Verschreckt wie die Menschen, unschuldig wie Tiere, gefüttert als Schlachtvieh. Ein Landser veranstaltete Jagd auf die Tiere. Ein Hase nach dem anderen wurde unter Triumphgeschrei der Helfer in einen Kasten auf der Straße gesteckt.

Ein Blick in die Küche brachte neue Überraschungen. Konserven, Hunderte Konserven — gestapelt, um 30 Jahre Krieg zu überstehen.
Unten ertönte Geschrei.
Die Ausflügler trafen ein und sahen ihr Hab und Gut wie in einem Möbelmagazin auf der Straße stehen.

Wüste Schimpfworte erklangen. „Ös Trotteln, ös Deppn, was bülds euch eigentlich ein. Mei ganz Klumpert habt's ma obazaht . . ."
Unsere eigene Wohnung war ein einziges Chaos. Alle Räume überschwemmt, sämtliche Fenster zerbrochen. Stundenlang mußten wir knien, wischen, trocknen und aufräumen.
Es war naßkalt und ungemütlich. Todmüde fielen wir ins Bett, zitternd, erschöpft — nur Wärme suchend und findend.
Die Nacht war erhellt von Bränden, Menschenscharen mit Handwagen, Bettzeug, Kindern — Elendskolonnen.
Weinen, Rufen, Alarm, Explosionen und wieder Sirenen.
Dies alles berührte uns nicht mehr.

Weihnachtsfeier im Parlament.
Schirach, Scharitzer und Lauterbacher luden zur Weihnachtsfeier ins Parlament. Die trübe Stimmung wurde durch das Gerücht, es solle Hähnchen geben, auch nicht besser.
Es war mehr als trostlos.
Der Saal war hoch, schlecht beleuchtet, kalt . . .
Die fröstelnden Teilnehmer brachten keine Stimmung auf.
Vorne ein Tannenbaum, davor die Sängerknaben. Sie mußten dazu herhalten, ein Fest aufzuputzen, das hier und an diesem Ort gar keines mehr sein konnte.
Auf leeren Magen gab es Reden und Wasserkeks. Kärgliche Geschenkpäckchen verstärkten die Traurigkeit der Situation. Der wenige Alkohol wirkte schnell und intensiv.
In den leeren, finsteren Straßen dämmerte mir am Heimweg die Hoffnungslosigkeit und Ausweglosigkeit der Zukunft.

Offensive in den Ardennen.
Wieder herrschte Hochstimmung. Im Unterbewußtsein hatten wir jedoch Angst, es könnte doch alles wieder schiefgehen. Waren wir wirklich schon so ausgeblutet, waren die anderen so viel stärker geworden?
Der Keim des Zweifels, die Furcht vor der Enttäuschung waren übermächtig geworden.
Deshalb war das Weihnachtsfest daheim auch nicht mehr so wie es einst war. Das stille, friedliche Fest stand zu stark im Gegensatz zur Wirklichkeit.
Alle waren bedrückt — vor zwei Jahren Stalingrad, vor einem Jahr Afrika und heute . . .?
Der Hoffnungsschimmer, den wir noch vor wenigen Tagen hatten, war verflogen. Bald wurde allen klar — wieder kein Umschwung der Kriegslage, wieder junge Kräfte sinnlos geopfert.

Wie alles, was Hitler unternahm — spektakulärer Anfang, Hochstimmung erzeugend, Jubel und Begeisterung, danach Tiefschläge, nichts als Tiefschläge, Mißerfolge und Niederlagen.
War das noch der Weihnachtsabend, das Geburtsfest Christi, der für uns am Kreuz gestorben ist?
Sind nicht Millionen Männer, Frauen und Kinder in den letzten Jahren am Kreuz gestorben? Haben sie nicht auch gelitten, wie nur ein Mensch leiden kann? Haben sie nicht auch für die Menschheit — hüben und drüben — ihr Leben lassen müssen?
Selig die, die es aus Glauben oder Idealismus taten, verdammt jene, die unschuldig sterben mußten.
Welche waren mehr zu bewundern?
Alle aber waren tot — mit oder ohne Sinn, mit oder ohne Schuld. Gekreuzigt und geopfert am Altar irgendeiner Weltanschauung.

1945
JAHR DER WAHRHEIT

Den Traum, den Alptraum dieser Neujahrsnacht werde ich nie vergessen:
Ströme von Panzern und Flugzeugen bewegten sich feindwärts. Siegesrausch hatte alles erfaßt. Jubelnd winkten die Menschen am Straßenrand, frei und ohne Stahlhelm stand ich auf einem Panzer. Die Sonne schien, Kinder warfen uns Blumen — Gladiolenblüten — zu. Eine junge Frau wollte auf einen Panzer springen, um einen darauf sitzenden Soldaten zu küssen. Sie rutschte ab, fiel hin, und der nächste Panzer zermalmte sie zu einem Brei von Fleisch, Blut und Knochen. Doch die Fahrt ging unaufhaltsam weiter.
Da fielen von Flugzeugen Bomben mitten hinein in die Panzerkolonne, da fielen ganze Flugzeuge brennend zur Erde, da schlugen Granaten ein. Die jubelnden Menschen waren verschwunden.
Mit einem Male schwebte ich in einem großen Luftschiff über allem. Unter mir waren wieder Panzer — jetzt in die entgegengesetzte Richtung fahrend. Sie strebten strahlenförmig auf ein Zentrum zu — wie Polypenarme, die sich zusammenzogen. Plötzlich war ich mitten drin. Die Arme griffen immer erbarmungsloser zu. Ich bekam keine Luft mehr — schweißgebadet erwachte ich und verdammte diesen neuen Tag und dieses neue Jahr.

Jänner — die Letzten des Jahrganges 1928 wurden kriegsdienstverpflichtet. Der größte Teil diente schon als Luftwaffenhelfer.
Es waren die gleichen Jungen, die wir vor sechs Jahren so feierlich in das Deutsche Jungvolk aufgenommen hatten, die gleichen, die damals weinten, wenn sie nicht sofort ein Braunhemd mit dem schwarzen Halstuch und dem Lederknoten erhielten.
Sechs Jahre hatten wir sie in unserer Obhut — oder hatte sie der Krieg in seine Obhut genommen? Konnten wir sie formen? Ist es uns gelungen, aus ihnen das zu machen, was wir uns vorgenommen hatten?
Oder war alles nur Schall und Rauch?

Wir hatten Positionen erkämpft. Alle erkannten uns an, förderten uns — die Eltern, die Schule, der Staat und natürlich die Partei. Dann verlor ich sie zwangsläufig aus den Augen, wurde Soldat. Eine neue, andere Welt trennte mich von ihnen.
Und nun sah ich diese halberwachsenen Kinder. Sie kamen immer noch zu uns, hatten immer noch Vertrauen, sie glaubten immer noch.
Das beeindruckte mich sehr.
Andererseits ließen mich die blauen Augen des Sibirierjungen Kole, der mir bis zu meiner Verwundung treu zur Seite stand, nicht mehr los. Ich dachte an dieses Kind, dieses gläubige Kind, das alles für bare Münze nahm, was ihm Erwachsene sagten — egal, ob es Russen oder Deutsche waren. Auch er sah voller Vertrauen zu den Erwachsenen auf und wurde für deren Zwecke mißbraucht. Damals waren wir über die Skrupellosigkeit der Russen, diese Halbwüchsigen als Soldaten einzusetzen, empört.
Und jetzt?
Wie schlimm mußte es stehen, daß wir gezwungen waren, die Jungen einzusetzen? Wird es für sie nicht eine furchtbare Enttäuschung geben über die Erwachsenen, über ihre Führer, über die sturen Kommißköpfe und die unfähigen Ausbildner? Sollten diese Siebzehnjährigen den rettungslos verfahrenen Karren flottmachen? Sollte ich das Werkzeug dazu sein? Wer gab mir Antwort, wußte Rat? Ich habe einmal geschworen, meine Pflicht zu tun. Diesen Eid mußte ich halten. Doch den Weg zu der bitteren Pflichterfüllung wollte ich wenigstens selbst bestimmen.

Aus einem Flugblatt der Wiener Hitler-Jugend vom 5. 1. 1945:

> Geflüster aus dem Alsergrund
> (Vor einer Anschlagsäule mit einem rosa Plakat): „Jetzt ziangs scho die klan Kinder zum Militär ein.“ „So weit san ma scho.“ „Wo des no hinführn soll — wann i denk, zu meiner Zeit . . .“
> Ja, du Schlaukopf, zu deiner Zeit hat es auch noch keine verantwortungsbewußte Führung gegeben, die keinen Soldaten ohne sorgfältigste Ausbildung an die Front schickte, so wie es heute der Fall ist. Je früher und je härter ihr heute vormilitärisch ausgebildet werdet, um so mehr Blut wird im Ernstfall gespart werden. Es geht um d e i n e geraden Glieder.
>
> Jahrgang 1929, euch geht das an!
>
> Wenn ihr euch in diesen Tagen zur Vorerfassung des 3. Volkssturmaufgebotes melden müßt, so ist dies eine vorsorgliche Maß-

nahme, um euch möglichst bald einer sorgfältigen v o r militärischen Ausbildung zuzuführen.
Oder willst du dich in d i e s e r Zeit hinter den Ofen setzen und schlafen? (Adlerauge)

Die neu Einberufenen wurden hauptsächlich bei Bauunternehmungen eingesetzt. Es gab fast keine Hilfskräfte mehr. Die Bauarbeiten mußten an vielen Stellen trotz Winter und Materialmangel weitergehen.
In der Innenstadt ereignete sich ein schwerer Unfall. Eine Gruppe meiner Helfer ging einen hohen Schneewall entlang zur Arbeitsstätte. Einer rutschte aus, als eben ein schwerer LKW vorüberfuhr, er kam unter die Zwillingsräder und war sofort tot.
Das Begräbnis sollte auf dem Hietzinger Friedhof stattfinden. Zur selben Zeit war durch einen Bombenalarm der Stadtbahnverkehr gestört. Überall drängten Menschenmassen. Nach über zwei Stunden Fahrt kam ich natürlich zu spät zur Beerdigung. Eiskalter Wind fegte über die Friedhofswege, als ich die Angehörigen traf.
Was sollte ich ihnen sagen?.
Pflichterfüllung? (mit 16 Jahren . . .)
Für Führer und Reich? (von einem LKW sinnlos zerquetscht . . .)
Für die HJ? (diese Jungen waren doch für ganz andere Aufgaben vorgesehen, als Bauholz aufzuladen . . .)
Was sollte ich also wirklich sagen? Kann denn ein 24jähriger, hätte er noch soviel Lametta auf den Schultern, den Eltern eines toten Jungen Trost geben?
Wie einfach war es, einen Brief von der Front aus zu schreiben. Text 08/15 — keine heulenden Gesichter, keine vorwurfsvollen Augen, keine hilflosen Gebärden und keine Gegenüberstellung.
Vater und Mutter starrten mich an. Sie begriffen nicht, konnten nicht begreifen, und ich begriff nicht, konnte nicht begreifen.
Nichts konnten wir tun, gar nichts. Kleine Niemande waren wir, wenn es darum ging, Eltern vom Sinn oder gar von der Notwendigkeit des Todes zu überzeugen.
Alles war so wie das Wetter — kalt, gemein, unfreundlich.

Februar — Im Befehlsbunker des Reichsleiters Baldur von Schirach auf dem Wilhelminenberg.
Wir, das war das Führerkorps der Wiener HJ, waren zum Abendessen eingeladen.
Es empfing uns der Reichsverteidigungskommissar, Gauleiter von Wien und Reichsleiter für die Jugenderziehung des Deutschen Reiches Baldur

von Schirach. Den Minderwertigkeitskomplex des Nichtmilitärs kompensierte er in einer Art Generalsuniform. Sie war sehr gut geschnitten — grau mit roten Aufschlägen, eindrucksvoll und imponierend.
Ledersitzgarnituren vor einer Leuchtkarte ließen den Kampfwert dieser Soldatenspielerei augenscheinlich werden.
Zur Verteidigung der Großstadt hatten wir keinen General, kein zentrales Hauptquartier, keinen Befehlsstand, von dem aus alle Kräfte straff zusammengefaßt wurden — wir hatten dies hier.
Oder sollte Wien vielleicht gar nicht verteidigt werden?
Dann wäre dieser ganze Zauber hier sinnlos. Dann müßten alle Dienst- und Kommandostellen schon jetzt für ihren rechtzeitigen Abzug Vorsorge treffen. Dann würde eine Organisation für die Evakuierung der Frauen, Kinder, Kranken und Verletzten nötig sein. Dann müßte dafür gesorgt werden, daß die Kunstdenkmäler erhalten und die Kunstschätze in Sicherheit gebracht werden.
Doch nichts von alledem war zu bemerken.
Ordonnanzen baten zur Tafel.
Drei Ober im Frack (!) servierten Huhn mit Reis. Wohl wenig und bescheiden, doch im sechsten Kriegsjahr unnötig und von niemandem erwartet.
Wir lauschten dem Reichsleiter.
Angebliche Unruhen in den Betrieben des zehnten Bezirkes kamen zur Sprache.
Schirach wurde böse. Sein schiefer Mundwinkel wurde noch schiefer, als er sagte: ,,Sollte der Mob in Wien es wagen, aufzustehen, dann werde ich die Kanaille mit allen Mitteln niederkartätschen . . .''
Diese Töne, ungewohnt und unvorbereitet gesprochen, erschreckten; erschreckten uns alle, die wir da saßen, keiner schaute auf, niemand blickte den anderen an.

Niemand hatte bis jetzt von Arbeiterunruhen gehört. Die ,,Arbeiterpartei'' kartätscht die Arbeiter, die deutschen Arbeiter der Faust, die Idole des Volkes, nieder. Undenkbar. Einer summte vor sich hin — ,,Es pfeift von allen Dächern, für heut die Arbeit aus . . .''
Schirach sprach auch über unsere Aufgaben bei der Verteidigung Wiens. Unklar und verschwommen — wie beiläufig. Niemand wußte es, niemand sprach es aus, niemand wollte antworten — wird die Hitler-Jugend Kampftruppe, wird sie Hilfstruppe sein?
Und wieder hing die Frage im Raum — wird Wien überhaupt verteidigt?
Dann große Töne über den Südostwall. Zum Bau dieser ,,Reichsschutzstellung'' waren einige Wiener HJ-Einheiten aus den Wehrertüchtigungslagern eingesetzt worden. Dieser Wall kam mir wie ein Vorhang vor, um

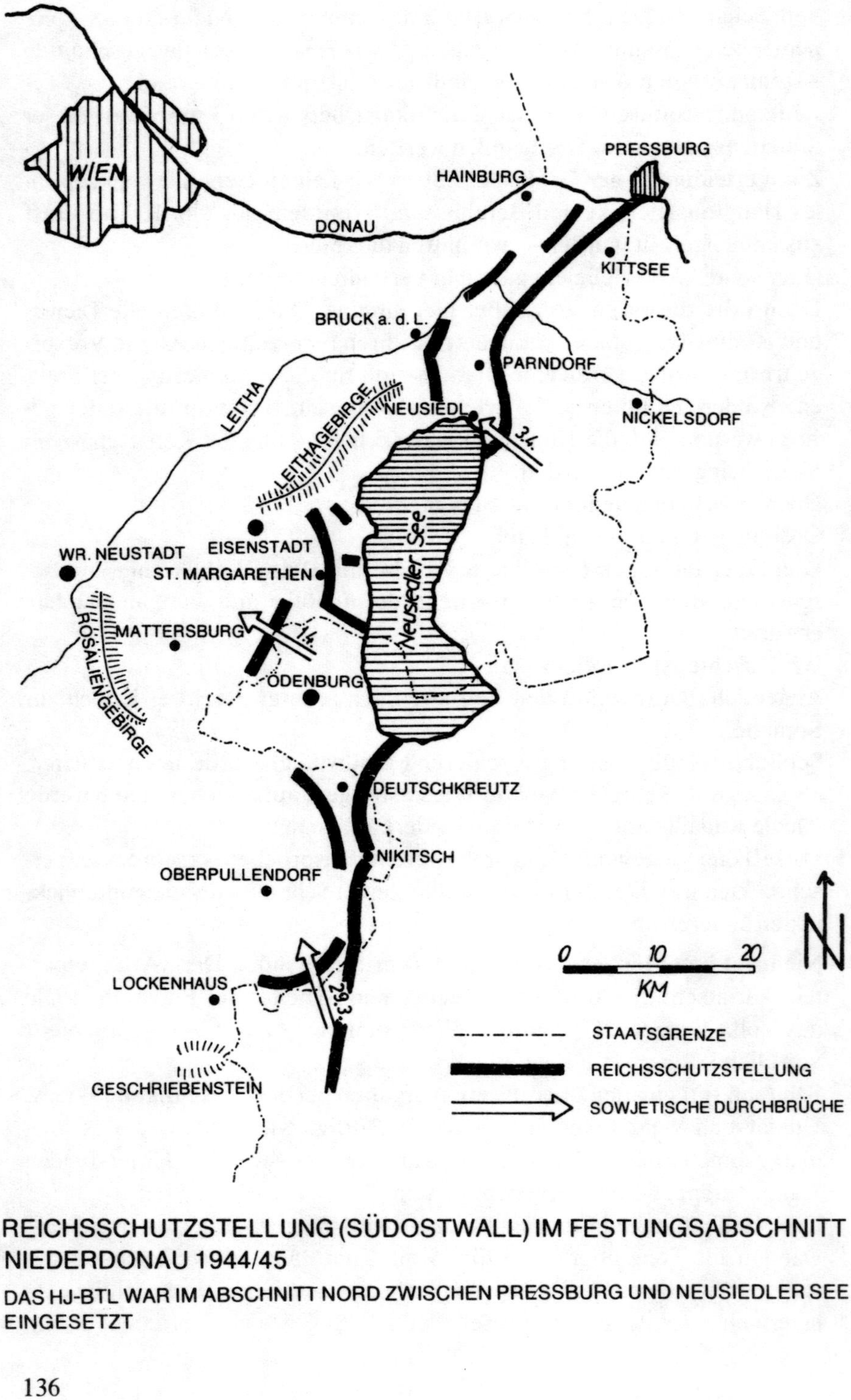

REICHSSCHUTZSTELLUNG (SÜDOSTWALL) IM FESTUNGSABSCHNITT NIEDERDONAU 1944/45

DAS HJ-BTL WAR IM ABSCHNITT NORD ZWISCHEN PRESSBURG UND NEUSIEDLER SEE EINGESETZT

die auf uns zukommende Wahrheit zu verdecken. Eine Illusion, um das Gewissen zu beruhigen.
Glaubte Schirach an seine Wirksamkeit?
Wieder einmal wanderte ich um 4 Uhr früh bedrückt durch das schlafende Wien nach Hause.

März — Jahrestag des Umbruches vor sieben Jahren.
Die Intervalle zwischen den Luftalarmen wurden immer kürzer. Der Kuckucksruf im Radio, die Vorwarnung, dann das Laufen — nach Hause, in die Luftschutzkeller, in irgendeine sichere Unterkunft. Bomben, Flakfeuer, Brände und Entwarnung waren zur Selbstverständlichkeit geworden.
Danach helfen — eine echte Aufgabe erfüllen, nicht Phrasen, nicht reden — nur helfen und etwas tun. Das waren Tätigkeiten, die Sinn hatten in all dem Unsinn.
Stundenlang gruben wir nach dem Bombenwurf auf die Oper im Schutt des Philippshofes. Hunderte Menschen sollten unter den Trümmern und Stahltraversen liegen. Tonnen müßten bewegt werden, müßten weggehoben werden, um an sie heranzukommen.
Wir kamen einfach nicht durch. Wenn sie nicht schon erschlagen oder erstickt waren, so waren sie bestimmt schon ertrunken.
Unsere Finger waren blutiggerissen, die Uniformen zerfetzt. Wir waren erschöpft und machtlos.
Wenn nach der Entwarnung lange Kolonnen mit ihrem Hausrat an mir vorüberzogen, weinende Frauen und Kinder, hilflose Greise Flüche vor sich hinmurmelten, hätte ich am liebsten alles hingeworfen.
Einmal oder bald wird es auch uns treffen.

VII.

1945
HJ-VOLKSSTURM

DER GESAMTEINSATZ DES WIENER HITLER-JUGEND-VOLKSSTURMS

Der HJ-Volkssturm Wien wurde im Jänner 1945 aufgestellt. Die Einheiten wurden vorerst unterschiedlich benannt und eingesetzt.

1. Das HJ-Bataillon (HJ-Btl.) ,,Werwolf". Es bestand aus HJ-dienstpflichtigen Angehörigen der Wehrertüchtigungslager (WE-Lager). Die WE-Lager Judenburg, Eichgraben, Plankenberg und Halbthurn stellten je eine Kompanie (Kp.).

2. Jeder Wiener HJ-Bann sollte eine Kompanie Freiwillige aufstellen. Diese wurden als Panzer-Jagdkommandos (Pz.-Jgd.-Kdos) ausgebildet.

Die Bezeichnung HJ-Btl. ,,Werwolf" für den HJ-Volkssturm hatte keinerlei Zusammenhang mit der am 1. April 1945 von Minister Goebbels propagierten Partisanen-Werwolfbewegung. Der Name ,,Werwolf" wurde bereits im Jänner 1945 von den beim Südostwall eingesetzten HJ-Einheiten geführt und seitdem auch in die Soldbücher der beim HJ-Btl. befindlichen Wehrmachtsangehörigen eingetragen.

Die meisten Jungen gehörten dem Jahrgang 1928 an. Die Führer der Kompanien, Züge und Gruppen waren fast durchwegs fronterfahrene, meist kriegsversehrte Soldaten, Unteroffiziere und Offiziere. In jenen Bannen, wo diese nicht verfügbar waren, funktionierte auch die Aufstellung der Freiwilligen-Kompanien nicht.
Die Bewaffnung bestand aus leichten Infanteriewaffen und Panzerfäusten. Die Trosse waren motorisiert, die Pz.-Jgd.-Kdos hatten Fahrräder.

Der Einsatz:
Das HJ-Btl. ,,Werwolf" wurde im Jänner 1945 an den Südostwall geschickt. Dort wurde geschanzt und ausgebildet. Einsatzraum war der Abschnitt Nord mit dem Befehlsstand in Nickelsdorf.
Im März 1945 wurde das Btl. auf Befehl Schirachs dem Festungskommandanten von Preßburg, Oberst v. Ohlen, unterstellt und dorthin ver-

legt. Mit Volksdeutschen, Soldaten und auch Hitlerjungen wurde das Btl. auf ca. 800 Mann verstärkt und die Bewaffnung durch Pak (Panzerabwehrkanonen) und sMG (schwere Maschinengewehre) vervollständigt.

Nachdem verhindert werden konnte, daß Oberst v. Ohlen das Btl. auf den ganzen Festungsbereich aufteilte, setzte dieser das Btl. am kritischesten Teil der Festung ein. Das war im Ostabschnitt zur Abschirmung der Einfallsstraßen aus dem Osten. Panzersperren wurden angelegt und ca. 30 Pakgeschütze eingebaut. Eine sMG-Kompanie und Pioniere unterstützten die Jungen. Die Stellung war als Auffangstellung gedacht, in die bei Rücknahme der Front von Gran eine gemischte SS-Wehrmachtstruppe einrücken und das HJ-Btl. ablösen sollte. Nach dem raschen Zusammenbruch der Granfront fluteten die in Auflösung befindlichen Reste, Versprengte und Trosse durch die Stadt nach Westen. Der Festungskommandant machte keinerlei Anstrengungen, diese Truppen aufzuhalten und einzugliedern; nur der Abschnitt des HJ-Btl. verstärkte sich durch kampfwillige Mannschaften und schwere Waffen.

Ehe noch die erwartete Kampftruppe eintraf, welche die Stellungen besetzen sollte, tauchte am 1. April die erste Vorhut der Russen auf. Es gelang, drei Panzer abzuschießen. Im anschließenden nördlichen Abschnitt, der mit alten Volkssturmmännern besetzt war, brachen die Russen ohne besondere Gegenwehr ein.

Bei neuerlich mit Stalinorgeln, Infanterie und Panzern vorgetragenen Angriffen konnte sich das HJ-Btl. ohne Verluste halten.

Am 2. April griffen die Sowjets wieder auf breiter Front an, sparten dabei jedoch den gut verteidigten Abschnitt des HJ-Btl. aus. Im Norden wurde das Volkssturm- und Festungsbtl. aus den Stellungen geworfen, und auch im Süden drohte durch den Einsatz der sowjetischen Donauflotte die Umfassung.

Das HJ-Btl. zog sich an den Stadtrand zurück.

Oberst v. Ohlen teilte in einer Kommandeurbesprechung den OKH-Befehl mit, wonach die Festung Preßburg bis zum letzten Mann zu halten wäre und niemand, auch nicht das HJ-Btl., die Stadt verlassen dürfe. Unmittelbar danach verlegte er selbst seinen Befehlsstab nach Schloßhof außerhalb der Festung . . .

Daraufhin setzten sich fast alle Truppen aus der Stadt ab. Nach Schließung der Panzersperren verließ das HJ-Btl. als eine der letzten Einheiten die Festung.

Oberst v. Ohlen wurde mit seinem Stab verhaftet. Wegen Feigheit vor dem Feind wurde ein Kriegsgerichtsverfahren eingeleitet. Dem HJ-Btl. wurde vom Kommandeur der 96. ID bestätigt, daß es als einer der weni-

gen Truppenteile wirklich gekämpft hat. Daher wurde es von allen Sanktionen ausgenommen.
Das HJ-Btl. marschierte geschlossen nach Wien und wurde dort neben den HJ-Volkssturmkompanien der Panzer-Jagdkommandos meist geschlossen eingesetzt.
Schon am 6. April griff das Btl. bis Hütteldorf vorgedrungene sowjetische Einheiten an, schoß Panzer ab und warf den Gegner zurück. Dadurch trat eine, wenn auch nur kurze Entspannung der Lage in diesem Abschnitt ein. Am 7. April zog es sich zum Westbahnhof zurück und erzielte auch hier Panzerabschüsse.
Nach Sicherungsaufgaben bei der Knödlhütte, am Satzberg und am Heuberg wurde das HJ-Btl. nach Döbling rund um die Hohe Warte verlegt. Dort wurde es mit einem Teil der Pz.-Jgd.-Kdos vereinigt.
Der nachfolgende Einsatz am Donaukanal war besonders kritisch, da die akute Gefahr bestand, abgeschnitten zu werden. In der Nacht zum 9. April wurde dann noch ein Vorstoß über den Donaukanal unternommen.
Am 9. April hatten das HJ-Btl. und die Pz.-Jgd.-Kdos in der Grinzinger Allee, in der Silbergasse und Heiligenstädter Straße beachtliche Abwehrerfolge mit Panzerabschüssen zu verzeichnen.
Am 10. und 11. April wurde gemeinsam mit SS und Wehrmacht ein Brükkenkopf an der Floridsdorfer Brücke gebildet. Dieser mußte auf Befehl des SS-Generals Dittrich solange gehalten werden, bis die dort ankernden Lazarettschiffe beladen und abgefahren waren.
Ab 1. April waren die in Wien aus den einzelnen Bannen gebildeten Freiwilligen-Volkssturmkompanien hauptsächlich als Panzer-Jagdkommandos eingesetzt. Es würde viel zu weit führen, die vielfältigen Tätigkeiten aller Gruppen zu würdigen, die für Sicherungsaufgaben, für Bewachung militärischer Dienststellen sowie für Melderdienste verwendet wurden.
Die Pz.-Jgd.-Kdos waren bis zum Schluß im ganzen Stadtbereich erfolgreich. Sie erzielten bei geringsten eigenen Verlusten eine beachtliche Anzahl von Panzerabschüssen.
Um zu verhindern, daß die kleinen Gruppen im allgemeinen Chaos „verheizt" werden, wurde getrachtet, die Pz.-Jgd.-Kdos so bald und so rasch wie möglich aus der Stadt herauszuziehen. Dies geschah am 8., 9. und 10. April über die Ablaufpunkte Hohe Warte und Pater-Abel-Platz bei der Floridsdorfer Brücke.
Nach dem Abzug aus Wien wurden die Kompanien des HJ-Btl. und der Pz.-Jgd.-Kdos zur Kampfgruppe „Werwolf" zusammengefaßt.
Diese Kampfgruppe wurde das letzte Mal geschlossen nördlich der Donau auf der Linie Flandorf, Stetten, Manhartsbrunn, Schleinbach ein-

gesetzt und die Stellung gegen starke russische Kräfte gehalten. Im Wehrmachtsbericht vom 16. April 1945 wurde dieses Unternehmen ausdrücklich erwähnt.

Diese Linie war im wesentlichen bis Kriegsende die Hauptkampflinie.

Nach Ablösung aus dieser Stellung setzte sich die Kampfgruppe „Werwolf" geschlossen und in Ordnung ab.

Der Reichsverteidigungskommissar und Gauleiter von Oberdonau Eigruber wollte den HJ-Volkssturm noch gegen die vorrückenden Amerikaner verwenden. Die Führer der HJ-Kampfgruppe lehnten jedoch jeden weiteren Einsatz, trotz angedrohtem Kriegsgerichtsverfahren, als sinnlos ab. Die Kompanien wurden durch das Chaos der sich auflösenden und zurückflutenden Truppen gut nach dem Westen gebracht.

Mitten in die vorbereitete Aufteilung der Jungen auf Bauernhöfe kamen die Kapitulation der Deutschen Wehrmacht und das Kriegsende.

GLIEDERUNG DES WIENER HJ-VOLKSSTURMS

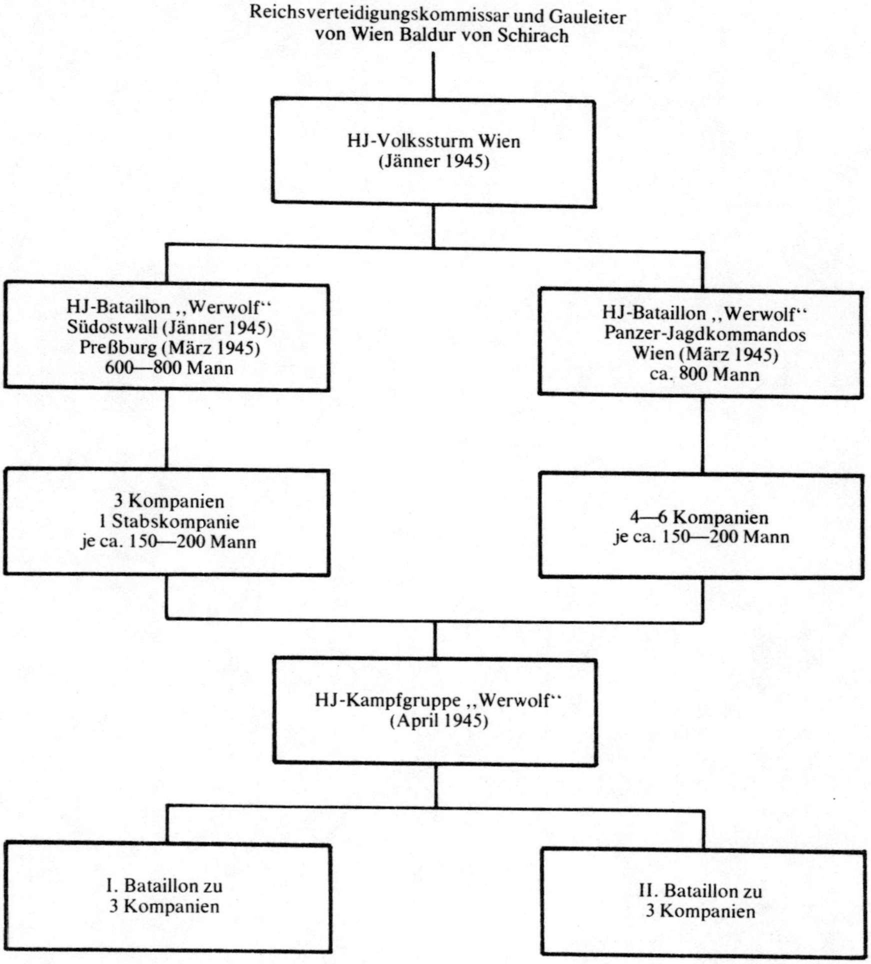

Der Aufbau der Bataillone entsprach etwa der militärischen Gliederung eines Heeres-Bataillons. Jede Kompanie war in Züge und diese wieder in Gruppen unterteilt. Die Bewaffnung bestand meist aus leichten Infanteriewaffen und Panzerfäusten.

Das HJ-Bataillon, welches am Südostwall eingesetzt wurde, war dort dem Abschnittsleiter Nord, Kreisleiter Arnhold, und in Preßburg dem Festungskommandanten Oberst v. Bohlen unterstellt.

Die Kompanien der Panzer-Jagdkommandos und die ab 6. 4. von Preßburg dazugestoßenen Einheiten waren dem Kampfkommandanten von Wien, General v. Bünau, und ab 9. 4. dem Kommandeur des II. SS-Panzerkorps, SS-General Bittrich, unterstellt.

DAS TAGEBUCH

14. MÄRZ 1945

Aus den Flakbatterien wird bekannt, daß beim letzten Großangriff auf Wien 700 Bomber eingeflogen sein sollen. Wenn jeder Bomber nur 4 Stück 500-kg-Bomben geladen hat, kann man sich die Zerstörungskraft dieses Angriffes vorstellen.

Jetzt erfolgen die Angriffe schon mehrmals täglich. Seit neuestem kommen sie von Italien herauf. Nach Sammeln über Opponitz zerstören sie Wien — systematisch. Wir haben keine Verschnaufpause mehr.
Am Laaerberg und am Wienerberg sollen „Sperren" gebaut werden. Auf meine Frage, wozu wir den Südostwall gebaut hätten, bekomme ich keine Antwort.

19. MÄRZ

Mir scheint, die Führung schläft.
Das Kaninchen starrt auf die Schlange. Es müßte jetzt bald etwas geschehen.

25. MÄRZ

Der Volkssturm wird alarmiert.

26. MÄRZ

Anruf aus Baden. Dort kommt der Volkssturm schon zum Einsatz. Heute gehen die ersten 120 Mann zum Südostwall. Morgen sollen ebenso viele folgen.

Es geschieht also doch etwas. Ein Plan läuft ab. Hoffentlich nicht zu

spät. Sicher wird Sepp Dietrich die Stellung halten. Der Volkssturm wird wohl nur zur Unterstützung, zur Aufrechterhaltung des Nachschubs hinuntergeschickt.
In der Gebietsführung geht es wie in einem Ameisenhaufen zu. Hans Lauterbacher, der Gebietsführer, läßt mich rufen. Er beauftragt mich, aus Freiwilligen eine HJ-Volkssturmkompanie aufzustellen. Jeder Bann soll so eine Einheit ausbilden.
Ein Großteil der Luftwaffenhelfer wurde schon entlassen. Nur die Spezialisten sind in den Batterien geblieben. Alle, die noch nicht zur Wehrmacht oder SS einberufen wurden, kommen jetzt zum Volkssturm oder werden anderweitig kriegsdienstverpflichtet.

27. MÄRZ

Wir haben Karten für ein Schneiderhan-Konzert bekommen. Die Stimmung ist gedrückt.
Musik und Kultur, das ist noch etwas, von dem wir glaubten, es lohne sich, dafür zu kämpfen. Ich sehe in die Gesichter rundum und muß daran zweifeln. Ich erblicke Bürger, die durch nichts aus der Ruhe zu bringen sind.
Oder tue ich ihnen unrecht?
Wer sollte denn für sie kämpfen, wenn nicht wir Jungen? Die Bürger selbst? Nein, niemals würden sie einen Finger rühren. Sie wollen nur die Werte, die Melodien, die Kultur erhalten wissen. Mit oder ohne Kampf.
Benommen gehen wir ins Freie.
Es liegt etwas in der Luft. Keiner wagt es auszusprechen.
Da höre ich Gerüchte, böse Gerüchte, böse Nachrichten:
„Die Russen sind schon über den Südostwall, die Russen sind schon in der Ostmark!"
Die Russen auf dem Marsch nach Wien, die Bolschewisten in der Ostmark, in Österreich. Der Feind in unserer Heimat.
Undenkbar? — Nein, wahr und wirklich.
Und ich war in einem Konzert.
Wir wollen nicht wahrhaben, daß das Unheil unaufhaltsam auf uns zukommt.
Könnte ich nur glauben, was ich zur Beruhigung sage: „Wir haben den Südostwall. Es ist alles längst geplant. Der Führer läßt es niemals so weit kommen. Die werden da unten aufgehalten. Ein geschickter Schachzug. Wenn Sepp Dietrich mit seiner sechsten Panzerarmee erst einmal zurückschlägt, rennen die Russen bis in die Karpaten."

Was erzählte mein Vater von dieser „Reichsschutzstellung“?: „Unzulänglich, stümperhaft, viel zuwenig Leute. Nur ein Erdwall, nur ein paar Hindernisse. Wenn nicht eine ordentliche Truppe hineinkommt — einen Tag, wenn es gut geht — einen Tag könnten wir sie aufhalten. Vielleicht aber auch nur ein paar Stunden . . .“
Was sagte der Gebietsführer erst unlängst? Dem Reichsleiter wurde von da unten gemeldet — alles würde bestens laufen dort unten am Südostwall.
1939 habe ich den Westwall gesehen — das war noch was. Aber auch der Atlantikwall hat nicht gehalten.
Zweifel, viele Zweifel bleiben.
Das schrieb Herbert aus St. Lo von der Invasionsfront, am Tag, bevor er fiel:
„Gebe Gott, daß wir uns halten können — Sieg Heil! Dein Herbert!“
Dabei hat Herbert nie an Gott geglaubt, nur an den Führer . . .

28. MÄRZ

Fieberhaft und in aller Eile werden die Volkssturmkompanien aufgestellt und ausgebildet.
Uns treibt hektische Hast und die Angst, daß alles zu spät, ungenügend und vergebens ist.
Es bleibt nicht mehr viel Zeit zum Überlegen, doch eines weiß ich — wenn ich schon mit diesen Jungen zum Einsatz kommen soll, dann müssen sie die bestmögliche Ausbildung und größtmögliche Sicherheit erhalten.
Sie müssen Freiwillige und im Wehrertüchtigungslager vormilitärisch ausgebildet worden sein. Sie müssen mindestens dem Jahrgang 1928 angehören. Das Wichtigste — alle Unterführer, also Gruppen- und Zugführer, sowie der gesamte Stab müssen fronterfahrene Leute sein.
Ich eile von Lazarett zu Lazarett, gehe in die Krankenzimmer, auf die Korridore, in die Aufenthaltsräume, frage herum und suche — ehemalige Jugendführer vom Jungvolk oder der Hitler-Jugend, Führer mit Fronterfahrung, die freiwillig eine kleine Volkssturmeinheit führen wollen. Bis zum Abend habe ich alle, die ich brauche, gefunden.
Da stehen sie — der Willi mit der Unterschenkelprothese, der Hubert mit dem abgeschossenen Oberschenkel, der Hannes mit dem kaputten Fuß, der Schorschi mit Prothese und Kopfverband, der Karl mit dem losen Ärmel und all die anderen schon Genesenen oder Halbgesunden.
Meine Angst ist verflogen. Das sind Männer ohne Hirngespinste, Männer, auf die ich bauen kann.

„Herrschaften, Kameraden", sage ich zu ihnen, „ihr wißt, worum es geht. Wir müssen in kürzester Zeit eine Einheit, eine Kompanie werden. Ihr bekommt ganz junge Leute in die Hand. Ich habe euch ausgewählt, um die Gewähr zu haben, daß keine sinnlosen und unüberlegten Sachen gemacht werden. Die Jungen vertrauen euch blindlings, und ich muß von euch das gleiche erwarten können."
Zum Umfallen müde melde ich spät nachts dem Gebietsführer, daß morgen die Kompanie soweit aufgestellt sein wird und bringe ihm meine Ausrüstungswünsche vor.
Hans gibt mir ein Fläschchen mit kleinen, weißen Pillen — Pervitin. „Nimm das nur, wenn du müde bist. Das bekommen unsere Flieger auf Langstreckenflügen, um nicht einzuschlafen."

29. MÄRZ

Die Russen sollen an mehreren Stellen über der Reichsgrenze sein. Im Burgenland soll schon gekämpft werden.
Ist es Wahrheit oder sind es Gerüchte?
Noch wohnen die Jungen daheim und werden nur untertags zum Dienst geholt. Hans Lauterbacher versichert mir, daß wir nur eine Hilfstruppe für die um Wien kämpfenden Wehrmachts-, SS- und sonstigen Einheiten sein werden.
Ich bin froh, daß es nicht zum Kampfeinsatz der Jungen kommen soll. Hilfsdienste, die können wir machen, die werden wir sogar sehr gut machen, die haben Frauen und Kinder zu allen Zeiten in belagerten Festungen leisten müssen.
Meine erste Pervitintablette wirkt Wunder. Bald bin ich hellwach und erledige die Arbeit mit ungeheurem Elan.
Heute haben sich wieder „Genesende" bei mir gemeldet, die von meinem Streifzug durch das Hofburglazarett gehört haben. Natürlich behalte ich sie. Das stützende Korsett der fronterfahrenen Unterführer gibt mir große Sicherheit.
In Zusammenarbeit mit meinen Führern stelle ich einen gestrafften Ausbildungsplan zusammen. Die Kompanie muß diszipliniert sein — daher Exerzieren und zweimal täglich Uniformappell auf dem Programm. Die Jungen müssen an allen Handfeuerwaffen ausgebildet sein — also finden Schießübungen und vor allem Unterweisungen in der Handhabung der Panzerfaust statt.
Wir rechnen, daß es noch länger dauern wird, ehe es in Wien ernst wird, doch die Lage kann sich sehr rasch ändern. Es gibt noch eine Unmenge

zu tun. Uniformen, Brotbeutel, Rucksäcke, Schlafsäcke und Decken, Eßgeschirr, Waschzeug, Verpflegung, Waffen, Munition — all das und noch viel mehr muß organisiert werden.

30. MÄRZ

Erst im Morgengrauen komme ich nach Hause.
Aufgelöst und mit Tränen in den Augen steht Mäxchen vor mir.
Wenn diese bescheidenen zwei Räume auch keine Fensterscheiben mehr haben, wenn es auch in letzter Zeit hier sehr ungemütlich war, es war doch unser Heim, ihr Heim.
Mäxchen glaubt, daß sie weg muß, sie und das Ungeborene, auf das sie sich so gefreut hat und das sie retten und schützen möchte.
Die wenigen Kleider und Anzüge, das bißchen Geschirr, das wir unser eigen nennen, alles liegt herum. Mitten darin Mäxchen, einen aus Reibfetzen zusammengenähten Rucksack in der Hand.
„Um Gottes willen, was willst du mit diesem Sack?"
„Na, ich muß doch die Windeln und die Wäsche für das Baby mitnehmen."
Im Keller des gleichen Hauses liegen Hunderte neue, schöne, große Rucksäcke, inventarisiert und der HJ-Gebietsführung gehörend. Da kann und darf ich doch nichts wegnehmen — für „persönliche" Zwecke . . .
Auf dem Weg zur Gebietsführung sage ich laut vor mich hin: „Ersticken wirst noch einmal an deiner eigenen Dummheit."
Der Gedanke ist entmutigend — meine Frau muß weg, und ich kann nicht helfen. Trotzdem sind wir reich. Wir haben uns. Wir erwarten ein Kind. Wir haben noch eine Wohnung — wir leben noch.

Heute ist Karfreitag! Die Worte, die ich irgendwo lese, gehen mir nahe:
„ . . . weinet nicht über mich, sondern weinet über euch selbst, und über eure Kinder! Denn siehe, es werden Tage kommen, an welchen man sagen wird: Selig sind die Unfruchtbaren, und die Leiber, die nicht geboren, und die Brüste, die nicht gesäugt haben! . . ."
Das Standrecht soll in Wien verkündet werden. Der Volkssturm wird endgültig mobilisiert. In den Südosten Niederdonaus, das ehemalige Burgenland, sind die Russen schon eingedrungen.
Wir beschließen, die Jungen zu kasernieren.
Bei geringster Müdigkeit nehme ich Pervitin und bin in kürzester Zeit in

phantastischer Hochstimmung. Wer wollte mich in meinem Tatendrang hemmen? Was könnte da kommen, das ich nicht meistern sollte? Das Gehirn arbeitet logisch und präzise wie nie zuvor.

31. MÄRZ

Heute steht es im „Völkischen Beobachter" — Standrecht für Wien und Aufruf des Volkssturmes. Wien soll sich wie ein Mann verteidigen — wie zur Zeit der Türkenbelagerung. Diesmal wird uns aber bestimmt kein polnisches Entsatzheer helfen.
Meine Kompanie wird im Haus der Wiener Sängerknaben in der Langegasse einquartiert. Hier haben wir genug Platz. Es ist schade um das Haus, doch der Zweck heiligt die Mittel. Die Einfahrt wird von Posten mit Gewehren bewacht, ein diensthabender Offizier wird eingeteilt. Vater übernimmt die Verwaltung der Geräte, der Waffen und der Bekleidung.
Meine Führer haben die Jungen schon fest in der Hand. Die Disziplin wäre selbst für eine Heereseinheit mustergültig.
Nachmittags eile ich zum Westbahnhof. Mutter, Schwester und Mäxchen sind schon dort. Der letzte Sonderzug mit Frauen, Müttern und Kindern geht ab. Mäxchen ist, mit all ihrem Hab und Gut im selbstgemachten Riesenrucksack, mit der Straßenbahn hergefahren.
Soll ich sagen — sei tapfer?
Soll ich sagen — sei hart und mutig?
Alles Unsinn. Zum ersten Mal erkenne ich — eine Frau in diesem Zustand hat alle diese Eigenschaften. Wozu also viele Worte.
Abends taucht ein SS-Mann in der Langegasse auf. Völlig fertig, völlig ausgepumpt — ein Wrack sitzt vor mir. Ein Menschenwrack von zwanzig Jahren. Was hat der Krieg, was haben wir aus diesen jungen Menschen gemacht?
Nur ein Zufall führte ihn zu uns. Er sah auf der Straße einen Jungen mit der HJ-Armbinde, fragte nach der Dienststelle und fuhr mit seinem Beiwagenkrad hierher.
Er ist der erste authentische Augenzeuge von den Kampfhandlungen der letzten Wochen in Ungarn. Seine Truppe, ein SS-Freiwilligenverband des II. SS-Panzerkorps, wurde am Plattensee völlig aufgerieben. Dann folgten tage- und nächtelange Rückzugskämpfe, immer wieder Davonlaufen vor den Russen. Die Übriggebliebenen sind gänzlich demoralisiert.
Südostwall? — Er hat keinen gesehen, er ist nur gefahren, um von den

Russen wegzukommen. Zum letzten Mal hatte er in der Gegend von Wiener Neustadt mit ihnen zu tun. Er ist nur gefahren, um endlich schlafen zu können — auszuschlafen. Er, der ehemalige HJ-Scharführer aus Wels, bittet mich, ihn aufzunehmen. Eigentlich ist er ein Deserteur, eigentlich müßte ich ihn der Wehrmachtsstreife und damit dem Kriegsgericht übergeben. Ich nehme ihn auf. Heini strahlt. Er ist doch kein Deserteur, den man am nächsten Baum aufhängt — er wollte ja, er konnte nur nicht mehr.
Die Russen sind also schon da. Endgültig aus der Traum von der Reichsschutzstellung. Ob die „oben" noch immer davon träumen? Warum erfahren wir nichts davon?
Ich denke an Stalingrad, Königsberg, Breslau. Ich denke und komme zu keinem Ende.
Das werden traurige Ostern.

1. APRIL

9 Uhr. Sauber uniformiert marschiert die Kompanie mit geschulterten Gewehren über den Ring in die Innere Burg. Der Marsch zur feierlichen Vereidigung soll den Wienern unsere Anwesenheit und Entschlossenheit demonstrieren. Im großen Karree stehen wir imposant und zackig da, an der Stirnseite unsere Bannfahne.
Die Zeremonie läuft ab. Am Anfang das Lied:

> „Heilig Vaterland in Gefahren,
> deine Söhne sich um dich scharen . . ."

Dann eine Rede vom Ernst der Stunde, vom Ernst der militärischen Lage, von der freiwillig übernommenen Verpflichtung als Volkssturmsoldat — als Soldat des Führers. Und Worte vom Heldentum und Tod fürs Vaterland.
Vereidigung und Deutschlandlied.
Zurück im Schweigemarsch.
Ist das ein Ostersonntag! Strahlend schön, so wie vor sieben Jahren am gleichen Ort — nur welch ein Unterschied.
Was wissen diese Heimatkrieger, wenn sie davon reden — „. . . mit stolzem und freudigem Herzen fürs Vaterland sterben und fallen . . ."?
Nichts, absolut gar nichts wissen sie von dem Dreck, dem Blut im Dreck, den zerfetzten Menschen. Nichts als ein Bündel Dreck ist dann der „stolz und freudig" gefallene Mensch für jene, die ihn dahingebracht haben und dann weiterleben und weiterbefehlen, auf daß sie selbst nicht so ein zerstörter Kadaver werden.

Der „Politische Leiter", der Redner mit den markigen Phrasen, war bestimmt nie Soldat. Er sieht seine Aufgabe politisch und dogmatisch.

Kaum in der Langegasse, erneut Fliegeralarm.
Mittags Besprechung beim Gebietsführer. Er berichtet von uneinheitlichen Befehlsverhältnissen. Schirach und der Stadtkommandant hätten arg gestritten, hätten sich nicht einigen können, wer den Volkssturm befiehlt — wer uns befiehlt. Er, der Gebietsführer, hätte sich das fürs erste einmal selbst vorbehalten.
Im übrigen würde das HJ-Bataillon ab sofort den Namen „Werwolf" führen. Dies in Anlehnung an den Goebbelsaufruf, als Partisanen, als Werwolfverbände, hinter den Fronten weiterzukämpfen.
Im ersten Moment gefällt mir der Name, doch dann melde ich Bedenken an. Was, wenn wir regulär eingesetzt werden und Jungen in Gefangenschaft kämen? Werden sie dann nicht wie Partisanen behandelt und erschossen?
Hans wischt diesen Einwand hinweg — einmal in Gefangenschaft gekommen, wäre ohnehin alles aus. Es müßte eben so gekämpft werden, daß eine Gefangenschaft ausgeschlossen wäre. Im übrigen sei alles, was in diesen Tagen geschieht, nicht mehr regulär, nicht mehr mit normalen Maßstäben zu beurteilen. Wenn erst einmal der Name „Werwolf" den Jungen bekannt wäre, würden alle darauf stolz sein und auch kämpfen wie Werwölfe.
„Gebietsführer", werfe ich nochmals ein, „das setzt doch fertige Soldaten voraus."
„Jetzt sind sie es . . ."
Als ob man so etwas befehlen könnte.

Nachmittags wieder Alarm.
Die Russen sollen bei Wiener Neustadt stehen.
Stundenlang sitze ich mit meinen Führern beisammen und bespreche bis tief in die Nacht die kleinsten Einzelheiten der Ausbildung und Ausrüstung. Es gilt noch viele Dinge zu beschaffen. Spaten, Kompasse und Uhren fehlen. Das Wichtigste — wir müssen unbedingt beweglich werden — Fahrräder müssen her.
Der Stabsleiter erklärte mir, daß das mit einer Beschlagnahme auf Grund des Reichsleistungsgesetzes möglich wäre. Sofort werden Hunderte Vordrucke angefertigt:
„Auf Grund des Reichsleistungsgesetzes wird Ihr Fahrrad für kriegswichtige Aufgaben beschlagnahmt. Nach Kriegsende erhalten Sie Ersatz durch das Deutsche Reich."

Jetzt gilt nur mehr die Verteidigung der Stadt, und wer da noch als Zivilist mit dem Fahrrad unterwegs ist, der kann nicht kriegswichtig sein. Das Fahrrad soll den Leuten unmittelbar an Ort und Stelle weggenommen werden. Morgen wollen wir schlagartig mit den Requirierungen anfangen.

Die Pillen von Hans wirken Wunder — weg ist die Müdigkeit, weg die Vergeßlichkeit. Alles klappt, aus allen Situationen finde ich einen Ausweg.

2. APRIL

Wien wird zum „Verteidigungsbereich" erklärt. An allen Straßenecken kleben die druckfeuchten Anschläge. Niemand kann sich darunter etwas vorstellen.
Eines dürfte damit klargestellt sein — Wien ist keine Festung, eine Festung müßte ja rundum verteidigt werden. „Verteidigungsbereich" bedeutet wohl — Kampf quer durch die Stadt.
Überall, wo ich hinkomme, herrscht noch fester Glaube.
„Der Führer weiß, was er will."
„Es sollen ganz tolle Sachen in Vorbereitung sein . . ."
Die unglaublichsten Gerüchte tauchen auf. Sie werden durch den Umstand genährt, daß man ab und zu ein kleines Jagdflugzeug mit unglaublicher Geschwindigkeit hoch am Himmel dahinrasen sieht. Da unsere Flak nicht darauf schießt, wird angenommen, daß es sich um eine deutsche Wunderwaffe handelt. Hoffentlich kommen alle diese „tollen Sachen" nicht zu spät.

Bald habe ich genügend Fahrräder für die gesamte Kompanie. Manche wollen sich über uns beschweren — bis zu Schirach, bis zur Reichskanzlei wollen sie gehen. Viele Dienststellen haben Wien bereits verlassen. Wer also sollte die Beschwerden entgegennehmen?
Ein Anruf aus dem Rathaus — Fahrradbeschlagnahme unmöglich, durch nichts gedeckt, gleicht Diebstahl, Verantwortlicher wird zur Rechenschaft gezogen werden . . .
Meine Gegenfrage — „ . . . sollen die Jungen, vielleicht gar Ihr Sohn, zu Fuß den russischen Panzern entgegenlaufen? Könnte uns das Rathaus etwa geeignete Beförderungsmittel zur Verfügung stellen? Oder würden Sie sich freundlicherweise zu einem Panzerjagdkommando melden?"
„Wie bitte?" tönt die erregte Stimme aus dem Telefon. „Was sagten Sie?"

,,Wie bitte ist Ihr Name?" schreie ich, ,,Sie wollen sich doch bestimmt freiwillig melden?"
,,Was glauben Sie eigentlich, ich bin hier auf kriegswichtigem Posten, ich werde mich über Sie an höchster Stelle beschweren."
,,Bitte — schönen Gruß an Bürgermeister Blaschke. Ende."
Mancherorts geht das Leben in Wien noch weiter, als ob tiefster Friede wäre, und eben nur ab und zu durch Bombenalarm unterbrochen. Wir hören gar nicht mehr auf die Sirenen — viel zuviel haben wir mit unseren Vorbereitungen zu tun.
Es ist zur Gewißheit geworden, daß die HJ-Volkssturmkompanien auch als echte Kampfeinheiten eingesetzt werden. Daher ergeht der Befehl, alle noch in Wien befindlichen Jungen der Jahrgänge 1927 und 1928, die noch nirgends verwendet werden, für Hilfsdienste zu verpflichten.
Eiligst werden die Einberufungen zusammengestellt, unsere HJ-Volkssturmsoldaten schwärmen aus, um die Einberufungen zuzustellen. Auf die Post können wir uns nicht mehr verlassen.
Mit gemischten Gefühlen erwarten wir das Ergebnis der kurzfristig für den nächsten Tag ausgestellten Gestellungsbefehle. Wenn jemand nicht kommen will, haben wir nicht die Zeit und die Mittel, ihn zu suchen oder zu zwingen.
Wieder kommen all die Probleme der Einkleidung, Verpflegung und Unterbringung auf uns zu. Zum Glück stehen uns so viele ehemalige DJ- und HJ-Führer zur Verfügung, daß es leicht ist, neue Führungskader aufzustellen.
Als Unterkunft soll das Palais Auersperg dienen.
Es wird bekannt, daß der Gaustab Niederdonau nach Tulln-Krems und das Wehrbezirkskommando XVII nach Freistadt verlegt werden. Die Ratten verlassen das sinkende Schiff.

Nachmittags herrscht Ratlosigkeit in der Gebietsführung.
Bannführer Mehlich ist mit seinem Wagen nach Süden gefahren und wollte bis spätestens 9 Uhr wieder zurück sein. Er muß gefangen oder tot sein.
Hans ist ständig auf der Tour, um — ,,die Lage zu peilen".
,,Die 2. SS-Panzerdivision", berichtet er, ,,ist auf dem Rückzug auf die Linie Guntramsdorf-Mödling."
Wir schauen uns betreten an.
,,Die 3. SS-Panzerdivision hält bei Gramatneusiedl und Schwadorf."
,,Haben wir nur zwei Panzerdivisionen?" frage ich. ,,Es hieß doch, daß die 6. Armee Wien schützt."
,,Ich weiß nur von den zweien", meint Hans, ,,aber da kommen bestimmt noch viele."

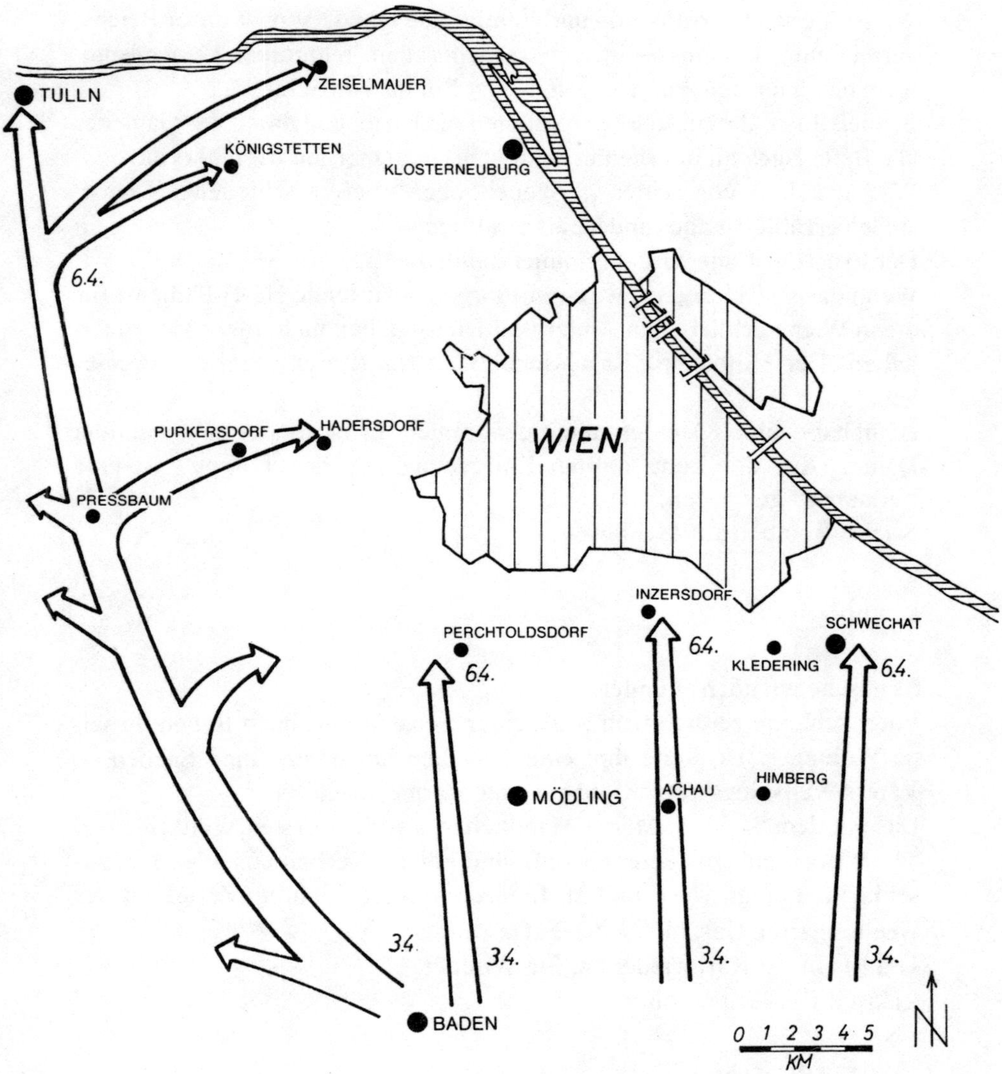

SOWJETISCHE ANGRIFFSKEILE AUF WIEN VOM 3.—6. 4. 1945

Wo ist die starke, ordnende und befehlende Hand? Wo ist unser Reichsverteidigungskommissar in seiner prachtvollen, feldgrauen Generalsuniform mit den roten Aufschlägen, wo ist Baldur von Schirach?
Es hieß doch, daß in solchen Notfällen die Partei und damit der Gauleiter alle Befehlsgewalt übernehmen muß. Bis jetzt merken wir nichts davon.
Was uns Hans von seinen „Lagepeilungen" bei verschiedenen Dienststellen erzählt, ist alles andere als ermutigend.
Der Ernst der Lage wird uns immer deutlicher bewußt.
Wenn das so weitergeht, wird der morgen anlaufende HJ-Hilfsdienst für die in Wien verbliebenen Ämter und Dienststellen nicht mehr viel zu tun haben. Der Hilfsdienst ist ausschließlich für Kurieraufgaben vorgesehen.
Heini habe ich als Melder zu mir genommen. Er ist wieder ganz auf dem Damm. Aus der „unerlaubten Entfernung von der Truppe" ist eine „erlaubte" geworden.
Nachts Bomben auf Meidling.

3. APRIL

Es geschehen noch Wunder.
Vater schickte zeitlich früh Karl, einen Scharführer, nach Baden, in seine Wohnung. Er sollte ihm einige Sachen holen, unnötige Sachen — Vaters Weltkriegsstutzen und ein paar Marmeladegläser.
Das mit dem Stutzen, Marke Mannlicher, aus dem Ersten Weltkrieg, sehe ich noch ein. In seinem Schaft sind etliche Kerben aus allen Isonzoschlachten eingraviert, und im Inneren befindet sich ein Zettel mit der wechselhaften Geschichte dieses Gewehres.
Um 10 Uhr ist Karl wieder da. Ein Wunder.
„Hast du Russen geseh'n?"
„Na."
„Wo san die Russen?"
„Was i net."
„Was machen die Leute?"
„De san alle im Helenental und nach Gaaden abg'hauen."
„Hast du schießn gehört?"
„Jo, knallt hot's rundumadum."
Er hat seinen Auftrag ausgeführt — der Stutzen und die Marmelade sind vor den Russen in Sicherheit gebracht.

Mittags im Palais Auersperg.
Fast 90 Prozent aller Einberufenen sind erschienen, wie befohlen mit

Waschzeug, Eßzeug, Wäsche und Rucksack, ohne Murren, ohne Schwierigkeiten. Wir beschließen, dem Rest nicht mehr nachzulaufen, haben wir doch Mühe, die anwesenden Jungen unterzubringen.
Ich erkläre ihnen kurz ihre Aufgabe.
Einige wollen Gewehre, wollen bewaffnet werden und sind sehr enttäuscht, nur solche ,,Mädchendienste" verrichten zu müssen. Andere wollen wieder nach Hause schlafen gehen. Das ist jedoch wegen der Ausbildung, wegen des Tag- und Nachtbereitschaftsdienstes und überhaupt aus disziplinären Gründen nicht möglich. Manche kommen mit ihrer besorgten Mutter zur Meldestelle.
In der Langegasse, dem ,,Gefechtsstand", erwarten mich zwei Väter, die unbedingt ihre Söhne — sie sind erst 14 Jahre alt — bringen wollen. Ich kann sie nicht nehmen. Die Väter sind mit meiner Entscheidung nicht zufrieden und bestürmen mich hartnäckig. Schließlich schicke ich die Jungen ins Palais Auersperg. Sollen sie dort Dienst machen.

Baldur von Schirach im ,,Völkischen Beobachter":
,,Mein Freund Sepp Dietrich wird mit seiner Armee die Verteidigung von Wien übernehmen . . ."
Sepp Dietrich. Das ist ein Name, der bei Freund und Feind während des Krieges bekannt war. Er ist eine fast legendäre Gestalt — wo er ist, kann nichts schiefgehen . . .
Befiehlt also Sepp Dietrich — oder doch Baldur von Schirach?
Nachmittags kommt es zu einer Auseinandersetzung in der Gebietsführung. Ich stelle fest, daß augenblicklich ein destruktives Befehlswirrwarr herrscht. Ein fast undurchschaubares Durcheinander von Befehlsstellen, Dienststellen, Kompetenzen und Abgrenzungen der Einflußbereiche.
Wer ist wem unterstellt?
Wer hat wem zu befehlen?
Wer kommt vors Kriegsgericht, wenn er dem Falschen gehorcht?
Wer läßt wen erschießen oder ,,umlegen", wie es seit neuestem einfacher heißt?
Der Zustand ist deprimierend.
Es wird mir mit aller Deutlichkeit klar, daß es Schirach in all den vorhergehenden Monaten nicht verstanden hat, die Zeit zu nutzen, klare Befehlsverhältnisse zu schaffen und allen Verantwortlichen verständlich zu machen, worum es geht.
Unter anderem wurde nie klargestellt, wer Wien verlassen darf und wer hierbleiben muß. Jeder macht jetzt, was er will. Keine Dienststelle, kein Amt weiß, was zu tun ist; wenn verlegt wird, wohin verlegt wird, und wenn geblieben wird, welche Aufgabe zu erfüllen ist.

Da befiehlt die Wehrmacht, da befiehlt das Wehrersatzkommando mit den Wehrbezirkskommandos, da gibt es einen Stadtkommandanten, da ist die SS — natürlich getrennt in Waffen-SS und allgemeine SS, da sind die Flak- und Luftwaffeneinheiten, die örtlichen Flakdienststellen, die Luftwaffenfeldeinheiten und die Division ,,Hermann Göring". Nicht vergessen werden darf die SA — doch wer befiehlt der SA-Standarte ,,Feldherrnhalle?" Und da gibt's den Volkssturm, den die Partei befehlen will. Den HJ-Volkssturm befiehlt jedoch der Gebietsführer der HJ. Dann stellt jeder Kreisleiter und jeder Ortsgruppenleiter selbstredend seine Privat-,,Kampfgruppe" zusammen. Selbstverständlich sind da noch die Polizei und die Feuerwehr — wer wagt die zu dirigieren? Oder wer weiß, wem die verschiedenen ,,Exclusiv"-Streifendienste des Heeres, der SS und der HJ unterstehen?
Dazu kommen die Lazarette, die Behörden, der Bürgermeister, der Regierungspräsident und die Landräte. Wer zählt die Dienststellen der zurückflutenden Einheiten? Nicht einmal die Marine fehlt.
Große Namen — wie ,,Großdeutschland", ,,Hermann Göring", ,,Feldherrnhalle", ,,Leibstandarte Adolf Hitler" — alles nur mehr Vergangenheit, Schall und Rauch, Ärmelstreifen — nicht mehr.
Zum Schluß rückt Hans noch mit einer Neuigkeit heraus. ,,Ab heute hat Wien einen neuen, vom Führer ernannten Kampfkommandanten, General Bünau. Er wird ab sofort alles übernehmen und die Befehle geben."
,,Hat er den Befehl über den ganzen Verteidigungsbereich oder nur über die Stadt?" werfe ich ein.
,,Das ist noch nicht geklärt. Da ist ja noch der Sepp Dietrich . . ."
,,Eben."
Die Unklarheit ist also die gleiche geblieben.
Mit Idealen und gutem Willen allein kann man nicht Krieg führen, mit Liedern auf den Lippen den Krieg nicht überleben, mit Stümpern nicht gewinnen.
Wie war das doch bei Langemark?

4. APRIL

Einkleidung und Bewaffnung meiner Kompanie sind so gut wie abgeschlossen.
Hans Lauterbacher kommt mit den neuesten Meldungen zu mir. Er war bei Schirach und Bünau. Wie ein Feldherr berichtet er über die Lage.
General Bünau ist wohl Stadtkommandant, jedoch der 6. Armee unterstellt. Diese zieht sich planmäßig entlang der Donau zurück. Das HJ-Ba-

taillon ist Bünau unterstellt. Außerdem sollen noch 15 Alarmbataillone aufgestellt werden . . .
Wer will oder kann diese in so kurzer Zeit ausrüsten, ausbilden, geschweige denn zu einer Kampfeinheit machen?
Ich denke mit Schaudern an die Alarm- und Eingreifeinheiten, die vor einem Jahr bei Jassy eingesetzt wurden und innerhalb von 24 Stunden nur mehr aus einigen Versprengten bestanden. Damals waren das richtige Soldaten, wenn auch oft nur aus den rückwärtigen Diensten, aber Soldaten und keine uniformierten Zivilisten.
Heute sind es bunt zusammengewürfelte Laien, Büro- und Fabriksmenschen, im besten Fall Genesende aus den Lazaretten oder Versprengte; zum Großteil jedenfalls Unwillige. Werden sie noch dazu von einem militärisch unerfahrenen Politmenschen oder Amtsleiter eingesetzt, so ergibt sich das Debakel von selbst.
Hans, der meine Einwände kennt, meint:
„Die werden hart geführt werden. Da ist ja auch die Polizei dabei. Das Problem ist aber, daß Sepp Dietrich Wien nicht verteidigen will. Der Reichsleiter hat wieder gestritten mit ihm. Dietrich ist grob geworden und hat gesagt, der Reichsleiter hätte ihm nichts zu befehlen."
„Wieso? Ist denn die Unterstellung noch nicht geklärt?"
„Nein, noch immer nicht."
„Wenn Dietrich nicht verteidigen will — was haben w i r da noch zu suchen?"
„Es wird verteidigt. Die ‚Führergrenadier-Division' ist auf dem Weg nach Wien. Sie ist komplett neu aufgestellt und überkomplett ausgerüstet."
„Wird es diese eine Division schaffen?"
„Da kommen noch mehr. Der Führer läßt schon anrollen. Wirst sehen, das klappt schon — nur nicht kleinmütig werden."

Bis heute hat noch keiner der Jungen einen scharfen Schuß aus einer Panzerfaust abgegeben — nur theoretischer Unterricht wurde erteilt. Da es kein geeignetes Übungsgelände gibt, setze ich einfach auf dem Heldenplatz Panzerfaustscharfschießen an. Neben der Reiterstatue von Prinz Eugen wird eine Zielscheibe aufgebaut. Die Explosionen machen auf dem Platz einen schrecklichen Lärm. Als der dritte Schuß abgefeuert werden soll, stürzen zwei Männer in weißen Kitteln aus der Hofburg und fallen mit einem Wortschwall über mich her — in der Hofburg sei ein Lazarett untergebracht, die Verwundeten wären wegen der Detonationen ganz außer sich, wir müßten das Schießen sofort einstellen. Betroffen — ich hatte das gar nicht bedacht — beruhige ich die Ärzte und lasse die Übung abbrechen.

Das ist typisch für die gereizte Stimmung in Wien. Der eine Oberstabsarzt brüllte mich an:
,,Ich lasse Sie vor ein Kriegsgericht stellen . . .''
Ein Satz, den man in letzter Zeit immer häufiger hört. Er dürfte in manchen Dienststellen zum Umgangston gehören.

Erster Einsatzbefehl — Panzerjagdkommandos Richtung Süden. Dort werden sie den örtlichen Volkssturmführern unterstellt. Ich suche unter den älteren Jungen die verläßlichsten und besonnensten aus. Zur Sicherheit gebe ich ihnen einige Gefreite und Obergefreite mit. Auf den Fahrrädern sind die Panzerfäuste angebunden. Den Karabiner schräg über den Rücken gehängt, so ziehen sie selbstbewußt in die Ungewißheit.
Der Gebietsführer übergibt mir eine Vollmacht, die von General Bünau und Reichsleiter Schirach unterschrieben ist. Sie soll mich in allen Maßnahmen, welche zur Verteidigung der Stadt notwendig sind, unterstützen.
General Bünau amtiert im ehemaligen Kriegsministerium am Ring.
Während der Fahrt dorthin kurven russische Flugzeuge über der Stadt. Es gibt keinen Fliegeralarm mehr.
Ich melde mich als Verbindungsoffizier zum HJ-Volkssturmbataillon und Inhaber seiner Vollmacht. Der General und sein Ia, Major Neumann, sind ausgesprochen nett zu mir. Hier herrscht nicht die zerfahrene Hektik, die bei vielen Dienststellen anzutreffen ist.
General Bünau ist in der Lagebeurteilung sehr zurückhaltend. Während er ständig durch Telefonate unterbrochen wird, gibt mir Major Neumann auf einer großen Karte einen Überblick vom Stand der Dinge. Als ich die Einzeichnungen sehe, bin ich fürs erste sehr betroffen — so nahe, so viele Gegner, so wenig ,,Eigene'' —, das hätte ich nicht erwartet. Major Neumann wirkt sehr deprimiert.
,,Da oben'', der Ia zeigt auf die Westeinfahrten von Wien, ,,ist eine Alarmeinheit richtig versickert. Eben kam die Meldung, daß dort, wo sie noch heute Nacht gelegen ist, niemand mehr aufzufinden war.''
Im Süden sehe ich die roten Markierungen für die feindlichen Einheiten schon bei Mödling, im Westen bei Preßbaum.
,,Herr Major'', fragte ich, ,,wie steht es mit der 6. Armee?''
,,Die hat nur mehr knapp 50 Panzer und Sturmgeschütze.''
Dann schaut er mich fragend an. ,,Sie haben Panzerjagdkommandos — sehr gut. Die brauchen wir raschest auf dem Laaerberg. Dort wird es bald kritisch.''
Wir besprechen den Einsatz und die Unterstellungsverhältnisse.
Sachliche Lagebeurteilung, klare Befehle, das habe ich schon lange ver-

mißt. Diese ewigen Gerüchte, Lagepeilungen, Vermutungen und Intrigen haben mich sehr verunsichert.

Erleichtert atme ich auf, als bei meiner Rückkehr zur Langegasse die Panzerjagdkommandos vollzählig zurück sind. Aufgeregt erzählen sie von ihren Erlebnissen und berichten von den schusseligen Volkssturmführern, die ständig mit Heeresoffizieren und Nachschubführern darüber gestritten hätten, wer zu befehlen habe.

Anschließend organisiere ich den morgigen Einsatz. Es werden 24 Panzerjagdkommandos mit je drei Mann zusammengestellt. Jeder hat eine Panzerfaust und ein Gewehr. Bei jedem Trupp ist ein militärischer Führer, meist Leute mit Tapferkeitsauszeichnungen, EK I, EK II, Panzervernichtungsabzeichen, Infanteriesturmabzeichen. Nur er ist für den militärischen Einsatz verantwortlich.

Der Junge darf nur im äußersten Notfall die Panzerfaust abschießen und ist hauptsächlich als Deckung für den Führer des Trupps vorgesehen.

Es ist Nacht geworden. Im Süden Wiens ist heller Feuerschein zu sehen. In der Luft ist das von Rußland her bekannte, unangenehme Geräusch der „Nähmaschinen" — feindliche Flugzeuge, die einzelne Bomben scheinbar wahllos abwerfen. Wir laufen ins Freie, um die Verdunklung zu überprüfen.

3 Uhr früh.
Reimund erscheint mit einer Flasche Sekt. Er ist einer meiner Führer und will morgen heiraten. Nach dem ersten Glas sacke ich zusammen, blitzartig und unvermutet. Das Pervitin hat zum ersten Mal seinen Tribut gefordert. Der Kopf schlägt auf den Tisch. Erst im Morgengrauen komme ich wieder zu mir.

5. APRIL

Spätnachts.
Die Unterredung ist erregt, die Spannung fast unerträglich.
Trotz der vorgerückten Stunde sehe ich die Dinge glasklar und logisch.
Heute ist etwas in mir zerbrochen.
Heute, das war vor einer Ewigkeit.

Das war, als ich zum ehemaligen Kriegsministerium fuhr und mein Motorrad an die quer über die Straße verlegten spanischen Reiter lehnte, als

ich staunend registrierte, daß sogar hier nur mehr unsere Volkssturmjungen Wachdienst machen, stolz auf den Panzerfaustkisten sitzend, ernst und gewissenhaft, als hänge die Zukunft nur von ihrem Einsatz ab.
Heute erfuhr ich, daß sich die Zange um Wien langsam schließt, daß die Russen jetzt auch vom Westen kommen, wo wir doch immer nur im Süden abwehren wollten.
Auf der Rückfahrt ließ mich ein neues, durchdringendes Geräusch aufhorchen. Von den Flaktürmen der Stiftskaserne und des Arnbergparkes donnerten die Salven der 12,8-cm-Zwillingsflak pausenlos über die Dächer der Stadt. Die fast waagrecht gestellten Rohre ergaben ein ungewohntes Bild.
Heute, das war, als ich dem Gebietsführer Bericht erstattete und erfuhr, daß der Gauleiter Jury mit allen Dienststellen Niederdonaus Wien verlassen hat.
Bürgermeister Blaschke und Regierungspräsident Dellbrügge waren auch schon einflußlose Persönlichkeiten geworden. Hans telefonierte mit dem Regierungspräsidenten, der Grund war mir nicht ganz klar, und schrie mit hochrotem Kopf, er werde ihn im Auftrag des Reichsleiters verhaften lassen — Dellbrügge schrie etwas Ähnliches zurück.
„Der Kommandeur des Heeresstreifendienstes, Major Biedermann, soll verhaftet worden sein. Da war irgendein Verrat im Gange“, sagte Hans nervös.
Tratsch und Intrigen, Intrigen und Tratsch.

Heute, das war auch, als ich, an den Stacheldrahtsperren vorbei, zum Parlament fuhr.
Dort sollte Scharitzer, der Stellvertreter des Gauleiters, residieren. Ich wollte jemanden finden, der befiehlt, leitet, Verantwortung trägt, mir sagt, was los ist. Ich mußte einfach Klarheit bekommen.
Im Parlament war die Säulenhalle menschenleer. Der Wind schlug die Türen, Papiere und Aktenfetzen flogen umher. Gespenstisch.
Endlich hörte ich Stimmen. Ein Gauhauptstellenleiter, ich glaube, das war sein Rang, hielt „große Lage“ — offener Kragen, ein Krügel Wein in der Hand. „Kamerad“, lallte er, „ick, ick kommandiere die ‚Feldherrnhalle‘, die ‚Standarte Feldherrnhalle‘, schon was gehört von, wie . . .“
Angeekelt schaute ich in den mit dichtem Zigarrenrauch erfüllten, kalten Raum, in dem ein paar Unterführer mit glasigen Augen auf ihren „Führer“ starrten.
Hier wurde nur mehr eine Geistertruppe kommandiert, mehr nicht.
„Aba ihr Jungs von der HJ seid prima“, strudelte er mich wieder an, „ick sach dir, Kamerad, einfach prima . . .“

Dann fuhr ich zum Palais Auersperg.
Unsere HJ-Hilfsdiensttruppe hatte sich bis jetzt gut bewährt. Aber wie sinnlos war diese gläubige Hingabe, dieses Daseinwollen, dieses Nichtversagen-Wollen — wie sinnlos diese Einsatzfreude.

Das nächste Ziel war der Südbahnhof und der 5. Bezirk. Das Hauptquartier des Volkssturmes sollte in der Spengergasse sein.
Auf der Fahrt durch die Rechte Wienzeile hörte ich vor mir Schüsse und wurde stutzig. Nach der Pilgrambrücke lagen zwei offensichtlich tote Landser auf der Straße. Instinktiv gab ich Vollgas, als auch schon Schüsse über die Straße peitschten. Ich riß die Maschine durch Gasgeben und Bremsen herum, schlitterte einige Meter fast liegend dahin, richtete mich wieder auf und fuhr in rasendem Tempo weiter.
Das war eine Falle, eine gemeine Falle.
Wer schoß da?
Den Volkssturm fand ich in einem verrauchten und verqualmten Kellerlokal.
Nachdem ich mich ausgewiesen und vorgestellt hatte, fragte ich —
„Wo steht Ihre Volkssturmeinheit?"
Das hätte ich lieber nicht fragen sollen.
Eine wehrhafte, leicht alkoholisierte, resolute Dame begann den Häuptling wild zu beschimpfen, ihn und die „impotenten Manderln", die alle miteinander nichts wert seien und davongelaufen wären.
„Volkssturmeinheit — das i net lach'. In d' Hosen ham's alle g'macht und o'gfohrn sans in da Nocht."

Heute, das war auch, als der Anruf vom Laaerberg kam, der Scharführer Krause wäre tot, der nette Krause, der immer so ruhig, freundlich und überlegen war.
Vom Polizeibataillon, dem er zugeteilt war, wurde angerufen, sie hätten das Gefühl, die Russen würden über das noch intakte Telefonnetz richtig und genau an unsere Stellungen herandirigiert und das Artillerie- und Granatwerferfeuer würde von Telefonzellen aus geleitet.
So einfach war das. Verräter rufen den Feind vom Telefonhäuschen an, der Feind kommt.

Gegen Abend verdichteten sich die Gerüchte — Verrat.
Es hieß, Blaschke, Biedermann und wahrscheinlich noch einige andere sollen beteiligt gewesen sein. Blaschke wollte nicht mehr mitmachen, falls die Russen die Wasserleitung sperren oder sprengen, und Biedermann beabsichtigte, Wien überhaupt den Russen zu übergeben.

Alle waren wir verunsichert und debattierten lange.
Was wären die Folgen gewesen?
Wir konnten uns nur das eine vorstellen — Gemetzel und Blutbad in den eigenen Reihen durch Fanatiker, dann mitten in das Chaos die Russen, die wahrscheinlich wahllos liquidiert hätten.
Kurt warf die Frage auf, ob es richtig wäre, unsere Jungen einzusetzen, da die allgemeine Flucht schon begonnen hätte. Zweifel wurden laut, ob wir uns dazu hergeben sollten, all den Maulhelden, Parteibonzen und militärischen Stellen mit ihren Tausenden wehrfähigen Männern, die Flucht zu erleichtern.
Wie oft hatten wir uns an der Front geschworen — wenn wir einmal zurückkommen, werden wir zuallererst die Drückeberger, Hinterlandtachinierer und die sturen Dienststellenleute absetzen.
Jetzt war die Stunde der Wahrheit.
Sie könnten sich bewähren — sie bewähren sich nicht. Sie könnten kämpfen — sie kämpfen nicht.
Sie türmen, sie schieben uns vor und möchten von Krems, von Linz oder sonst einem Ort aus befehlen, dirigieren — uns einsetzen.
Theorie und Wirklichkeit.
Wie zum Hohn sind an allen Ecken und Enden noch die Sprüche zu lesen:
„Das Volk steht auf, der Sturm bricht los" — für die meisten nur, wenn's nicht zu gefährlich wird.
„Führer, befiehl, wir folgen" — aber nur, wenn w i r garantiert die Stärkeren sind.
„Meine Ehre heißt Treue" — es darf aber nicht um m e i n Leben gehen — dazu sind ja die Jungs da.
„Die Fahne ist mehr als der Tod" — die es so halten, wollen wir bei der nächsten Feierstunde ehren . . .
Fort sind sie, fort sind sie alle, bis auf einige wenige, die verzweifelt versuchen, den Eid, den sie einst geschworen haben, zu halten und mit Anstand einen einmal begonnenen Weg zu Ende zu gehen.
In dem Punkt scheiden sich die Geister. Hier wird klar, was Spreu und was Weizen. Das Schlimme — die Spreu wird dort entdeckt, wo bis jetzt Weizen vermutet wurde — und der Weizen, das sind all die jungen Soldaten des Heeres, der Flak, der Waffen-SS, das sind unsere Jungen, die noch bedingungslos glauben, daß auch jene, die ihnen jahrelang Vorbild und Führer waren, das gleiche tun.

Das waren die endlosen Stunden des heutigen Tages.
Im ganzen gesehen, ein von Stunde zu Stunde wachsendes Chaos, ein

Befehlschaos, ein moralisches und menschliches Chaos — ein Niedergang, vielleicht das Ende der Stadt.

Als ich nach Mitternacht mit Leo auf dem Gang vor dem Zimmer des Gebietsführers stehe, werden meine aufgestauten Emotionen frei: „Leo, wir müssen unsere Buben aus Wien herausbringen, wir müssen! Ich laß' nicht zu, daß sie verheizt werden. Heut' habe ich und hast du gesehen, was überall los ist. Mach mit, Leo, wir müssen was tun. Erst bringen wir die Buben raus, dann sollen sie mit uns machen, was sie woll'n, von mir aus vor ein Kriegsgericht stellen, falls es so was dann noch gibt.
Leo, ich marschier' mit meinen Leuten mit oder ohne Befehl ab. Wenn sich Hans auf den Reichsleiter ausredet, dann nehmen wir den Schirach einfach hopp."
„Du", sagt Leo, „das gleiche denk' i mir scho den ganzn Tag."
Auch Hans ist müde und übernächtig.
„Gebietsführer", platze ich los, „wir marschieren mit unseren Kompanien aus Wien heraus."
„Was", Hans schluckt und holt Atem, „seid ihr verrückt geworden?"
„Gebietsführer, nach dem, was wir beide heute gesehen und erlebt haben, sind wir fest dazu entschlossen."
„Aber der Reichsleiter . . ."
„Der Reichsleiter, der Reichsleiter", schneide ich ihm das Wort ab, „wo ist er denn, der Reichsleiter, wo ist denn der große Baldur von Schirach, wo ist denn der Held? Wenn uns jemand im Stich gelassen hat, so nur er — oder?"
„Was wollt ihr unternehmen?" fragt Hans unsicher.
„Vorsprechen, und wenn er Schwierigkeiten macht, festnehmen. Festnehmen wegen Unfähigkeit, wegen Feigheit vor dem Feind. Wer sollte uns daran hindern? Ich hab noch immer die Offiziersuniform von „GD" an, seine Wache ist von „GD" — die machen mir bestimmt nichts."
Hans ist bleich geworden und zögert noch immer.
„Gebietsführer", sagt Leo, „gib uns freie Hand — w i r tragen die Verantwortung. Wir werden nichts tun, was andere in Gefahr bringen könnte. Es wird schwer genug sein, unsere Burschen herauszulösen, doch allein das Bewußtsein, freie Hand zu haben, ist uns alles wert. Wir sollten Hilfsdienste für die kämpfende Truppe machen, für die k ä m p f e n d e wohlgemerkt, nicht für Feiglinge und Bonzen. Nachhut und Deckung für flüchtende Soldaten — niemals!"
Hans gibt uns freie Hand.
Erleichtert gehe ich ins Wachzimmer hinunter und lege mich auf ein Bettgestell.

Die kräfteraubenden Tage lassen mich nicht wach sein, die überreizten Nerven auch nicht schlafen.
Mit dem Nachdenken kommt die Vision, die Erinnerung — die Waldlichtung vor zehn Jahren, der Schweigemarsch, die pathetischen Worte vom Opfertod der deutschen Jugend bei Langemark.
Jahrelang haben wir diesen verherrlicht und unseren Jungen als Vorbild hingestellt.
Nun will ich nicht mehr. Zehn Jahre hat er gedauert, der blutige und bittere Anschauungsunterricht. Nur mit uns jungen Idealisten und Fanatikern, die gläubig an einer Idee gehangen haben, die den Opfertod des jungen Mannes zur höchsten Doktrin erhoben hatten, konnte man soweit kommen.
Für welche Ideale wird die Jugend der anderen Seite in den Tod geschickt?
Werden sie genauso getäuscht und ausgenützt?
Wir glaubten, für eine große Sache zu kämpfen. Heute fiel es mir wie Schuppen von den Augen. Die Ideen, Religionen und Weltanschauungen können groß, genial und einzigartig sein — wenn sie mit der Waffe durchgesetzt werden müssen, werden sie zum großen Verbrechen.
So kam es zu den Blutbädern der Kreuzzüge, des Mittelalters, des Dreißigjährigen Krieges, der Inquisition, des Bolschewismus und des Faschismus.
Es heißt, daß die Soldaten der Gegenseite zum Kreuzzug für die Demokratie aufgebrochen sind. Ob sie wirklich so viel besser sind mit ihrer Demokratie, die wir nie kennengelernt haben, wird sich erst zeigen. Auch dort ahne ich Drahtzieher und Nutznießer.
Im Augenblick aber wissen wir nur, daß sie mehr Menschen, mehr Waffen und Material haben, und daß Millionen junge Menschen tot sind.

6. APRIL

Hohe Warte. Residenz des Reichsleiters und Reichsverteidigungskommissars Baldur von Schirach.
Nur mein Sonderausweis und eine Rückfrage des Wachhabenden von „GD“ verschaffen mir Einlaß.
Leo ist schon vor mir gekommen. Höpken, Schirachs Adjutant, begrüßt uns. Wir müßten noch warten, der Reichsleiter hätte noch nicht gefrühstückt. Höpken zeigt sich über die militärische Lage informiert und sagt uns, die Russen seien nach neuesten Nachrichten bei Tulln.
Wieder alleine, schütteln wir nur den Kopf.

,,Sollte der Reichsleiter sich weigern — heute abend haben wir ein paar hundert Meter von hier genügend Leute'', sagt Leo. ,,Du hast die ,Großdeutschlanduniform', und beide haben wir den von Schirach unterschriebenen Ausweis. Das geht ganz einfach — rausholen und mitnehmen. Kein Mensch wird uns daran hindern können.''
,,Leo'', nicke ich ihm zu, ,,wir stellen ihm ein richtiges Ultimatum . . .''
Wir können nicht weiterreden, da ein Leutnant eintritt. Er stellt sich unter dem Namen Hanslik vor und erklärt uns gleich, er wäre derjenige, der die Sache mit Biedermann hätte auffliegen lassen. Die Verschwörer hätten heute Wien an die Russen übergeben wollen. Er müsse jetzt dem Reichsleiter Bericht erstatten. Auch er hätte gehört, daß Schirach heute hier weg wolle. Die Gauleitung sei schon nach Krems abgehauen.
Wir sind bestürzt über die Einzelheiten um Biedermann, da wir die Angelegenheit gar nicht so ernst genommen hatten. Je mehr man Einblick bekommt, desto verworrener wird der Fall.
Wir werden in einen großen Raum gebeten und blicken staunend in die Runde. Unsere kriegerische Aufmachung ist in dieser Atmosphäre der Ruhe und des Friedens deplaziert. Die Sonne scheint durch ein großes Fenster, und in einem Lehnstuhl sitzt ein zigarrenrauchender Zivilist.
Nach unserem Gruß stellt er sich als Consul vor. Seinen Namen können wir nicht verstehen.
Mit weltmännischer Geste lädt er uns ein, Platz zu nehmen. In unseren schäbigen Uniformen haben wir beklemmende Minderwertigkeitskomplexe.
,,Der Reichsleiter schläft noch, aber bald wird er mit mir frühstücken.''
Träume ich oder bin ich an einer falschen Adresse — der Reichsleiter, der hohe Herr, schläft und geruht dann mit dem Herrn Consul zu frühstücken?
Unterdessen dringen die Russen in die Stadt ein, in s e i n e n Gau, in s e i n Wien, kämpfen und sterben Jungen, die durch seine Parolen und seine Erziehung so weit gebracht wurden, das zu tun, was gar nicht ihre Aufgabe wäre.
Der Consul plaudert. Der sympathische Herr erzählt uns von Japan . . .
Wie unwirklich — ein Bild des Friedens mitten im Chaos der untergehenden Großstadt, als der Reichsleiter in seiner Phantasieuniform erscheint.
Leger und freundlich begrüßt er uns.
Die Ordonnanz will das Frühstück servieren. Baldur winkt ab — zuerst die Staatsgeschäfte.
Ich schildere ihm die Lage unserer Jugend, unseres HJ-Volkssturmbataillons — s e i n e r Jugend. Ohne Umschweife erkläre ich ihm, was wir vorhaben.

Aber Schirach scheint gar nicht mehr dazusein. Er wirkt abwesend, verklärt, höherstehend.
Auf meine Argumente, auf die Mitteilung, daß wir die Jungen raschest aus der Stadt ziehen wollen, geht er gar nicht ein. Unsere Gewissensnöte machen überhaupt keinen Eindruck auf ihn. Er beginnt vielmehr von der großen Lage zu sprechen, von den USA, von japanischer Philosophie . . .
Wieder steckt eine Ordonnanz den Kopf zur Türe herein.
Lächelnd erhebt sich Schirach und hält uns die Hand hin.
Wien — was ist das?
Fassungslos, zerschmettert, ungläubig gehen wir hinaus.
„Den brauchen wir wirklich nicht zu verhaften", sagt Leo. „Jetzt machen wir, was wir wollen."

Ich fahre zum Zentralfriedhof, da dort die Lage kritisch geworden ist.
Während der Fahrt über die Ringstraße kracht es auf allen Seiten. Im Stadtpark feuert eine Artillerieabteilung, vom Flakturm der Stiftskaserne peitschen Abschüsse. Ein richtiger Hexenkessel.
Am Rennweg begegnet mir eine Richtung Stadt marschierende Luftwaffenfeldeinheit. Der Leutnant, der die Kolonne anführt und den ich nach dem Ziel seiner Leute frage, gibt widerwillig Auskunft. „Wir sind zum Westbahnhof befohlen."
Beim Zentralfriedhof soll die Stellung entlang des Bahndammes bei Kledering verlaufen. Am Rand des Friedhofes sehe ich eine Gruppe Landser und ein paar Hitlerjungen.
„Wo ist hier die Stellung? Was macht ihr hier?"
„Hier ist keine Stellung mehr", antwortet ein Obergefreiter mit einer gebogenen Tabakspfeife im Mund, „hier ist auch niemand, der uns sagt, was wir machen sollen. Wir gehen jetzt weg."
„Wo ist der Iwan?" will ich wissen.
„Vorhin", endlich nimmt er die Pfeife aus dem Mund, „vorhin hab' ich dort unten beim Bahnhof welche gesehen."
Der Bursche trägt Auszeichnungen, wirkt ruhig und überlegen. Wenn die Russen sich wirklich am Bahndamm festgesetzt haben, dann wäre hier die Lage hoffnungslos.
Der Haufen ist recht gut bewaffnet — vier Maschinengewehre, etliche Panzerfäuste und Maschinkarabiner. Eigentlich warten sie nur auf Befehle.
„Also los, Herrschaften, fühlen wir dem Iwan auf den Zahn!"
Erstaunlich willig, ja freudig reagieren die Burschen. Während uns zwei MG aus der Flanke Feuerschutz geben, erreichen wir in großen Sprün-

gen den Bahndamm. Zwischen den Häusern beim Bahnhof sehe ich erdbraune Gestalten weglaufen.
,,Hier habt ihr eine gute Stellung", rufe ich dem Obergefreiten zu. ,,Wenn Sie sich hier einige Stunden halten können, lasse ich Sie zum Unteroffizier befördern. Die Stellung ist wichtig, ich werde schauen, daß Verstärkung und ein Offizier herkommen."
Mein Gott, denke ich, ob wir so den Zentralfriedhof halten können? Aber vielleicht sind ein paar hundert Meter Friedhofsmauer für das Heil Wiens wichtig . . .
Ich fahre zurück, um beim ,,Abschnittskommando", das ist das Wehrbezirkskommando in der Simmeringer Hauptstraße, das Nötige zu veranlassen. Ein alter Oberst soll diesen Abschnitt führen.
Der alte Oberst ist nicht da, niemand ist da, die Räume sind leer, ausgeräumt, verlassen; aufgegeben und abgeschrieben, so wie die Leute dort vorne anscheinend schon lange abgeschrieben sind.
Ohnmächtige Wut überfällt mich.

In der Simmeringer Hauptstraße strecken mir johlende Zivilisten, aber auch uniformierte Gestalten Weinflaschen entgegen. Mit Handwagen werden Waren aus den Geschäften weggefahren. Fremdarbeiter, Frauen und Kinder grölen, singen und tanzen besoffen umher.
Und wenige Kilometer weiter glauben ein paar ,,Idioten", etwas verteidigen zu müssen.

Dann stehe ich vor General Bünau und Major Neumann.
Mit Major Neumann studiere ich die große Lagekarte. Er wirkt müde und resigniert. Ich staune über die beim Zentralfriedhof eingetragene Stellung.
,,Dort war ich eben, da ist nur eine kleine Gruppe, der geholfen werden müßte, Herr Major.
,,Ach, so ist das."
Mit einem Strich wird die neue Lage festgehalten.
,,Hier stoßen die Russen entlang der Favoritner Straße und der Triester Straße vor. Dort kommen sie über Inzersdorf und Vösendorf. Den Laaerberg können wir nicht halten."
Im Raum wird es lebhafter. Ein Ordonnanzoffizier übergibt Major Neumann eine Meldung. Sie reden leise miteinander.
,,Eben kam die Meldung", sagt Neumann, ,,die Führergrenadierdivision ist bis Mauer gefahren — keine Feindberührung. Und diese Volkssturmabteilungen haben ihre Stellungen verlassen."
Er radiert auf der Karte, ein großes Loch klafft in unseren blauen Strichen auf dem Plan.

„Hier ist vielleicht noch eine Luftwaffenalarmeinheit — vielleicht auch nicht . . .“
„Und wo steht die SS?“ wage ich zu fragen.
„Dietrich zieht seine Leute aus der Stadt. Wir können da gar nichts machen.“
Er starrt auf die Karte und sagt nach langem Überlegen: „Kamerad, hätten Sie nicht Leute — da kommen die Russen über Preßbaum, Purkersdorf, durch den Lainzer Tiergarten. Wir sind dort ganz blank.“
Ich rufe den Gebietsführer an und trage ihm die Bitte vor. Er wird versuchen, mit der aus Preßburg kommenden Einheit etwas zu machen. Die Einheit wäre augenblicklich irgendwo in Hütteldorf.
Major Neumann schaut eine Zeitlang zum Fenster hinaus, ehe er zu mir meint: „Es muß einmal gesagt werden — jeder macht da, was er will. Sehen Sie, so geht das den ganzen Tag. Heute früh haben die Russen mit Artillerie und schweren Waffen überall angegriffen, und ich wußte nicht einmal, wo und ob ich noch Truppen habe. Alle wollen befehlen, alle ziehen Kampfeinheiten heraus — es ist zum Verrücktwerden.“
Kann das noch gutgehen?
Kein Plan, kein Konzept, keine Koordination . . .

Nachmittag.
Stundenlang bin ich unterwegs gewesen. Es wird höchste Zeit, wieder zum Gefechtsstand in der Langegasse zu fahren.
Der geplante Abzug muß sehr behutsam vorbereitet werden. Der Einsatz der Panzerjagdkommandos, die über ganz Wien verteilt sind, muß vorerst weiterlaufen.
Mir wird ein Trupp Ausländer, der in der Nacht betrunken und plündernd durch die Straßen gestreift ist und aufgegriffen wurde, vorgeführt. Bis jetzt waren die Kerle zur Ausnüchterung in den Keller gesperrt.
Zitternd und bleich stehen sie vor mir — Griechen, Italiener, Serben, Franzosen. Der Wachhabende bringt einen Sack Mehl, den ein Grieche bei sich gehabt haben soll. Es sind nur ein paar Kilo, die ich dem bleichen Burschen um die Ohren schlage. Die Wolke des herausstaubenden Mehls macht die Gesichter noch weißer. Ich schreie ihnen zu:
„Haut ab, haut ab.“
Auf einem LKW kommen etwa fünfzig Jungen, die als Jagdkommandos eingesetzt waren, zurück. Sie sind todmüde, jedoch in glänzender Stimmung. Es gab keine Verluste. Einige Panzerfäuste wurden abgeschossen. Darüber, ob wirklich getroffen wurde, gehen die Meinungen auseinander.
Fünfzehn neue Trupps stehen zur Abfahrt bereit. Nach den Erfahrungen

der bisherigen Einsätze gebe ich neue Instruktionen und begrenze die Einsatzzeit mit sechs Stunden.
Am Abend kommt Hans von seinen Erkundungen bei verschiedenen Dienststellen und Kommandostellen. Er berichtet:
Von allen Seiten kommen die Russen.
Beim Donaukanal und im Prater, beim Südbahnhof und Ostbahnhof wird schon gekämpft, ebenso in Klosterneuburg, in Hietzing und am Matzleinsdorfer Platz.
Ein Angriff unserer Jungen von Hütteldorf aus war erfolgreich, aber nutzlos. Es war nur eine kurze Entlastung. Jetzt sind sie wieder in den alten Stellungen Hütteldorfs verschanzt.
Bei der Flakstellung am Johannesberg sollen an die zwanzig junge Flakhelfer gefallen sein.
Unsere Panzervernichtungstrupps haben immer wieder Erfolg. Wir erfahren vom Abschuß mehrerer Panzer aus der Gegend des Westbahnhofes.

Um 23 Uhr fahre ich noch eine Runde durch die Stadt. Bevölkerung ist nirgends zu sehen, die Haustore sind meist fest verrammelt.
Bei der Rückkehr erfahre ich vom Befehl, alle lebenswichtigen Anlagen und Betriebe zu sprengen.
Wer gibt solche Befehle?
Bünau, Schirach, Blaschke, Dietrich — wer?
Wenn sie auch die Brücken über den Donaukanal und die Donau in die Luft jagen, sitzen wir endgültig in der Falle.
Selbst im Schlaf habe ich das Gefühl, wach zu sein.

7. APRIL

Der Wachhabende meldet erhöhte Alarmbereitschaft. Die Russen wären schon beim Westbahnhof und in der oberen Mariahilfer Straße. Sofort fahre ich mit dem Krad zur Mariahilfer Straße. Herabhängende Leitungsdrähte der Straßenbahn wirken wie Straßensperren.
In der Andreasgasse lehne ich das Krad an eine Mauer, um zu einem Panzer zu laufen, der schräg gegenüber bei der Webgasse steht. Kaum in der Mitte der Straße angelangt, fängt um mich herum ein heftiger Feuerzauber an. Rasch werfe ich mich hin und robbe den Rest der Strecke bis zum Panzer, der gerade mit Sprenggranaten in Richtung Westbahnhof schießt.
Hinter den Panzer geduckt stehen sechs Jungen meiner Panzerjagdkommandos. Ein Unteroffizier informiert mich rasch über die Lage. Die Rus-

sen seien überraschend in das Gelände des Westbahnhofes eingedrungen. Die SS hatte gerade keine Panzer dort und mußte deshalb zurückgehen. Die Russen wären jedoch auch nicht sehr zahlreich. Ein Gegenangriff wird vorbereitet.
Der Panzerkommandant ist nicht so optimistisch. „Die Russen haben vor dem Westbahnhof schon einige Pakgeschütze aufgestellt und knallen auf alles, was sich zeigt. Wenn wir sie nicht vom Gürtel her aufrollen können, ist nichts zu machen", sagt er.
„Wo", rufe ich zu ihm hinauf, „stecken denn Ihre anderen Panzer?"
„Da sind nicht mehr viel' andere Panzer", schreit er zu mir herunter. „Ich habe den Befehl, den Iwan hier an dieser Kreuzung aufzuhalten. Ein paar Straßen weiter steht vielleicht noch ein Panzer."
Ein einziger ernsthafter Panzerangriff, und meine Jungen werden weggefegt.
Kurzer Entschluß — ich nehme sie gleich mit.
Einzeln hetzen wir über die Mariahilfer Straße zur Andreasgasse.
Um zu klären, wie weit sich die Russen am Gürtel festgesetzt haben, muß ich zur Westbahnstraße.
In der Kaiserstraße angelangt, traue ich meinen Augen nicht — eine lange Kolonne nagelneuer Panzer, Sturmgeschütze, Pakgeschütze und Schützenpanzer mit frisch aussehenden, ausgeruhten Soldaten in sauberen Tarnanzügen. Ein Wunder.
Es ist die „Führergrenadierdivision".
Ein Offizier in schmucker, neuer Uniform gibt Auskunft:
„Wir sind erst kurz in Wien und sollen nach Klosterneuburg. Dort ist dikke Luft. Aber da oben bei der breiten Straße stinkt es auch, da müssen wir jetzt reinen Tisch machen."
Sprach's, grüßte, drehte sich um und gibt über Sprechfunk Einsatzbefehle. Sofort drehen die ersten Sturmgeschütze zum Gürtel ab. Die Besatzungen der Schützenpanzerwagen springen ab und laufen entlang der Hauswände dem Kampflärm entgegen.
Wäre doch etwas Wahres daran, daß Wien mit einigen neuen Divisionen entsetzt werden soll?
Meine Leute schicke ich zum Gefechtsstand zurück.

Über den Ring fahre ich in die Wiedner Hauptstraße.
Bei der Rauchfangkehrerkirche sind vertraute Kampfgeräusche zu hören, Panzerkanonenabschüsse, entferntere Pakabschüsse.
Sprungweise arbeite ich mich zu einem Panzer der SS vor. Er steht gut getarnt hinter einer schrägen Rampe und schießt Richtung Gürtel.
Der Kommandant, ein SS-Untersturmführer, weist mich ein. Seine

Kampfgruppe, die zur 3. SS-Panzerdivision gehört, hat noch 28 Mann. Es sind durchwegs Freiwillige — Dänen, Norweger und Finnen. Da sie kaum ein Wort Deutsch verstehen, ist die Verständigung mit ihnen sehr schwierig. Obwohl sie beim Kampf um Wien große Verluste hatten, rennen diese Männer wenigstens nicht davon. Etliche wurden aus dem Hinterhalt erschossen.
Hier können sie sich nicht mehr lange halten. Auf beiden Flanken fehlt die Verbindung zu anderen Truppenteilen. Der Untersturmführer hat keine Ahnung, wo genau er sich in der Stadt befindet, da er keine Karte hat. Auf meinem Stadtplan zeige ich ihm die derzeitige Situation.
Er ist ehrlich verzweifelt.
Immer wieder tauchen plötzlich in seinem Rücken Russen auf, von denen er nicht weiß, woher sie kommen. Er glaubt, daß sie durch unterirdisch miteinander verbundene Keller unterlaufen werden. Auch die Bevölkerung ist ihnen nicht freundlich, sehr oft sogar feindlich, gesinnt. Gestern wurden sie angespuckt und verhöhnt.
Seine Burschen wissen wirklich nicht, warum und wofür sie hier kämpfen, denn die Menschen, für die sie glauben kämpfen zu müssen, sperren ihnen die Haustore vor der Nase zu, lassen oft nicht einmal die Verwundeten versorgen und geben kein Wasser her. Nur ein Glück, daß seine Leute die Flüche und Verwünschungen nicht verstehen, die ihnen dauernd zugerufen werden. Ihr Kampf ist nur mehr ein Kampf ums Überleben.
Granatwerfereinschläge unterbrechen immer wieder unser Gespräch. Ich habe genug gesehen und gehört.

Ein kurzer Besuch in der Kommandantur.
Bünau und Neumann nehmen den geplanten Abzug der HJ-Einheiten ohne Kommentar zur Kenntnis.
Der Ia wirkt noch bedrückter, als ich ihn sonst kenne.
„Wir haben Ihnen nichts mehr zu befehlen", sagt er. „Sie sind jetzt dem General Bittrich und damit dem II. SS-Panzerkorps unterstellt. Wenn Sie die Lage interessiert:
Im Westen sind wir schon umgangen. Die Russen stehen am Gürtel und Donaukanal. Es wird versucht, mit Sperren aus Straßenbahnen und Pflastersteinen am Ring, Gürtel und am Kai Hindernisse zu errichten. Das wär's. Traurig, nicht?"

Zum letzten Mal bin ich in der Gebietsführung in der Albertgasse.
Vom Gebietsführer, dem ich die Neuigkeiten aus der Kommandantur berichte, erfahre ich auch den Grund des neuen Unterstellungsverhältnis-

ses. Die SS ist seit der Biedermannaffäre mißtrauisch geworden. Dies um so mehr, als auch ein Offizier aus dem Stab Bünau darin verwickelt sein soll.
Und wieder die wildesten Gerüchte — Wien, offene Stadt — Wien wird kampflos übergeben — die Ankerbrotfabrik schon in russischer Hand — in Ottakring und Hernals hängen schon überall weiße Fahnen . . .
Wir beschließen, die nur zum Hilfsdienst einberufenen, im Palais Auersperg einquartierten Jungen in Wien zu lassen und heimzuschicken. Nur Freiwillige wollen wir mitnehmen.

In der Stiftskaserne.
Irgendwann gestern oder heute — ich habe gar keinen Zeitbegriff mehr — sagte mir jemand, das Schießen der Flak ginge ihm ab. Jetzt fällt es mir auch auf. Das Dröhnen der Salven über der Stadt ist verstummt, ich möchte wissen, wieso und warum.
In der Kaserne treffe ich nur mehr einen älteren Hauptmann mit einem steifen Fuß.
„Herr Hauptmann, was ist mit der Flak los?"
„Die gesamte Mannschaft wurde abgezogen."
„Wer hat das befohlen?" — Achselzucken.
„Es sind nur mehr das Kleiderkammerpersonal und die Fouriere hier."
„Wurden die 12,8-cm-Zwillingsflakgeschütze ausgebaut oder gesprengt?"
Achselzucken und wütende Gegenfrage des Hauptmannes. „Was geht Sie das eigentlich an?"
Ich zeige ihm meine Vollmacht: „Ich befehle, die Flakgeschütze zu sprengen."
„Womit, Herr Leutnant, wenn ich fragen darf? Und wer?"
Wütend und resigniert ziehe ich ab.
Mein aufgekratzter Zustand hat mich zur Selbstüberschätzung verleitet. Der Hauptmann hat ja recht — wer, womit und eigentlich auch wozu?
Da steht so ein junger Spund vor einem alten Hauptmann aus dem Ersten Weltkrieg, glaubt ein Übermensch zu sein und macht sich lächerlich, wenn er meint, das Schicksal ändern zu können. Bald müßte er es besser wissen, der Leutnant.
Das Schicksal läuft wie ein Uhrwerk, daran werden der kleine Leutnant und der alte Hauptmann nichts ändern. Wir können es nur ganz bedingt beeinflussen. Die Woge, die über uns hinweggeht, ist viel zu groß.

Rasch fahre ich zum Palais Auersperg, wo ich die Auflösung des Hilfsdienstes selbst überwachen möchte.

Der Posten am Tor meldet mir einige eigenartige Vorfälle — Zivilisten hätten konfuse Befehle erteilt und gingen im Haus ein und aus. Da ich ganz andere Probleme im Kopf habe, kann ich mich damit weder befassen noch aufhalten.

Gefechtsstand Langegasse.

Die Verlegung der Trosse in das Heim auf der Hohen Warte ist in vollem Gange. Vater hat die Sache mustergültig vorbereitet. LKW werden mit Waffen, Munition, Ausrüstungsgegenständen und Verpflegung beladen. Der Abzug muß mit größter Umsicht organisiert und energisch durchgezogen werden. Soviel als möglich muß mitgenommen werden, es dürfen keine Verluste entstehen, und es darf keine Panik aufkommen. Vor allem muß verhindert werden, daß im letzten Augenblick irgendwer kommt und aus uns eine Kampfgruppe machen will. Denn alle, die etwas auf sich halten, glauben seit neuestem ,,Kampfgruppen" bilden zu müssen. Reguläre Einheiten sind selten geworden. Auch unser Kreisleiter Arnhold soll eigene Kommandos als Kampfgruppen zusammengestellt haben.

Jeder, der guten Willens ist, kommandiert und läßt sich nichts mehr befehlen. Jede dieser Kampfgruppen will Wien alleine retten.

Hohe Warte — spät nachts.

Der Umzug hat bestens geklappt. Nichts fehlt, alles ist geordnet an Ort und Stelle.

Übernächtig gehe ich durch die Räume des ehemaligen Waisenhauses und Schulungsheimes. Diese einst so saubere Stätte ist völlig versaut, die Fensterscheiben zerbrochen, kein Licht, kein Wasser, die Gänge und jeder Winkel ist mit Kot und Exkrementen bedeckt. Es zieht und ist sehr kalt. Auf Drahtmatratzen und am blanken Boden liegen die Jungen mit ihren Habseligkeiten.

Unaufhörlich sind Schüsse zu hören.

In einem Zimmer werden Verwundete im Licht einer Gaspetrolleuchte betreut. Mir wird gemeldet, daß sie von keinem Lazarett mehr aufgenommen wurden und wir sie daher mit uns führen müßten.

Die wenigen ausgeruhten Mannschaften werden losgeschickt, um das Gelände und Gebäude der Hohen Warte gegen Norden und Westen zu sichern. Ein Vorstoß der Russen in dieser Nacht wäre eine Katastrophe, die Jungen sind völlig erschöpft.

Es ist gelungen, fast alle abgestellten Wachen und Melder von den verschiedenen Dienststellen hierher zu holen. Nur beim Generalkommando versehen wir noch Wachdienst. Außer zu unserem eigenen Schutz lasse ich keinen mehr von meinem Haufen weg.

Nach dieser Inspektion trete ich ins Freie. Überall in der Stadt Brände, Artilleriefeuer und Stalinorgel.
Fast falle ich in einen großen Bombentrichter im Garten. Auf einen Anruf von hinten zuckt meine Hand zur Pistole. Da erkenne ich den Verwalter des Heimes.
„Wissen S', daß die Hohe Warte, daß das Heim gesprengt werden soll?"
„Blödsinn", entgegne ich, „wer sollte es denn sprengen?"
„Na, da war'n am Nachmittag SSler da und haben gesagt — heut' nacht wird gesprengt. Hörn S', des können S' do net zulassen, i wohn' ja da."
„Beruhigen Sie sich, ich werd' mich gleich drum kümmern, da hat niemand zu sprengen."
Für alle Fälle befehle ich, daß kein Fremder ohne mein persönliches Einverständnis das Gebäude betreten darf.
„Aber was is, wenn S' weg san . . .?"
Unsere Stellung wird von der Flakbatterie Knödlhütte in Richtung Hohe Warte verlegt. Jetzt in der Nacht geht das am gefahrlosesten. Außer unseren Jungen sind nur noch Reste einer in Auflösung befindlichen Luftwaffenalarmeinheit in der Gegend. Ein Feldwebel dieses Haufens sagt zu mir: „Wir sind ganz bunt zusammengewürfelt aufgestellt worden und kennen uns gegenseitig kaum. Da ist's kein Wunder, wenn sich so viele Zivil verschafft haben und untergetaucht sind."
Traumloser Schlaf, irgendwo.

8. APRIL

Verstärkter Kampflärm läßt mich wieder zu mir kommen.
Vater hat mir ein Frühstück zubereitet. Während ich die Bissen hinunterschlinge, schärft er eine Panzerfaust nach der anderen.
Unsere augenblicklich so exponierte Lage hat es notwendig gemacht, uns hier so lange wie möglich zu halten, um gefahrlos abziehen zu können. In der vergangenen Nacht wären mir die Burschen vor Erschöpfung umgefallen. Tagsüber wollen wir den Abzug nicht riskieren, heute abend jedoch könnte es klappen.
Aufteilung der Panzervernichtungstrupps auf die Straßenzüge rund um die Hohe Warte. Nur die Ostflanke gegen den Donaukanal zu kann ich frei von Sicherungen lassen.
Ich erhalte die Meldung, daß drei Pakgeschütze auf Selbstfahrlafetten zu unserer Unterstützung geschickt wurden. Es ist das erste Mal, daß jemand daran gedacht hat, uns mit schweren Waffen zu helfen.
Meine Leute strahlen und leben auf, als sie diese Nachricht hören. Die Frage, ob sie auch wirklich bei uns bleiben, kann ich nicht beantworten.

Die Tiefflieger werden immer frecher und lästiger. Deshalb bin ich heilfroh, als alle Kommandos abgefahren sind. Überall, wo mehrere Leute auf einem Fleck zusammenstehen, ist auch schon höchste Gefahr.

Befehl zum Abmarsch der Trosse über unseren neu eingerichteten Stützpunkt oder, wie der Stabsleiter großartig sagt, Ablaufpunkt Pater-Abel-Hof über die Floridsdorfer Brücke in den Raum Bisamberg.
Vater kommt aus dem Auf- und Abladen nicht mehr heraus. Am Gefechtsstand soll nur das Allernotwendigste zurückbleiben und die Vorbereitung so sein, daß jederzeit abmarschiert werden kann.

Der Gebietsführer gibt mir über Telefon den Befehl:
„Schau zum Nordbahnhof, da sollen ein paar Lazarettzüge stehen. Es handelt sich um Verwundete, die von der SS und der Feuerwehr aus Mauer und Umgebung herausgeholt worden sind. Jetzt sollen sie am Bahnhof stehen. Angeblich sind keine Lokomotiven da, um sie wegzubringen."
Also los zum Nordbahnhof. Der Bau, er erinnert mich immer an das Schloß Miramare bei Triest, ist wie ausgestorben. Am Bahnhofsgelände strolchen nur einige plündernde Fremdarbeiter umher.
Schließlich finde ich einen Eisenbahner, von dem ich nicht weiß, vor wem er mehr Angst hat — vor den Russen, vor den Fremdarbeitern oder vor mir. Auf meine scharfen Vorhaltungen hin bequemt er sich zu telefonieren, obwohl, wie er sagt, die Züge nicht in seinem Bereich stünden. Er würde tun, was in seiner Macht wäre. Ob's wahr ist?
Ich kündige ihm ein nochmaliges Kommen an, um zu überprüfen, ob die Züge ausgefahren worden sind.

Durch die Rotenturmstraße in die Innere Stadt.
Die Häuser um den Stephansdom stehen zum größten Teil in hellen Flammen, brennende Fensterstöcke und Dachziegel fallen krachend auf den Gehsteig. Polternd schlägt vor mir ein Fassadenteil auf die Straße. Die Brände haben einen Feuersturm um den Dom entfacht. Kein Mensch ist zu sehen.
Um nicht von oben erschlagen zu werden, beeile ich mich wegzukommen.
Beim Stadtpark schlagen russische Artilleriegeschosse ein. Dort dürften auch eigene Geschütze in Stellung sein.
Im Vorbeifahren mache ich einen Sprung ins Parlament. Die Helden der Partei, der SA und der Gauleitung sind restlos ausgeflogen, verdreckt und still sind die Wandelgänge.

Aus Mißmut schieße ich mit meiner MP eine Salve durch die Halle und rufe:
,,He, die Russen sind hier! Und wo seid ihr?''
Aber das ist nur eine innere Befreiung, ist nur ein Gag mit einem einzigen Beteiligten. Kein Mensch nimmt von mir und den Schüssen Notiz.
Auch vom Heldenplatz hört man Schüsse.
Einzelne Schützenpanzer fahren über den Ring, dann ein Panzerspähwagen.
Zivilbevölkerung scheint es keine mehr zu geben.

Franz-Josephs-Bahnhof.
Ein schauriges Bild. Hier gibt es sehr wohl Bevölkerung. Schreiend, kreischend, betrunken und hemmungslos wird der Frachtenbahnhof geplündert. Alles, was laufen und etwas tragen kann, beteiligt sich. Was nicht niet- und nagelfest ist, wird gestohlen. Frauen, sogar Kinder, alte und junge Männer, Ausländer und Einheimische waten in Reis und Nudeln, zerrissenen Stoffballen, tragen Flaschen und Eimer weg, Lederrollen und Decken — nichts, was nicht wert wäre, weggetragen zu werden. Mindestens ebensoviel wird zertreten und zerstört.
Würde ich mich hier einmischen, die Menge würde mich erschlagen. Es wäre sinnlos, etwas unternehmen zu wollen, außerdem werden in Kürze die Russen hier hausen.
Auf der anderen Seite des Bahnhofes begegnet mir ein Eisenbahner im Dienst. Auch das gibt es noch.
,,Nein'', beteuert er, ,,hier sind keine Lazarettzüge mehr. Einer war in der Halle, aber da ist vor einer Stunde ein Anruf vom Nordbahnhof gekommen, daß er sofort abgefertigt werden muß, sonst käme eine Streife, die alle Eisenbahner festnimmt. Da haben wir den Zug rasch abgefertigt.''

Nochmals zum alten Kriegsministerium.
Dichte Stacheldrahtsperren. Ein mißtrauischer Heeresposten überprüft den Ausweis.
Es herrscht Aufbruchsstimmung. Im Hof werden Papiere verbrannt und LKW beladen. Soldaten und Offiziere rennen umher. Der einzig ruhende Pol ist die Wache am Tor, und die besteht aus unseren Jungen. Sie melden mir, daß ihnen von flüchtenden Angehörigen der Kommandantur die Fahrräder gestohlen wurden.
Sie erhalten den Befehl, sich mit dem Stab abzusetzen und in Bisamberg zu uns zu stoßen.
Major Neumann nimmt meinen letzten Lagebericht ruhig entgegen und sagt dann:

„Was haben wir noch zu befehlen? Schauen Sie, daß Sie Ihre Jungen gut wegbringen. Jetzt ist auch schon der elfte Bezirk weiß beflaggt. Das Gaswerk brennt. Es wird nicht mehr allzulange dauern. Im übrigen hat Generaloberst Rendulic die Heeresgruppe übernommen. Kann ich noch etwas für Sie tun?"
„Wir wären für jede Unterstützung beim Herausziehen des HJ-Bataillons dankbar."
Er schaut mich forschend an. „Ich werde sehen, was sich machen läßt."

Nachmittags auf der Hohen Warte.
Noch immer sind einige Panzerjagdkommandos und Gruppen nicht zurückgekehrt. Sorgfältig gehe ich die Liste der Kompanie durch und schicke Melder los, um die Leute zurückzubeordern.
Von der Heiligenstädter Straße trifft eine Meldung ein: ein Feindpanzer wurde abgeschossen. Wer geschossen hat, und unter welchen Umständen, ist nicht bekannt. Diese Nachricht beunruhigt mich sehr.
Ich hoffe nur, daß wir in dieser Nacht hier weg können. Noch sind die Brücken vor uns intakt. Das kann sich jeden Moment ändern.
Da kommt die nächste Hiobsbotschaft.
Bis jetzt glaubten wir noch immer, daß eine Luftwaffenfeldeinheit beim Kahlenberg liegt. Die ist weg — verschwunden — unauffindbar. Ich habe dieser Stellung schon immer mißtraut, aber wieso sie sich in Nichts aufgelöst haben soll, ist mir schleierhaft. Nun wird mir auch klar, wieso die Russenpanzer zur Heiligenstädter Straße kommen konnten.
Die Lage wird dadurch noch kritischer.

Ich fahre in den 8. Bezirk, um dort die Lage zu erkunden. Vielleicht kann ich meine Kriegstagebücher aus der Gebietsführung in der Albertgasse retten.
Wie immer fahre ich mit vor die Brust gehängtem Maschinkarabiner. Bei der Kreuzung Währinger Straße—Spitalgasse steht ein Panzerspähwagen. Vom Allgemeinen Krankenhaus her hört man wüste Knallerei.
Ein Feldwebel meint, daß die Russen gerade vom Gürtel her Richtung Innere Stadt angreifen. Vorsichtig fahre ich weiter.
In der Pelikangasse sehe ich sie plötzlich — etwa 50 Meter vor mir ein Rudel erdbrauner Gestalten mit den typischen Mützen.
Halten und eine Salve aus dem Maschinkarabiner abfeuern war eines. Die Geller spritzen über das Pflaster. Von Treffern keine Rede. Doch gelingt es mir, die Maschine herumzureißen und hinter das nächste Hauseck in Deckung zu fahren.
Vorsichtig pirsche ich mich zur Währinger Straße zurück. Hoffentlich

halten mich die Unseren nicht für einen Russen, abenteuerlich genug würde ich aussehen.
Mit einer Hand winkend, nähere ich mich wieder dem Panzerspähwagen. Der hat sich unterdessen etwas zurückgezogen und besser postiert.
Der Feldwebel erhielt über Funk die Information, daß dies nur ein lokaler Vorstoß der Russen wäre und von uns schon ein Gegenangriff organisiert werde.

Wieder auf der Hohen Warte, erfahre ich vom Stab, daß auch Rendulic Wien nicht verteidigen möchte. In den höheren Stäben herrsche Weltuntergangsstimmung. Sepp Dietrich habe die letzte Nacht durchgesoffen und fürchterlich über den Reichsleiter geschimpft.
Die Nachrichten werden immer schlechter. Gerüchte und Tatsachen sind meist nicht mehr zu unterscheiden. Die Wahrheit ist schrecklicher als die Gerüchte.
Nußdorf soll in russischer Hand sein. Auch vom Süden her scheint sich der Feind entlang des Donaukanals auf uns zuzubewegen. Die Innere Stadt soll noch feindfrei sein. Aber in Simmering, beim Südbahnhof und beim Belvedere soll schon der Iwan stehen.

Vater war heute mit den Trossen am Bisamberg und kehrt eben zurück. Sein Bericht ist bedrückend.
Als sie mittags über die Floridsdorfer Brücke fuhren, waren sie in endlose Fahrzeugkolonnen eingekeilt. Floridsdorf sei zerstört und ein einziger Trümmerhaufen. Tote Menschen und Pferde lagen auf der Straße. Rundum wurde geschossen. Von jenseits der Donau bot sich ihnen ein entsetzliches Bild von Wien — dichte Brandwolken wären über der ganzen Stadt.
In Langenzersdorf schleppten Zivilisten und Militär aus einer Weinkellerei große Mengen Sektflaschen davon. Niemand griff mehr ein. Es wäre ein Bild des totalen Chaos und der Auflösung gewesen. Marodierende Soldaten streunten durch den Ort — alles sei trostlos und zum Verzweifeln.
Dem alten Soldaten stehen Tränen in den Augen.
Am Floridsdorfer Spitz wären drei Offiziere aufgehängt. Sie hätten Tafeln auf der Brust, auf denen geschrieben stand — „Ich habe mit den Bolschewiken paktiert". Das können nur Major Biedermann und seine Leute gewesen sein.
„Wenn es einmal s o w e i t ist — das ist das Ende — schau zu, daß ihr da wegkommt", sagt mein Vater, „da kann niemand mehr etwas retten."
Norbert, mein Adjutant, dem ich die Kompanieführung übergeben habe,

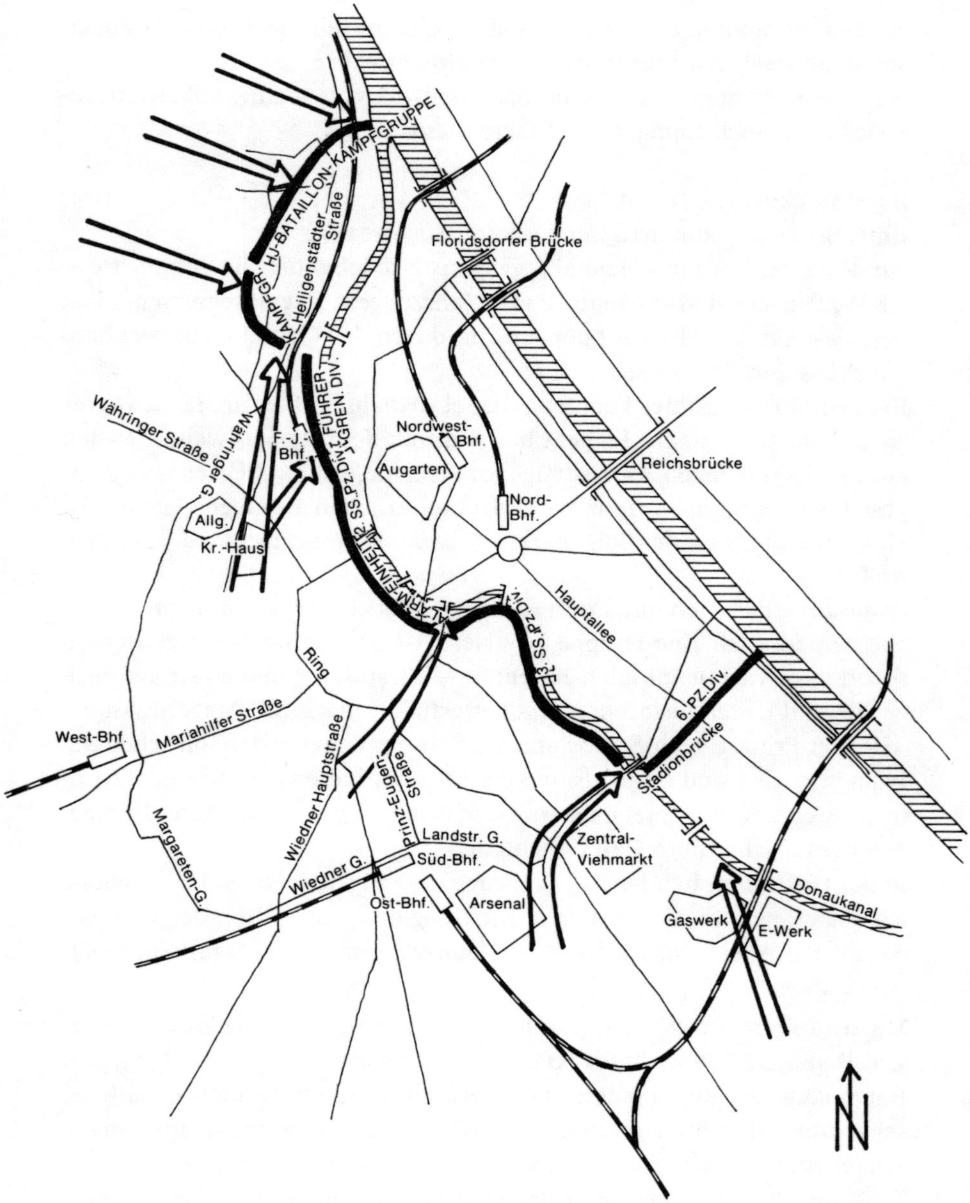

LAGE BEIM KAMPF UM WIEN AM 8./9. 4. 1945

DEUTSCHE STELLUNGEN

SOWJETISCHE HAUPTANGRIFFSRICHTUNGEN

marschiert mit den ersten Trupps ab. Es bleibt nur mehr die notwendigste Mannschaft zur Sicherung auf der Hohen Warte.
Nachdem ich mich vergewissert habe, daß alles planmäßig abläuft, begebe ich mich noch einmal in die Innere Stadt.

Es ist stockdunkle Nacht.
Entlang des Donaukanals fahre ich zur Augartenbrücke.
Am Ring wird es mit einem Mal gespenstisch lebendig. Es wimmelt von LKW, Panzern und sonstigen Panzerfahrzeugen, Zugmaschinen mit Pak und Geschützen. Mir wird unheimlich, da ich das Gefühl habe, es könnten ebensogut Russen sein.
Bei den Museen ist der Fahrzeugknäuel so dicht, daß es immer schwerer wird durchzukommen. Es geht nur mehr im Schrittempo weiter. Mitten auf der Straße liegen Ausrüstungsgegenstände, spanische Reiter und abgestellte oder umgeworfene PKW. Brände erhellen die Gegend gerade so viel, daß die weißen Balkenkreuze unserer Wehrmacht zu erkennen sind.
Langsam arbeite ich mich zum Karlsplatz vor. Im Park vor der Karlskirche bemerke ich eine Gruppe Landser. Als ich auf sie zufahre, werden sofort ihre Waffen auf mich gerichtet. Mißtrauisch kommen sie auf mich zu. Es sind Untersturmführer und Unterführer der 2. SS-Panzerdivision.
„Bei der Prinz-Eugen-Straße und am Schwarzenbergplatz soll schon der Iwan sein. Die sind nirgends und überall. Wir haben gerade einen Spähtrupp losgeschickt. Jetzt müssen wir höllisch aufpassen, daß uns die eigenen Leute nicht übern Haufen schießen."
In der Hoffnung, bei der Rückkehr mein Krad wiederzufinden, schließe ich mich ihnen an. Wir ziehen in Richtung der großen Brände. Von hier hat es den Anschein, als würde die ganze Prinz-Eugen-Straße in Flammen stehen.
Mit schußbereiten Waffen pirschen wir uns von Fahrzeug zu Fahrzeug, von Baum zu Baum. Jedes Kfz kann ein feindliches sein, hinter jedem Baum kann ein Russe lauern. Die Verbindung untereinander ist äußerst schwierig aufrechtzuerhalten. Wir müssen uns noch mehr zusammenschließen, sonst schießt wirklich noch einer auf den anderen.
Zwischen den Bäumen sind einige Sturmgeschütze zu erkennen. Ich schleiche mich heran und horche lange und angestrengt, ob sich die Besatzungen deutsch oder russisch unterhalten. Sie sprechen deutsch. Als ich sie anrufe, sind sie sehr erschrocken und sagen, daß sie hier nicht bleiben könnten — ich hätte ja ebensogut ein Iwan sein können, und da wären sie schon erledigt.
„Wo ist der Iwan?" frage ich.

„Wenn wir das genau wüßten. Die kommen plötzlich aus Kanalschächten, aus Hausfluren, aus Kellern — die sind auf einmal da. Hinter der Karlskirche sind sie auf alle Fälle. Wir müssen da weg. Ohne Infanterie sind wir geliefert. Ein Glück für uns, daß die offensichtlich auch Angst haben, in der Nacht anzugreifen."
Mit Mühe finde ich die anderen wieder. Im Feuerschein sehen wir bei der Argentinierstraße Gestalten. Sind es Deutsche, sind es Russen — wer könnte das beurteilen?
Wir wagen nicht zu schießen. Da grollen Abschüsse einer Stalinorgel — dann die Einschläge.
Vorsichtig, wie wir kamen, tasten wir uns zurück, immer in Angst, von eigenen Landsern beschossen zu werden.
Ich erfahre noch, daß die 2. SS-Panzerdivision den Befehl hat, die Stadt zu verlassen.

Wieder beim Gefechtsstand.
Joschi und Gerhard haben dort mit einigen Jungen die Sicherung übernommen. In der Silbergasse ist es gelungen, heute ein paar Panzer abzuschießen. Wenn die Russen wüßten, welch geringe Anzahl Pseudosoldaten ihnen gegenübersteht . . .
Leider war es nicht möglich, alles Gepäck der Jungen abzutransportieren. Die Lastwagen sind aus unerklärlichen Gründen nicht mehr gekommen.
Ich fahre alle mir bekannten Stützpunkte ab und schärfe größte Wachsamkeit ein.
Wir besprechen die letzte Absetzbewegung in allen Einzelheiten. Ab 23 Uhr wollen wir uns langsam und lautlos auf die Heiligenstädter Straße zurückziehen, dort sammeln und dann über die Donaukanalbrücke gehen.
Die Russen beginnen wahllos mit Granatwerferfeuer.
Mit Joschi stelle ich eine kleine Nachhut zusammen — ein MG 42, drei Panzerfäuste und MP, das sollte genügen.
Zu Stützpunkten anderer Truppenteile besteht keinerlei Verbindung mehr. Ich kann nur hoffen, daß niemand die Nerven verliert und sich alle an die Befehle halten.
Plötzlich in die relative Stille das Geräusch laufender Schritte — Russen? Wir ducken uns hinter Bäume, die Waffen im Anschlag.
Es kommen aber nur zwei Mann dahergerannt. Im Vorspringen leuchte ich sie an.
„De Russen san hinter uns!" flüstert einer der vor Angst schlotternden Luftwaffensoldaten. „Rasch weg hier!" Als ich wissen möchte, wo die

Russen wären, stotterte der andere waffenlose Held: ,,Mir san eahna nur ganz knapp aus'gwischt", und auf die Frage nach der Truppe: ,,Da san de meist'n scho gestern weg. Hinter uns is' kana mehr. Mir san de letztn . . ."

Ich erkläre ihnen, daß die letzten ein Panzervernichtungstrupp von uns sind, den sie wahrscheinlich für Russen gehalten haben.

Sie schweigen betreten.

Wenige Minuten später huschen tatsächlich meine Jungen heran. Die Luftwaffenleute flüstern: ,,Das san Russ'n, renn ma." Leise gebe ich Gerhard den Befehl, sein MG als Feuerschutz aufzubauen, außerdem teile ich ihm die zwei waffenlosen Kämpfer zu.

Panzergeräusche.

Das Herz klopft bis zum Hals, da mir Zweifel kommen, ob nicht doch noch ein deutscher Panzer vor uns stationiert war.

Kurz darauf eine ohrenbetäubende Explosion und grelle Stichflammen, knirschendes und kreischendes Geräusch einer drehenden Panzerkette und dann Totenstille.

Ich laufe zu Gerhards MG, da ich hinter dem Panzer Infanterie vermute. Nichts rührt sich mehr.

,,Wer hat geschossen?" rufe ich ihm zu.

Er weiß es nicht. Jetzt ist es höchste Zeit zu verschwinden.

Im Weglaufen kommt mir zu Bewußtsein, daß da noch eine verdunkelte Straßenlampe brennt.

Wir haben vereinbart, daß ich beim letzten Absetzen eine grüne Leuchtkugel abschieße. Während wir durch die Barawitzkagasse rennen, schieße ich das Signal ab.

In der Heiligenstädter Straße sammeln wir uns und lauschen gespannt.

Ruhe. Keine Verfolger.

Wir ziehen weiter.

Als wir die Bahnunterführung vor der Brücke passieren, sind plötzlich mehrere grelle Stichflammen vor uns.

Sollten die Russen . . .?

Nein — nach wenigen Schritten wissen wir es.

Obwohl wir schon nachmittags mit der SS vereinbart hatten, daß sie erst dann sprengen, wenn wir über die Brücke gekommen sind, haben die Burschen anscheinend Angst gehabt, daß ihnen die Russen zuvorkommen könnten.

In tiefster Dunkelheit turnen und klettern wir über die zerfetzten und verbogenen Brückenteile. Zum Glück liegen sie nicht ganz im Wasser. Nach abenteuerlichen Balanceakten sind wir am jenseitigen Ufer.

Hoffentlich erkennt man uns.

Laut rufe ich die Parole.
Anruf: ,,End-"
Antwort: ,,Sieg."
Keine Antwort, kein ,,Sieg" ist zu hören.
Kochend vor Wut und ausgepumpt erreichen wir den Pater-Abel-Hof. Dort herrscht trotz der späten Stunde Aufbruchsstimmung.
,,Wo kommt ihr denn her?" empfängt mich Hans Lauterbacher.
,,Diese SS-Arschlöcher", kann ich mich nicht mehr zurückhalten, ,,haben uns vor der Nase die Brücke hochgejagt."
,,Ja", sagt Hans, ,,der Führer des Sprengtrupps war eben bei mir und hat gemeldet, daß einige Detonationen aus Richtung Hohe Warte gehört wurden und daraufhin den Sprengbefehl gegeben."
Meine Leute sind alle in den Gemeindebauten untergebracht. Auch wir finden in der netten Wohnung eines Straßenbahners Quartier. Das Ehepaar ist sehr freundlich und stellt noch Kompott, Wein und Tee auf den Tisch. Da fallen mir auch schon die Augen zu.

9. APRIL

Ein furchtbarer Krach weckt mich. Im Hof wurde eine Panzerfaust abgeschossen.
Verängstigt gehen die Hausbewohner in Deckung. Ich gebe dem Schützen eine schallende Ohrfeige, brülle ihn an und schicke ihn zur Strafe über die Donau, dem großen Haufen nach.
Es ist alles so trostlos sinnlos geworden.
Ich sammle meine Kampfgruppe. Der Großteil der Kompanie ist schon nach Flandorf am Bisamberg weitergezogen.
Die Bewohner des Pater-Abel-Hofes sind rührend zu den Jungen. Sie werden betreut und mit Eßwaren versorgt. Einen bringt eine Frau an der Hand zu mir, als wäre sie seine Mutter. Mit Tränen in den Augen bittet sie mich, auf den Buben aufzupassen.
Wir setzen Waffen und Ausrüstung instand. Wer weiß, was uns noch bevorsteht.
Nachmittags kommt Vater mit einer Feldküche, auf einen LKW geladen, angefahren. Er erzählt mir vom Stalinorgelbeschuß auf Korneuburg, von den Tieffliegerangriffen auf die Trosse und den ganzen Widerwärtigkeiten jenseits der Donau.
Die Feuerüberfälle auf die Floridsdorfer Brücke mehren sich.
Wenn nicht zufällig ein Bekannter vorbeikommt, der uns informiert, sind wir hier wie abgeschnitten. So ein Zufall ist Troll, den ich seit Jahren nicht mehr getroffen habe und der mir plötzlich über den Weg läuft. Er

ist bei der SS und berichtet, daß auch die SS einen kleinen Brückenkopf nur 2—3 Tage halten kann.
Da die Panzerjagdkommandos unseres HJ-Bataillons nie geschlossen eingesetzt wurden, sondern meist in kleinen Gruppen verschiedenen anderen Einheiten zugeteilt waren, ist es sehr schwer festzustellen, wieweit sich solche Gruppen noch in der Stadt befinden. Alle waren nicht so straff geführt wie meine Kompanie, etliche wurden durch die Kampfhandlungen abgesprengt. Auch der Gebietsführer hat derzeit keinen rechten Überblick.
Wir haben Angst, daß die Russen nördlich der Donau den Sack zumachen.
Nach Einbruch der Dunkelheit sehen wir vom Prater her große Flächenbrände.
Spätestens morgen früh möchten wir die letzten Jungen wegbringen.

10. APRIL

Seit dem Morgengrauen hören wir ununterbrochen Abschüsse unserer Artillerie. Angeblich schießen sie in die Innere Stadt, die schon von den Russen eingenommen worden sein soll. Vom Stephansdom soll eine weiße Fahne flattern. Der Großteil unserer Truppen soll gut aus der Stadt herausgekommen sein.
Der Gebietsführer war wieder einmal beim II. SS-Panzerkorps „Lage peilen" und berichtet wie ein Feldherr.
Das HJ-Bataillon wäre dem SS-General Bittrich unterstellt. Bünau wäre nicht mehr Stadtkommandant und schon aus Wien heraus. Bittrich habe zugesagt, das HJ-Bataillon könne heute endgültig abziehen.

Auf der Floridsdorfer Brücke liegt seit kurzem pausenloses Artilleriefeuer. Erst als es nachläßt, schicke ich die Jungen einzeln und in großen Abständen los. Auch Fahrzeuge sieht man nur mehr selten und dann mit hoher Geschwindigkeit über die Brücke rasen. Schließlich schwinge ich mich aufs Krad.
Bei der Auffahrt zur Brücke liegen mehr als zehn tote Flaksoldaten. Das muß ein Artillerievolltreffer gewesen sein.
Mit ungutem Gefühl fahre ich über die Donau. Ein auf die Fahrbahn hängender Draht reißt mir fast den Stahlhelm vom Kopf.
In Floridsdorf sieht es noch schlimmer aus, als Vater mir beschrieben hat. Am Spitz sehe ich die drei Gehenkten auf den Laternenpfählen. Kein Mensch beachtet sie mehr — was bedeutet schon ein Menschenleben? Jeder in dieser Stadt ist sich selbst der Nächste geworden.

In der Prager Straße ist eine wilde Plünderei im Gange. Wer kümmert sich noch um so etwas? Menschen mit Handwagen voll Stoffballen und Textilien kommen mir entgegen.
Noch vor kurzer Zeit hätte es eine hochnotpeinliche Untersuchung und Standgericht gegeben, kleben doch an allen Ecken und Enden die Plakate — „Plünderer werden an Ort und Stelle erschossen".
Wer sollte erschossen werden — wer erschießen.
Die Anarchie ist zur Selbstverständlichkeit geworden.
Nur bei der Truppe dürfte noch strenger vorgegangen werden. An Lampenmasten wieder zwei Aufgehängte mit Tafeln vor der Brust — „Ich war ein Verräter".
Ob das noch hilft?
In Korneuburg versuche ich zuerst im Rathaus, dann in der Kaserne einen Verantwortlichen anzutreffen. Nichts — alle ausgeflogen, alles verödet.

Am Bisamberg.
Die Straßen gleichen jenen, die wir all die Jahre hindurch als Rückzugsstraßen geschlagener Armeen kennengelernt haben. Fahrzeugwracks, Ausrüstungsgegenstände, tote Pferde mit hochgestreckten steifen Beinen, ekelhaft widerlicher Leichengeruch — Auflösung und Panikstimmung.
Bei der Auffahrt zum Bisamberg steht Major Neumann. Wie ein geschlagener Heerführer, der nochmals das Schlachtfeld besichtigt, schaut er auf das brennende Wien. Ich halte und grüße, der Major dankt und sagt zu mir:
„Jeden Moment werden wir den Bisambergsender sprengen. Dann ist unsere Aufgabe erfüllt. Wir haben getan, was wir konnten."
Wir haben uns nichts mehr zu sagen.
Norbert erzählt mir, Schirach wäre gestern in Flandorf mit MP und Kampfanzug gesehen worden.
Langsam schiebe ich mich im Strom der Fahrzeuge mit. Um mich zu meinem Haufen durchzufragen, lehne ich mein Krad einen Moment an eine Hauswand. Nach wenigen Schritten blicke ich zurück und sehe, wie ein SS-Mann die Maschine wegschiebt. Lautstark schreien wir uns an — mein Ausweis interessiert ihn gar nicht. Wer ist für ihn schon ein General, wer ein Reichsleiter?
Die Maschine rückt er dann doch heraus.
Auch dieser Vorfall wäre früher undenkbar gewesen. Heute muß ich froh sein, nicht „umgelegt" zu werden, ja sogar das Krad wiederzuhaben.

Flandorf.
Ich bin neugierig und interessiert, den Reichsleiter zu sehen. Der erste, dem ich in die Hände laufe, ist sein Adjutant Wieshofer in kriegerischer Aufmachung. Der Reichsleiter wäre schon auf seinen neuen „Gefechtsstand“ gefahren.
„Wo ist der?“
„Irgendwo im Westen.“
Nun, um Wochen zu spät, scheint es endlich klare Befehlsverhältnisse zu geben. Ich dränge darauf, die Hitler-Jugend rasch und unwiderruflich aus der Front herauszulösen und abziehen zu lassen. Die Jungen sind einfach überfordert.
Meine Kompanie ist auf mehrere Bauernhöfe aufgeteilt und gut untergebracht.
Während ich mit meinem Adjutanten im Kübelwagen die nächsten organisatorischen Notwendigkeiten bespreche, schlafe ich ein. Beim Einbruch der Dunkelheit wecken sie mich. Ich wanke ins nächste Bauernhaus und lege mich in einer überfüllten Stube auf eine Bank — nur mehr schlafen.

11. APRIL

Wie ein langer, schwerer Traum, wie etwas, was gar nicht stattgefunden hat, liegen die Tage hinter mir. Vor unendlich langer Zeit war Ostern — vor zehn Tagen.
Ist es wirklich wahr, daß Wien russisch ist, daß wir alle unsere Jungen aus Wien herausbrachten, daß wir jetzt in diesem Nest am Bisamberg sitzen und wie Zuschauer im Kino das Geschehen vor unseren Augen verfolgen?
Die Ungewißheit und Unsicherheit über die Zukunft ist groß.
Nachmittags fahre ich zur Erkundung des umliegenden Geländes aus.
Im Osten, Süden und Norden von Flandorf werden Sicherungen aufgestellt. Eine stärkere Gruppe muß sich bei Königsbrunn verschanzen.

12. APRIL

Draußen ist es trüb, leicht regnerisch. Auf der Dorfstraße herrscht hektisches Treiben, richtige Etappe. Hinterland. Es regieren die „Zahlmeister“, die Verwaltung, in allen ihren militärischen Spielarten.
Kurt kommt in einem klapprigen Auto angefahren. Er meldet die Abenteuer des Trosses:

Nachdem endlich ein LKW mühsam zusammengeflickt worden war, ging es mittags los, voraus ein PKW, dann ein LKW mit Anhänger sowie ein zweiter LKW mit einem Anhänger voll Sprit.
Das Ziel war Schiltern. Die Einfahrt nach Korneuburg war ein einziges Bombentrichterfeld. Natürlich rutschte der Anhänger mit zwanzig Benzinfässern in einen dieser Trichter hinein und riß sich los. Als sie ihn herausziehen wollten, kippte er endgültig um.
Beim beschwerlichen Wiederaufladen der Fässer hatten sie ständig Schlachtfliegerangriffe mit Bomben und Bordwaffen.
In Spillern stand zur gleichen Zeit der zweite LKW mit einer Reifenpanne. Dieser mit Holzgas betriebene Wagen verreckte schließlich in Hippersdorf gänzlich und war nicht mehr in Gang zu bringen. Alle waren zum Umfallen erschöpft.
Um zwei Uhr nachts sind sie endlich im Schloß Schiltern angekommen, um dieses als Unterkunft für das nachfolgende HJ-Bataillon einzurichten.
Ich muß zugeben, daß auch der Troß fast Übermenschliches zu leisten hat.
In den Unterkünften wird vorerst einmal alles überholt. Vor allem ordne ich an, daß alle nicht gerade auf Wachdienst befindlichen Jungen ordentlich ausschlafen.

13. APRIL

Freitag, der Dreizehnte — nichts kann mich mehr schrecken, der Regen nicht und nicht die schlechten Meldungen.
Lagebesprechung — Wien wird nur noch von Restteilen der 2. SS-Panzerdivision bei der Floridsdorfer Brücke verteidigt. Es wurden keine Truppen eingeschlossen. Bünau hat wieder das Kommando in Wien übernommen. Die Lage bei uns kann bald kritisch werden, daher sei die rascheste Auffrischung der Kompanien nötig.
Lustlos kontrolliere ich die Züge und befehle den Unterführern, auf strengste Disziplin zu achten. Nichts wäre verheerender, als in dieser Situation die Zügel schießen zu lassen.
Kaum habe ich den Kontrollgang beendet, neue Bewegung auf der Straße — Roosevelt ist tot!
Ich eile zu einem Wehrmachtsempfänger und höre den Führeraufruf. Die letzten Worte prägen sich ein: „. . . Berlin bleibt deutsch, Wien wird wieder deutsch; Europa niemals russisch!" Im Kommentar wird gesagt, dies sei die Wende, eine Wende wie im Siebenjährigen Krieg.

Diese Nachricht löst heftige Debatten aus, wilde Vermutungen tauchen wieder auf. Der Führer soll eine ganz tolle Waffe, die erst im letzten Augenblick ausgespielt werden soll, in der Hinterhand haben. Wie könnte er sonst so reden?
Viele meinen, es wäre endlich wieder einmal eine deutliche Sprache gewesen.
Heute jagt eine Aufregung die andere, ein Aufruf den anderen. Willi steckt mir ein gelbes, russisches Flugblatt zu, das er bei Korneuburg gefunden hat —
,,An die Bevölkerung Österreichs!
... Die Rote Armee steht auf dem Standpunkt der Deklaration über Österreichs Unabhängigkeit, die im Oktober 1943 auf der Moskauer Konferenz der drei verbündeten Großmächte gegeben wurde. Darin heißt es ...''
Nun folgt die Erklärung, daß Österreich frei und unabhängig wiederhergestellt werden soll und der Anschluß des Jahres 1938 null und nichtig wäre.
Das erste Mal höre ich von einer Moskauer Deklaration, das erste Mal, daß Österreich wieder selbständig werden soll.
Es ist für uns unfaßbar, daß es überhaupt solche Gedankengänge gibt. Es ist auch das erste Mal, daß ich die Sprache des Feindes höre. Da ich aber glaube, daß unsere Flugblätter für die Gegenseite wohl ähnlich lauten, nehme ich diesen Aufruf nicht ernst. Zuviel wurden wir in letzter Zeit schon angelogen.
Der Gebietsführer möchte den Namen ,,Werwolf'' unbedingt besonders herausstreichen. Also wird in allen Soldbüchern eingetragen, daß wir Angehörige des HJ-Bataillons ,,Werwolf'' sind, es werden eigene Werwolfabzeichen, ein Wolfskopf, auf die Fahrzeuge gepinselt, und selbst auf die Uniformen soll ein Abzeichen geheftet werden.
Das Bataillon soll bald aus sechs bis sieben Kompanien bestehen und unter Umständen geteilt werden.
Abends nochmals Gang durch die Unterkünfte. Es wird gesungen. Die Stimmung ist prächtig. Meine Leute haben sich in erstaunlich kurzer Zeit erholt. Die schweren Tage scheinen vergessen. Trotzdem befehle ich für 21 Uhr Zapfenstreich und kontrolliere die Aufstellung der Wachen. Flandorf ist nach Abzug der Trosse etwas ruhiger geworden.

14. APRIL

Um 4 Uhr früh werde ich geweckt und zum Gebietsführer befohlen. Er eröffnet mir, daß meine 1., die 2. Kompanie sowie die aus Preßburg her-

ausgekommene Einheit zur Sicherung der abfließenden Restverbände aus Wien sofort eingesetzt werden müßten.
Ich bin aufgebracht, da uns zugesichert wurde, daß unser Verband nicht mehr zum Kampf verwendet und nach Westen verlegt werden würde. Schließlich muß ich mich überzeugen lassen, daß dieser Einsatz unbedingt notwendig ist, sollte nicht einiges schiefgehen.
Dietrich und Bittrich hätten nach langen Telefongesprächen mit dem Führerhauptquartier die Bewilligung für die totale Räumung Wiens erlangt. Alle Brücken, bis auf die Reichsbrücke, wären gesprengt worden. Diese hätten die Russen heil in die Hand bekommen. Vor kurzem seien sie bei Korneuburg über die Donau gekommen. Daher müßte alles unternommen werden, um die Höhen nördlich von Korneuburg zu halten, sonst könnte das II. SS-Panzerkorps im letzten Moment eingeschlossen werden.
Nochmals melde ich Bedenken an, mit unseren Halbsoldaten eine richtige Abwehrfront aufbauen zu wollen. Noch dazu, wo weit und breit keine schweren Waffen zur Unterstützung zur Verfügung stehen.
Der Gebietsführer versichert, es wäre auf alle Fälle nur ein kurzfristiger Auftrag. Bei Manhartsbrunn klaffe eine Lücke in der Front, die in diesen Stunden nur wir schließen könnten.
Die Kompanie wird alarmiert.
Ich überprüfe ,,Mann" für ,,Mann" und Gruppe für Gruppe auf Ausrüstung und Bewaffnung. Da ich jeden einzelnen kenne, weiß ich, was von den Führern und der Mannschaft zu halten ist. Die vorangegangenen 14 Tage haben aus dem vorerst losen Haufen eine recht gute Gemeinschaft gemacht. Dieses Unternehmen ist allerdings der erste geschlossene Einsatz der Kompanie.
Im graukalten Morgen sind sie in der Dorfstraße angetreten. Ich spreche zu ihnen über den Ernst der Situation, die Wichtigkeit der nächsten Stunden und die unbedingte Notwendigkeit von Disziplin und Gehorsam.
Im Laufe der letzten Tage sind wir bereits mit dem modernen automatischen Maschinkarabiner 44 ausgerüstet worden. Im ganzen stellen wir daher eine beachtliche Feuerkraft dar. Zusätzlich haben wir drei MG 42 und etwa 50 Panzerfäuste.

Mit erfahrenen Soldaten bin ich so gut ausgestattet, daß auf sechs bis acht Jungen ein alter Landser kommt. Das Selbstbewußtsein ist dadurch enorm gestiegen.
Trotz allem sehe ich vor mir viele bleiche Gesichter.
Nur mit der Verpflegung klappt es nicht ganz nach Wunsch. Da die Trosse schon weg sind, muß improvisiert werden. Mit Müh' und Not bekommen die Jungen noch heißen Kaffee zum Frühstück.

Dann erfolgt der Abmarsch zu den befohlenen Stellungen östlich von Manhartsbrunn. Die Stellung liegt auf einem Vorderhang einer Senke zu einem kleinen Waldstück und teilweise auch im Wald.

Ich weise jede Gruppe selbst ein und überprüfe Deckung und Schußfeld von allen Seiten. Die vordringlichste Aufgabe ist das Graben von ordentlichen Deckungslöchern. Einige mußten schon in den vorhergehenden Nächten schanzen und graben und sind über die neuerliche Erdarbeit nicht sehr erfreut.

Links von uns liegt Affi mit der 2. Kompanie. Er hat sicher die gleichen Sorgen wie ich. Die Verbindung zu ihm ist rasch hergestellt und wird durch einen ständigen Spähtrupp aufrechterhalten.

Meinen Gefechtsstand lege ich in einen mitten in der Stellung gelegenen Weinkeller. Der Besitzer sagt, hier würde er am liebsten bleiben, das sei der sicherste Ort für ihn. Er bewirtet uns mit Speck, Brot und Wein.

Bei der letzten Befehlsausgabe wird allen eingeschärft, nur auf wirklich einwandfrei erkennbare Ziele zu schießen und keinesfalls die Deckungslöcher zu verlassen.

Schwere Waffen sind bis jetzt noch nicht eingetroffen und auch weit und breit nicht zu sehen. Dafür tauchen einige Kisten Handgranaten auf, die ich noch rasch verteilen lasse.

Um etwa 22 Uhr mache ich mich mit gemischten Gefühlen auf den Weg, um nochmals in der Stellung nach dem Rechten zu sehen.

Das Losungswort: ,,Wien.''

Die Antwort: ,,Berlin.''

Hoffentlich erschießt mich keiner aus lauter Aufregung und Nervosität.

Die Burschen, die den ganzen Nachmittag an ihren Deckungslöchern gegraben haben, sind hellwach.

Alles ist in Ordnung — es klappt wie in alten Zeiten bei einer aufregenden Geländeübung. Natürlich hat mich große Unruhe erfaßt. Die Gedanken kreisen nur um eine Frage — wie wird es sein, wenn die Russen ernsthaft angreifen sollten? Werden die Leute in den Deckungslöchern bleiben, werden sie ruhig Blut behalten, wird auch niemand auf Wache einschlafen?

15. APRIL

2 Uhr früh.

Ich will meinen zweiten Kontrollgang antreten, da knallt es unten in einem kleinen Waldstück. So rasch ich kann, laufe ich in die Richtung der Schüsse.

„Wien“ — rufe ich.
„Berlin“ — die Antwort.
„Was ist los?“
„Ich weiß nicht. Der Gustl ist mit einem Spähtrupp in die Senke gegangen.“
„Wer hat das befohlen?“
„Weiß ich nicht.“
Um die Verwirrung nicht noch mehr zu vergrößern, muß ich warten, bis der Spähtrupp wieder auftaucht.
Dann kommen sie, atemlos, aufgeregt.
„Was war los da unten?“
„Ich glaub', da kommen Russen“, stößt der Gustl hervor.
„Wieso glaubst du?“
„Ja, da hat sich was g'rührt ...“
„Wo?“
„No, da vorn im Wald.“
„Dort liegt doch der Hansl. Habt ihr genau nachgeschaut?“
„Na, nur g'schossn.“
Also muß ich mich selbst vergewissern. Die Burschen vom Spähtrupp hinter mir, schleiche ich in eine kleine Mulde vor dem Wäldchen, in dem Hansl mit vier anderen liegen soll.
Laut rufe ich die Parole. Sofort ist die Antwort da.
„Wo sind hier Russen?“
„Wir sind von hinten beschossen worn, da ham ma gleich zruckg'schossen.“
„Ihr Rindviecher, ihr schießt euch noch gegenseitig tot!“
Im Morgengrauen treffe ich auf den ersten vor Erschöpfung eingeschlafenen Posten. Die Anstrengungen und Aufregungen waren zu groß.
Das uns gegenüber auf einer Anhöhe gelegene Dorf Pfösing brennt. Ich nehme an, daß dort schon der Iwan ist, da auch Schüsse und Gefechtslärm zu hören sind. Wegen des starken Morgendunstes kann ich mit dem Fernglas leider nichts Bestimmtes ausmachen.

Befehlsausgabe für die Zugführer.
Erstens — sofort die Stellungen abgehen. Es darf keiner mehr schlafen.
Zweitens — bei erkanntem Feindangriff schieße ich eine rote Leuchtkugel. Auf den Gegner darf erst dann geschossen werden, wenn ich den ersten Schuß abgegeben habe.
Drittens — keiner darf sein Deckungsloch verlassen, komme, was da wolle.
Die nächste Viertelstunde knistert vor Spannung.

Der Frühnebel beginnt sich langsam zu heben. Ein Posten stürzt aufgeregt in den Weinkeller.

„Sie kommen, die Russen kommen!"

Mit einem Sprung bin ich draußen.

Wahrhaftig, da kommen sie den Hang herauf wie auf dem Manöverfeld. Deutlich sind die Fellmützen mit den flatternden Ohrenklappen zu sehen. Drei Mann ziehen ein MG, das auf Rädern montiert ist.

Offensichtlich haben sie unsere Stellung noch nicht erkannt, vielleicht vermuten sie auch noch niemanden hier, sonst wäre dieser Angriff sicher mit Granatwerfern oder Artillerie vorbereitet worden. Panzer sind ebenfalls keine zu bemerken.

Wenn bei mir keiner durchdreht, liegen alle Chancen bei uns.

Neben mir steht Norbert mit der schußbereiten Leuchtpistole. Auch er fiebert.

Jetzt gibt es nur eines — warten und nochmals warten. Je früher wir schießen, desto schlechter für uns.

Selten war ich so aufgeregt wie heute, da ich hinter einem Baum kauernd meinen Maschinkarabiner in Anschlag bringe und die Sekunden zähle.

Von unten schauen die Jungen schon ganz nervös zu mir. Beruhigend hebe ich die Hand.

Als der Iwan etwa hundert Meter heran ist, wird es höchste Zeit. Ich lasse die Leuchtkugel steigen und ziehe den Abzug meines MK durch.

Schlagartig setzt unser Feuer ein.

Die Russen sind geschockt. Die ersten fallen oder werfen sich hin. Der mir nächstgelegene MG-Schütze wendet sein Gefährt und rennt damit Hals über Kopf den Hang hinunter.

Das ist das Signal.

Den MK hochstoßend, brülle ich irgend etwas und renne los. Aus allen Deckungslöchern erheben sich meine Burschen, brüllen, schießen und rennen den Russen nach.

Das war der einzige Weg, um uns Luft zu verschaffen und den jungen Soldaten Selbstvertrauen zu geben.

Unterdessen ist die ganze Front in Bewegung gekommen. Mit dem Fernglas kann ich erkennen, wie Pferdefuhrwerke bespannter russischer Einheiten in wilder Flucht aus Pfösing herausfahren.

Doch wir sind viel zu schwach, um mehr zu erreichen.

Mit Mühe versuche ich, die wilde Begeisterung meiner Leute zu dämpfen und sie wieder in die alten Stellungen zu bringen. Sie würden am liebsten bis Wien weiterrennen.

Jetzt erst beginnen die echten Sorgen.

Dieser Angriff ist wohl abgewehrt. Würden aber die Jungen physisch

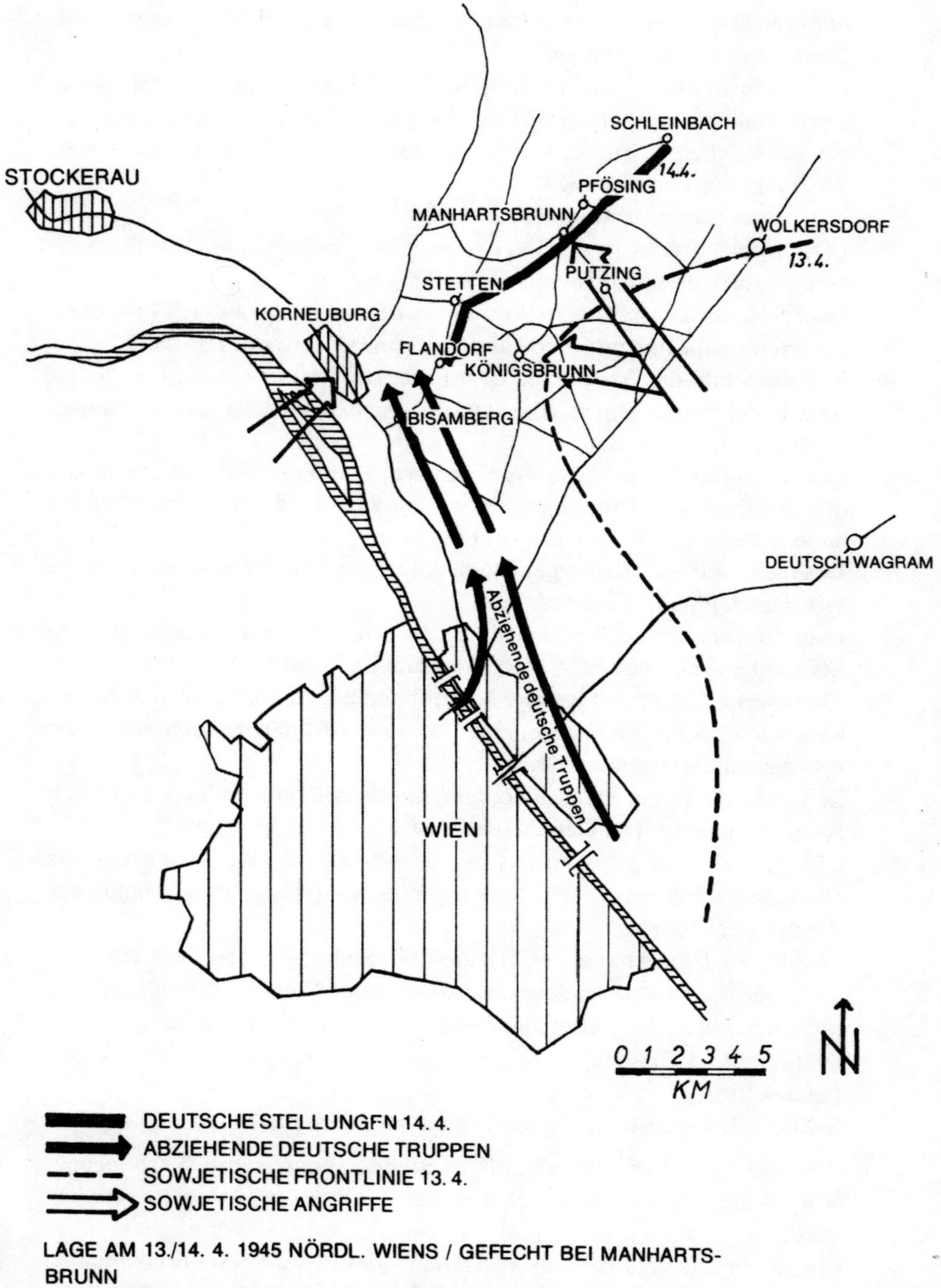

LAGE AM 13./14. 4. 1945 NÖRDL. WIENS / GEFECHT BEI MANHARTS-BRUNN
HJ-KAMPFGRUPPE „WERWOLF" EINGESETZT VON FLANDORF BIS SCHLEINBACH

und psychisch eine zweite kalte und regnerische Nacht mit einem Feindangriff durchstehen können?
Zum Gefechtsstand nach Flandorf schicke ich eine schriftliche Meldung: ,,Feindangriff abgeschlagen. Gegenangriff erfolgreich. Zur Abwehr eines neuerlichen Angriffes sind unbedingt schwere Waffen erforderlich. Wo bleibt die Verpflegung?"
Nach einer Stunde ist der Melder wieder zurück.
,,Der Gebietsführer ist zur Lagebesprechung beim Korps. Der Stabsleiter läßt ausrichten, wir sollten die Stellung halten."
Gegen Mittag kommt unerwartet ein Panzerspähwagen der SS angefahren. Heraus springt ein Oberscharführer und — eine Frau.
Er beobachtet die Gegend mit dem Fernglas. Ich frage ihn, ob er zu unserer Unterstützung hierbleiben würde und ob noch andere Kampfwagen der SS kommen würden.
Der Oberscharführer zuckt die Schultern. Zum Hierbleiben habe er keinen Auftrag, außerdem hätte es keinen Zweck, da er keine Munition habe. Er würde jedoch dem Chef berichten.
Das reicht mir — ich übergebe dem Adjutanten die Kompanie und fahre selbst nach Flandorf zurück.
Lauterbacher ist noch nicht da. Wütend und empört pfauche ich den Stabsleiter an: ,,Termin 16 Uhr, dann rücke ich aus der Stellung ab."
Eine zweite Nacht und weitere Kampfhandlungen können wir nicht verantworten. Schlachten gegen die gut ausgerüsteten Russen sollen die schlagen, die das gelernt haben.
Da in Flandorf kein Mensch kompetent sein will, lasse ich mich mit dem Korps verbinden. Der Gebietsführer ist schon weg, heißt es.
,,Ja, ja", tönt es gelassen aus dem Feldtelefon, ,,wir wissen von ‚da oben' und werden die Sache bereinigen. Seid beruhigt, ihr kommt in den Wehrmachtsbericht."
,,Heute 16 Uhr Abzug der HJ aus der Stellung", erwidere ich stur. ,,Machen Sie was Sie wollen, wir bleiben keine Viertelstunde länger."
,,. . . Kriegsgericht, Saboteur, Defaitist . . . machen Meldung an vorgesetzte Stelle . . . degradieren, erschießen . . .", ist die Antwort aus dem Feldtelefon.
In Manhartsbrunn lasse ich sofort zum Aufbruch rüsten.

Nun sind wir schon seit mehr als 24 Stunden ohne warme Verpflegung, obwohl diese mit einigem guten Willen leicht zu organisieren gewesen wäre.
Knapp vor unserem Abmarschtermin meldet sich ein SS-Vorkommando und bittet um Einweisung in die Stellung. Die Ablösung wäre schon unterwegs, wir könnten dann gleich aufbrechen.

Die Russen sind nur mehr undeutlich außerhalb unserer Schußweite zu sehen. Vorsichtig und zögernd arbeiten sie sich erneut heran und graben sich schließlich ein.
Abmarsch.
Die Jungen müssen nun besonders hart angefaßt werden, allzuleicht kann es durch Unvorsichtigkeit, Gedankenlosigkeit oder Schlamperei zu Verlusten kommen. Gruppenweise ziehen sie sich robbend und kriechend aus der Stellung zurück.
Schon glaube ich, erleichtert aufatmen zu können, da passiert es. In Nähe der Kirche können die Russen einige Meter die Straße einsehen. Dieses Stück überquerten alle befehlgemäß einzeln und in raschen Sprüngen, der Iwan schießt unregelmäßiges, schlecht gestreutes Granatwerferfeuer.
Die letzte Gruppe ist unvorsichtig. In einem großen Pulk kommen sie gemächlich über die gefährliche Stelle.
Ich liege noch auf der Seite unserer Stellung und ahne Schlimmes, als ich auch schon das ,,Plopp" einiger Granatwerferabschüsse höre. Mein gebrülltes ,,Achtung" kommt zu spät.
Ganz knapp nebeneinanderliegende Einschläge lassen die Gruppe auseinanderstieben. Einer jedoch bleibt schreiend liegen. Rasch schleppe ich ihn mit Hilfe des Gruppenführers hinter eine Mauer.
Aus dem Fuß quillt Blut, das Gesicht des Buben ist weißgelb. Ein Splitter hat ihn arg in der Gegend des Knöchels erwischt, an der Brust dürfte er auch Verletzungen haben. Ein Kübelwagen der SS nimmt ihn gleich zum Hauptverbandsplatz mit.
So stolz war ich schon, ohne Verluste davongekommen zu sein . . .
In Zügen und Gruppen aufgelöst, lasse ich die Kompanie in großen Abständen wegmarschieren.
Nur fort von hier, so weit wie möglich fort.

16. APRIL

Fröstelndes Erwachen. Rauhreif liegt über nebeliger Landschaft.
Von den Bauern bekommen wir Milch und Brot.
In den Dörfern bestaunen uns die Menschen. Staunen, weil es noch saubere und geschlossen auftretende Truppen gibt — nicht nur Marodeure, Deserteure und desolate Haufen.
Wir marschieren abseits der großen Straßen, um nicht Tieffliegerangriffe herauszufordern. Allmählich wird auch auf den Nebenstraßen der Verkehr belebter.
Und wieder wird gesungen.

Die alten Lieder klingen auf, die Lieder, mit denen wir groß geworden sind, die wir geliebt haben und auf deren Worte die Jugendbewegung aufgebaut war; schwermütige Lieder, die immer mehr von Kampfliedern verdrängt wurden. Lieder von Schlachten, Mut, Fahne und Tod. Lieder, deren Texte oft zur grausamen Wirklichkeit wurden.

„Was soll das Kreuz am Weg bedeuten,
geschmückt mit einem Jägerhut?
Es mahnt an längst vergangne Zeiten,
an das vergoss'ne Jägerblut.
Sie starben stolz vor Duaumont,
ein ganzes Jägerbataillon . . ."

Kann man stolz sterben, wenn man jung ist und leben will?

„. . . da hat unser Fähnrich Ehr' und Hand
im Kampf um die Fahne verloren . . ."

Immer war vom Sterben, vom Töten, von der Ehre und von der Fahne die Rede.

„Die roten Fahnen brennen im Wind
und mit ihnen brennt unser Herz.
Und alle, die mit uns gezogen sind,
kommen nie mehr zurück . . ."

Dann das Kampflied, an dem wir uns berauschten und dessen makabrer Sinn uns erst jetzt bewußt wird:

„Wir werden weitermarschieren,
wenn alles in Scherben fällt,
denn heute da hört uns Deutschland
und morgen die ganze Welt . . ."

Wie oft haben wir statt „da hört" — „gehört" gesungen! Wir sind weitermarschiert, es ist alles in Scherben gefallen und Deutschland h a t uns gehört. Zuerst sind wir weitermarschiert und die anderen gestorben — jetzt marschieren sie, und wir müssen daran glauben.
Deutschland wurde zum Heiligtum, das Millionen junge Menschen anbeteten, die Fahne zum Symbol, an das alle glaubten, für das wir bereit waren zu sterben.
Heute marschieren wir hier, die alten Lieder wie Hohn auf den Lippen. Heute marschieren wir und sind doch bald die Ausgestoßenen, Verachteten und Verlachten.

Das große Erholungsheim nordöstlich von Niederrußbach kann uns nicht mehr aufnehmen. Trotz großer Müdigkeit müssen wir weiter. Wir finden Unterkunft in einem Gut.
Großzügige Bewirtung, rascher und tiefer Schlaf.

17. APRIL

Ruppersthal.
Für die gesamte, im Raum von Niederrußbach untergebrachte Kampfgruppe „Werwolf" wird für 9 Uhr Appell in einem Obstgarten angesetzt. Es regnet.
Der Gebietsführer und General Bittrich erscheinen.
Unseren Korpskommandeur sehe ich zum ersten Mal, und zum ersten Mal ist das keine „Weihestunde", sondern ein nüchterner, militärischer Appell. Wochenschaukameras surren. Bittrich schreitet die Front ab und hält eine der Situation entsprechende ernste und vernünftige Rede. Anschließend werden Tapferkeitsmedaillen verliehen.
Sicher sind wir stolz — doch die Frage nach dem wofür und wozu bleibt ohne Antwort.
Abtreten, Verpflegungsfassen, Abmarsch.

Das Wetter ist deprimierend. Nur die Hoffnung auf eine warme Unterkunft hält die Jungen bei Laune.
Mein Krad habe ich in Flandorf zurückgelassen, der Sondereinsatz für Bünau und Schirach ist schon lange beendet, ist Vergangenheit.
Ich gehöre nun zu meiner Kompanie und habe wie sie zu marschieren, zu frieren, zu hungern, zu dursten und wundgelaufene Füße zu versorgen.

18. APRIL

Rast in Langenlois. Eine Feldküche am Hauptplatz verpflegt die Kompanie.
In einem kleinen Einfamilienhaus, dessen Besitzer geflüchtet ist, schlage ich den Gefechtsstand auf. Wir kommen uns wie ungebetene Eindringlinge vor. Deshalb lege ich einige Dankeszeilen und einen Zwanzigmarkschein zum Abschied auf den Tisch.
Mein weiterer Auftrag ist sehr unklar. Mir ist nur bekannt, daß wir in Richtung Linz marschieren und dort weitere Befehle abwarten sollen.
Abends finden wir Unterkunft in einer kleinen Schule mit angebautem Lehrerhaus. Das Lehrerehepaar kann gar nicht glauben, daß die Lage so

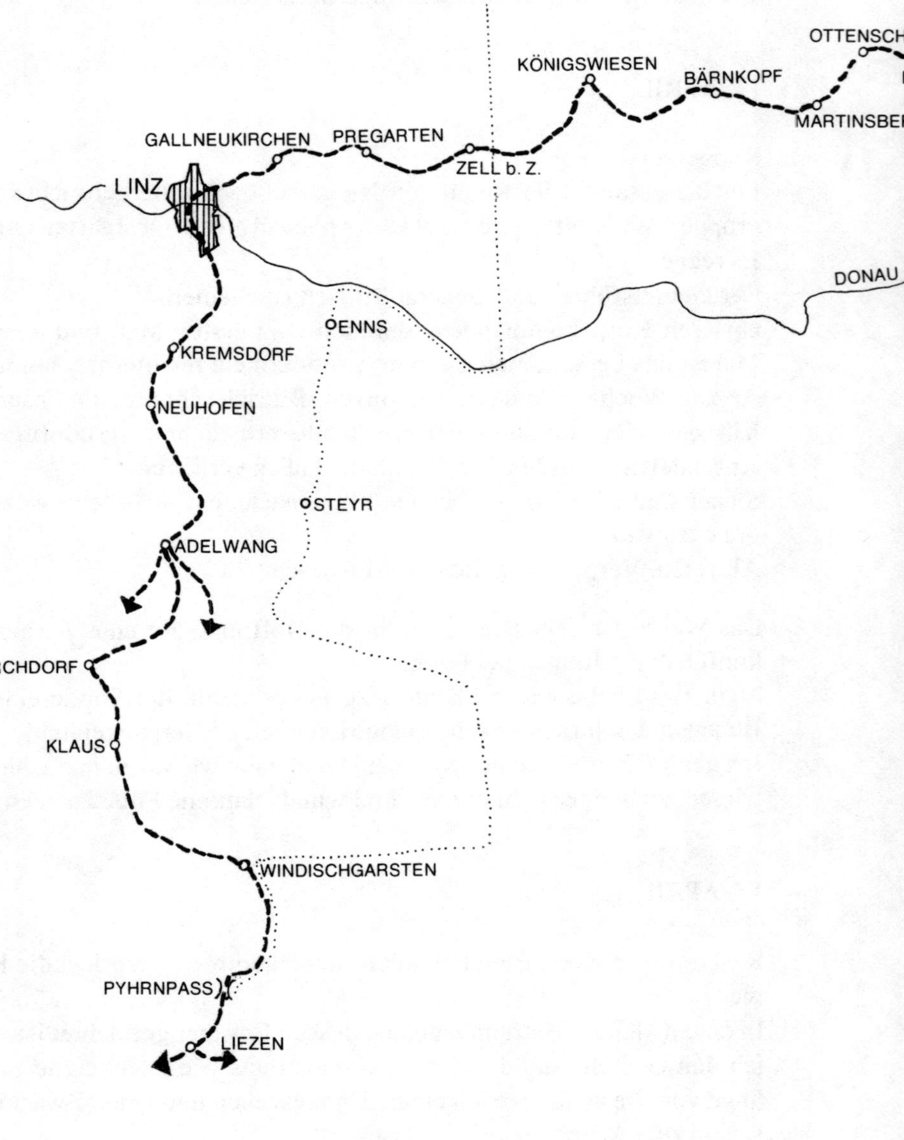
OTTENSCH
KÖNIGSWIESEN
BÄRNKOPF
MARTINSBE
GALLNEUKIRCHEN
PREGARTEN
ZELL b. Z.
LINZ
DONAU
ENNS
KREMSDORF
NEUHOFEN
STEYR
ADELWANG
KIRCHDORF
KLAUS
WINDISCHGARSTEN
PYHRNPASS
LIEZEN

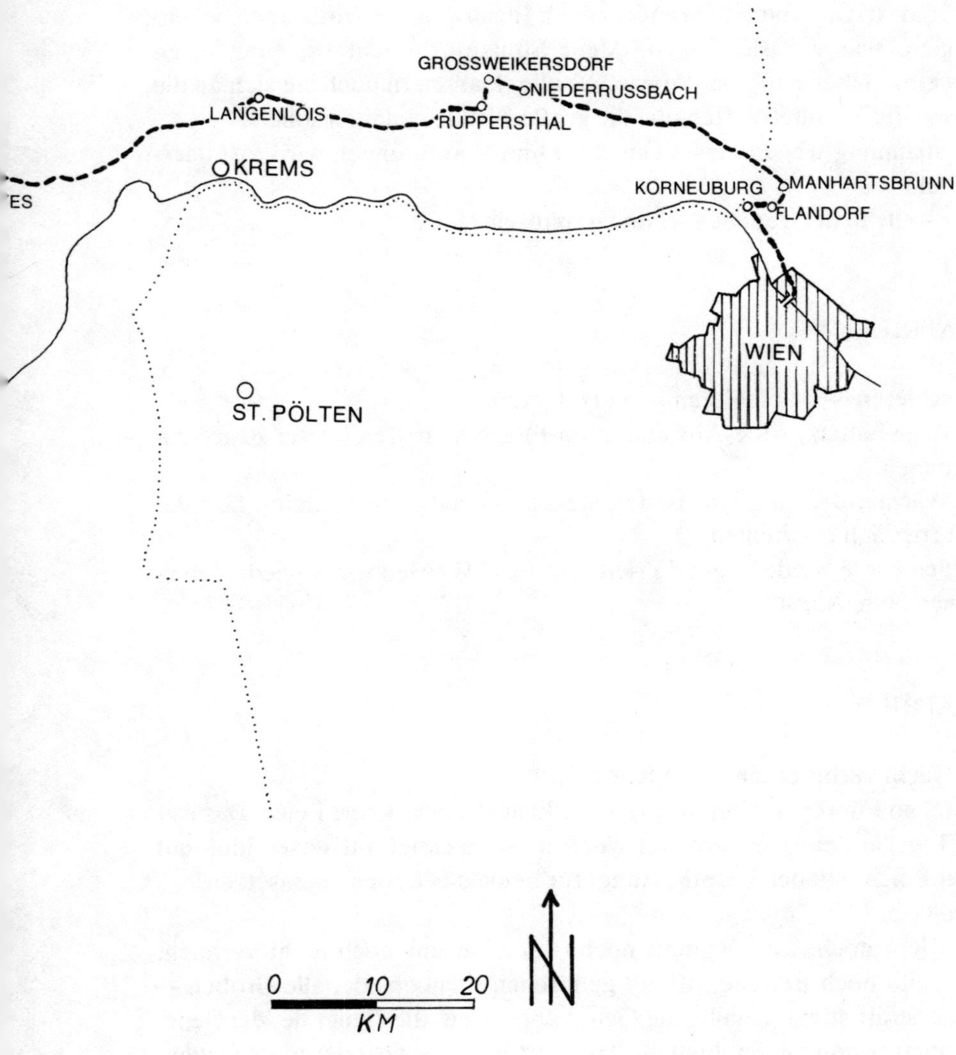

HAUPTMARSCHROUTE DES HJ-BATAILLONS NACH DEM ABZUG AUS WIEN

SOWJETISCHE UND AMERIKANISCHE STELLUNGEN AM 8. MAI 1945

schlimm ist. Sie sind alte Wandervögel, Idealisten wie wir, tragen Scheuklappen, wie wir sie trugen. Mein Situationsbericht bedeutet einen schweren Schock für sie. So wie wir alle, klammern auch sie sich an die Fiktion der Wunderwaffen, die die große Wende einleiten sollen.
Die Spannung wegen dieser Gerüchte und Vermutungen wird fast unerträglich.
Oder sollte in der Tat alles schon zu spät sein?

19. APRIL

Marschieren — marschieren — marschieren.
Die Züge halten große Abstände, um Fliegerangriffen besser begegnen zu können.
Die Wärme, die aus dem Boden steigt, der nahende Frühling läßt die Welt friedlich erscheinen.
Werden wir je wieder einmal Frieden haben? Werden wir je wieder leben können ohne Angst?

20. APRIL

Die Nacht verbrachten wir in Kottes.
Heute, an Führers Geburtstag, gibt es keine Reden, keine Feier. Das war der Tag, an dem wir vereidigt wurden — vereidigt auf unser Idol, auf unser Reich, mit der Verpflichtung, für beide das Leben einzusetzen.
Wo ist „er"?
„Er" lebt noch, „er" kämpft noch, „er" hat uns noch nicht verraten. „Er" gibt noch Befehle. „Ihm" gehorchen sie noch alle, alle Großen — die Generalfeldmarschälle, die Generalobersten, die Generäle, die Generalleutnants und Generalmajore, Hunderttausende Offiziere, die Gauleiter, der Staat mit seinen Ministern und Regierungspräsidenten —, alle haben sie auf „ihn" geschworen, alle stehen sie noch zu „ihm", alle sterben noch unter „seinem" Befehl. Noch . . .
Uns hat niemand gesagt, was zu tun ist, wenn unser Land vom Feind besetzt wird. Wir glauben noch immer, daß Eid Eid ist, daß Treue Treue bleibt und daß uns kein Mensch der Welt von diesen Verpflichtungen entbinden kann.
So marschieren wir an Führers Geburtstag — beladen mit vielen Gedanken, Zweifeln und Hoffnungen. Wir hoffen, daß nicht alles umsonst war, daß wir nicht einer falschen Idee geschworen, daß die Lumpen in Wahr-

heit gar keine Lumpen, die Verräter keine Verräter und unsere Führer alle edle Menschen sind.
Die großen Zweifel bleiben — ob diese Weltanschauung und das Durchsetzen ihrer Ziele richtig war — oder ob es vielleicht doch etwas Besseres, etwas Erstrebenswerteres auf der Welt gibt.
Zweifel und Hoffnung — w e r zeigt uns den Weg?

Die Züge marschieren in Abständen von etwa fünfzig Metern. Fünfhundert Meter vor uns liegt Ottenschlag.
Plötzlich ein vertrautes, aber gefürchtetes Brummen in der Luft.
„Fliegerdeckung!"
Die Mannschaft stiebt auseinander.
Der 2. und 3. Zug ist nahe am rechts von uns gelegenen Wald. Ich bin beim 1. Zug, der schon zu weit vom schützenden Unterholz entfernt ist. Auf freiem Feld würden wir wie die Hasen abgeschossen werden.
Ein Sprung in den Straßengraben, und schon beginnt das „Karussell".
Russische Schlachtflieger ziehen eine Runde, auf deren einen Seite Ottenschlag und der anderen Seite wir liegen. Die Flugzeuge stoßen so tief herunter, daß man glaubt, in die Augen der Piloten sehen zu können.
Ihre Bordkanonen beschießen mit Explosiv- und Brandgeschossen Ottenschlag, ziehen anschließend hoch, um sich auf uns zu stürzen. Kaum hat eine Maschine ihre Salve auf die verstreut Liegenden abgegeben, stößt die nächste schon wieder zur Straße hinunter.
Rundum fetzt die Erde und das Gestein hoch, Grasbüschel fliegen durch die Luft. Explosionen und nicht enden wollender Motorenlärm zehren an den Nerven.
Gottergeben erwarte ich den Treffer, der ein Ende macht.
Zum Glück sind die Burschen so gedrillt, vielleicht haben sie auch nur Angst, daß bisher noch keiner aufgestanden und davongelaufen ist. Nur die nahe genug am Waldrand Liegenden wagen den Sprung in die rettende Deckung.
Eng an den Boden gepreßt, werden die Sekunden zu Minuten. Diese Tortur dauert fast zwanzig Minuten, dann dürften die Russen ihre Munition verschossen haben und ziehen ab.
Ich befürchte große Verluste und lasse auf der Straße sammeln.
Es ist unglaublich — keiner fehlt, keiner ist verletzt, nur kalkweiße Gesichter sind zu sehen.
Und Ottenschlag brennt.
Im Laufschritt erreichen wir die ersten Häuser, um zu helfen. Am Ostausgang der Dorfstraße brennt rechts und links die Häuserzeile. Der Sog der Hitze hat einen Feuersturm entfacht. Meine Leute stürzen in die

Häuser. Mit zwei Mann laufe ich ins nächstliegende Gebäude. Wir kommen gerade zurecht, eine alte Frau aus den Flammen zu retten.
Da sie schrecklich um ihre Kuh jammert, stürzen wir uns nochmals in die Rauch- und Feuerwand und holen das Tier heraus.
Im nächsten Haus ist der Qualm so stark, daß ich mir ein nasses Tuch vor die Nase halten muß.
In einem Bett im Schloß wache ich später mit starken Kopfschmerzen auf.
Im Ort soll eine durchziehende Polizeitruppe aus Wien gelagert und durch den Fliegerangriff hohe Verluste erlitten haben.

21. APRIL

Nachdem ich mich von der Rauchgasvergiftung halbwegs erholt hatte, fuhr ich in einem Wagen meinem Haufen nach.
Es gibt weiter nichts Neues. Ich kann nicht erfahren, wie es an den Fronten steht. Wir sind von allen Verbindungen abgeschnitten.

22. APRIL

Ein Aprilsonntag mit Regen, Schneetreiben und Sonne.
Bei St. Pölten soll gekämpft werden, Korneuburg ist angeblich noch in unserer Hand. Die Russen dürften nicht mehr so rasch vorankommen.
Ein Gerücht hält sich hartnäckig — die Amerikaner wollen mit uns gegen die Russen kämpfen. Tollste Spekulationen machen die Runde.
Eines ist sicher — unmöglich wäre nichts mehr. Was haben wir nicht schon alles erlebt — Österreich, Sudetenland, Memel, Saar, Polen, Stalin mit Hitler, Hess zu Churchill, Japan gegen die USA . . .
Die Bolschewiken sind für uns noch immer der Inbegriff des Schreckens, des Terrors, der Unfreiheit, des Blutbades und der Grausamkeit. Die Bolschewiken in Europa, das klingt wie die Mongolen in Deutschland, die Türken vor Wien oder die Hunnen im Abendland.
Wäre es daher so undenkbar, daß die Amerikaner diese Gefahr erkannt hätten? Dies jetzt um so mehr, als der ,,Kriegstreiber" und ,,Plutokrat" Roosevelt tot ist.
Welche Möglichkeiten, welche Wunschträume . . .

Abends muß ich mir zwei ,,schon" Siebzehnjährige energisch vorknöpfen. Sie haben sich in der vergangenen Nacht davongemacht, sich bei einem alleinstehenden Bauernhaus als russische Partisanen ausgegeben,

dem verschreckten Bauern Lebensmittel und Schnaps weggenommen und dann zu guter Letzt einige Schüsse in die Luft abgegeben. Nur durch ihre Prahlerei und einen Bericht der Feldpolizei ist die Sache ans Licht gekommen.
Sofort lasse ich ihnen die Waffen abnehmen und die beiden unter Arrest stellen. Wären es nicht so junge und in ihrem Fall auch dumme Burschen, müßte ich sie einem Kriegsgericht übergeben.
Das ist in diesem Stadium die große Gefahr — Waffen in den Händen der jungen Menschen, Waffen, die ihnen das Gefühl der Macht verleihen.

23. APRIL

Gefechtsstand in einem kleinen Bauernhaus.
Die Familie drückt sich ängstlich um den Kachelofen. Nur eine Petroleumlampe brennt, als ich spät nachts geweckt werde. Ein Landser soll versucht haben, einen Posten von uns zu überreden, mit ihm zusammen abzuhauen.
Der rotgesichtige, gutgenährte Bäckergeselle aus der Gegend von St. Pölten ist erst wenige Wochen Soldat. Er steht dem Geschehen völlig verständnislos gegenüber. Alle gehen nach Hause, alle laufen weg, wollen Schluß machen — warum nicht auch er? Die Soldaten ziehen Zivil an, werfen die Waffen weg, keiner will mehr kämpfen — warum soll er es nicht dürfen?
Es ist schwer, mehr als diese einfachen und alles verständlich machenden Argumente aus ihm herauszubringen. Aus ihm wird bestimmt kein Soldat, kein Kämpfer oder gar Held mehr werden.
Mein Befehl — Abkommandierung zum Troß. Soll er dort für uns Brot backen.

24. APRIL

In Oberdonau sind allerorts noch sehr kriegerische Töne zu hören, es wird noch plakatiert und geschmiert. In diesem Gau scheint der Gauleiter Eigruber wirklich die Macht übernommen zu haben. Da bis jetzt weder die Russen noch die Amerikaner den Gau betreten haben, ist die Bevölkerung noch zuversichtlich. Man merkt aber, daß sie die unbewußte Angst nicht ganz verbergen können.
Eigrubers Gedankengänge kann man sich vorstellen — alle haben versagt, die SS, die Wehrmacht, die Luftwaffe, die Wiener, die Nieder-

donauer — jetzt bin ich da, der Kaiser von Oberdonau, ich mach' das schon mit meiner Partei, mit meinem Volkssturm.
Dabei ist in Oberdonau der Volkssturm ebenso armselig, militärisch zweitrangig und hoffnungslos unbrauchbar wie überall, wo wir bisher mit ihm zu tun hatten. Das letzte Aufgebot, notdürftig ausgebildet, schlecht ausgerüstet und mit Biertischideologie des Hinterlandes behaftet — „Mir wern's den Russen schon zeigen . . ."
Auch der „Verteidigungswall" von Oberdonau besteht nur aus einigen Straßensperren und Deckungslöchern beiderseits der Verkehrswege. Ein ernsthafter Angriff könnte nur wenige Minuten aufgehalten werden.

Kompanieführerbesprechung in Zell bei Zellhof. Die Lage an den Fronten scheint sich einigermaßen konsolidiert zu haben. Unser nächstes Ziel soll der Raum Nußbach—Grünberg am Fuße des Pyhrnpasses sein.
Die Trosse werden in Pregarten einwaggoniert.
Und wieder ein neues Gerücht — Einsatz gegen die Amerikaner. Sie sollen schon in den bayrischen Raum eingedrungen sein. Alle lehnen einhellig einen Kampf unserer Jungen gegen die Amerikaner ab. Wir sind entsetzt, daß diese Möglichkeit überhaupt in Erwägung gezogen wurde.

25. APRIL

Bei Pregarten.
Herrliches, klares Wetter. Blumen und Frühling überall. Doch der blaue Himmel bringt nichts Gutes . . .
Von einer Anhöhe aus erleben wir das furchtbare Schauspiel des Bombenangriffes auf Linz.
Wir sind empört über den in dieser Phase des Krieges sinnlosen Angriff auf eine offene Stadt. Alle Gedanken an eine Kampfgemeinschaft mit den Amis gehen in Brand und Rauch auf. Die verhaßten Silbervögel verkörpern für uns das Symbol schrankenlosen Terrors gegenüber Wehrlosen. In ohnmächtiger Wut müssen wir zusehen. Es ist, als ob einem am Boden liegenden, todkranken Menschen noch Fußtritte versetzt werden.
Aus einem abgeschossenen Bomber schweben zwei Fallschirme in unserer Nähe zur Erde.
Bald darauf kreuzen zwei HJ-Volkssturmjungen einer benachbarten Kompanie mit den zwei Fliegern in ihrer Mitte auf meinem Gefechtsstand auf.
Sie sind gerade zurechtgekommen, wie ein „Politischer Leiter", Bauern und Kinder die zwei Abgesprungenen prügeln und vielleicht auch lyn-

chen wollten. Die beiden Bewacher sind HJ-Führer und schon älter als die meisten. Sie haben jedenfalls mehr Intelligenz gezeigt als die Bevölkerung.
Die Gefangenen geben sich sehr selbstsicher. Mühsam versuche ich sie zu verhören. Mein Schulenglisch und ihr Amerikanisch passen gar nicht zusammen.
Vielleicht macht sie ein Glas Wein gesprächiger.
Ich versuche ihnen zu erklären, daß wir ihre Bombenwürfe auf zivile Städte als Verbrechen ansehen. Sie grinsen dümmlich. Ebenso dumm würde wahrscheinlich ein gefangener Deutscher grinsen, wenn ihm ein Amerikaner sagen würde, Hitler sei ein Verbrecher.
Da ich zu keinem Resultat komme, gebe ich auf und lasse sie nur mehr bewachen. Hoffentlich findet sich bald jemand, der für unsere ersten Kriegsgefangenen zuständig ist.

26. APRIL

Vor uns das rauchende und zerstörte Linz.
Ernst und betroffen marschieren wir kilometerweit durch die Trümmerberge, vorbei an fliehenden, hastenden Menschen, die sich und ihre Habseligkeiten retten wollen.
Immer wieder grüßen und winken Frauen, wohl erkennend, daß die Jungen ihre Söhne sein könnten.
Keiner will die gefangenen Flieger. Dienststellen und Gefechtsstände haben andere Sorgen, als sich zwei unbequeme Gefangene aufzubürden. Schließlich landen die beiden im Gefangenenhaus.

27. APRIL

Das Marschieren auf den Hauptstraßen macht uns den Umfang des Zusammenbruches erst voll bewußt.
Dichter Kolonnenverkehr aller möglichen Einheiten, dazwischen immer wieder Fremdarbeiter, Zivilisten, Flüchtlinge.
Der tägliche Ablauf des Dienstes, die Appelle, die Essensausgabe, die Übernachtungen — alles ist zur Routine geworden.
Regen und niedrig hängende Wolken verhindern wenigstens Fliegerangriffe.

28. APRIL

Bei strömendem Regen Weitermarsch nach Adelwang.
Die Stimmung ist auf einem bisher nie gekannten Tiefpunkt. Wieder tauchen Gerüchte vom Einsatz des HJ-Volkssturmes gegen die Amerikaner auf. Wir wollen dies mit allen Mitteln verhindern.
Göring soll zurückgetreten sein. Mit den Wunderwaffen ist sicher nicht mehr zu rechnen. Man redet von einer Alpenfestung. Doch das Mißtrauen ist seit dem Debakel mit dem „Südostwall" zu stark, wir können das Gerede von dieser „Festung" einfach nicht mehr ernst nehmen.
In dieser Alpenfestung würde es mehr Führer als Geführte geben. Die Stäbe konzentrieren sich schon. Ununterbrochen brausen Stabsoffiziere und Wägen höchster Dienststellen vorbei. Jeder einzelne ein Kaiser ohne Reich, jeder nur mehr mit der Macht seiner Uniform und seiner Rangabzeichen ausgestattet.

29. APRIL

Adelwang. Reges Treiben bei kühlem, nassem Wetter. Der Boden ist aufgeweicht und grundlos. Ringsum Erdhütten, in denen bis jetzt Fremdarbeiter gewohnt haben sollen. Trosse und Nachschubeinheiten sind bereits einige Tage hier und haben die Unterkünfte für uns hergerichtet.
Mir wird der Befehl über das I. Bataillon „Werwolf" übertragen, Franz soll das II. Bataillon übernehmen.
Der Name Werwolf ist mir nach wie vor suspekt, da wir nach dem Goebbelsaufruf vom Gegner automatisch als Partisanenverband angesehen werden, Partisanen aber werden auf der ganzen Welt ohne Federlesens sofort erschossen.
Über das Problem, ob wir um jeden Preis weiterkämpfen sollen, entbrennt eine heftige Diskussion.
Endlich haben wir wieder eine feste Unterkunft, eine Verschnaufpause und warme Verpflegung.

30. APRIL

Appelle und Befehlsausgaben lösen einander ab.
Uniformen und Ausrüstungen müssen gereinigt, überholt und ergänzt werden. Echtes Etappenleben macht sich breit.

Die Petrolgaslampe blendet, blakt, stinkt und erzeugt ein monotones Geräusch.
Knisternde Spannung herrscht im Raum — Raum? Es ist eine niedrige Erdhütte wie einst in Rußland.
In der schlechten, sauerstoffarmen Luft erhitzen sich die Gemüter, werden die Wangen rot. Wir halten großen Rat — wir, die Gläubigen, die Verratenen, die Verzweifelten. Die Lage ist völlig unklar — die große Lage, die Lage des Reiches.
„Es müßte sich doch jemand finden, der den Führer aus Berlin herausholt! Wo sind denn die Helden, die Ritterkreuzträger, die Tausenden, die Millionen, die auf ihn geschworen haben?
Wo sind sie denn alle, die für ihn ihr Leben opfern und durchs Feuer gehen wollten?"
„Wir haben doch die Alpenfestung!"
„Holen wir Hitler hierher. Mit mutigen und ergebenen Männern könnten wir in den Alpen noch jahrelang standhalten."
„Wer holt ihn?"
„Das könnte nur jemand von der Luftwaffe."
Die Reden überstürzen sich, die Augen flackern, Emotionen und Enttäuschungen werden frei.
Unsere Denkweise gleicht der von Tieren, die, in die Enge getrieben, in äußerster Not Verzweiflungsangriffe planen.
Später verwerfen wir diese Gedanken — wie sollten wir aus diesen Erdhütten heraus so einen Plan realisieren können?

In dieser Situation entwerfe ich den Text für ein Flugblatt:
— Ich verfluche jene Parteibonzen, welche uns als satte Spießer nichts als Schande gebracht haben.
— Ich verfluche alle Pharisäer, die nicht den Mut hatten, für ihre Ideale, ihre Reden und ihre Taten einzustehen.
— Ich verfluche das Phrasengebäude, in dem wir ersticken, und alle diejenigen, die unserer Jugend in diesem Krieg und Kampf nicht die Wahrheit gesagt haben.
— Ich verdamme alle jene, die uns für ihre eigennützigen Zwecke mißbraucht haben . . .

Als ich die Worte verlese, nicken sie stumm und resigniert.
Die Weltuntergangsstimmung ist perfekt.
Es besteht wenig Hoffnung, daß dieses Flugblatt jemals irgendwo gedruckt wird — in Wels soll noch eine Druckerei intakt sein.
Der Sauerstoffmangel macht schläfrig, die Augen fallen zu.

1. MAI

Dichtes Schneetreiben. Die Landschaft ist weiß geworden.
Als ich bei der Stabskompanie den Wehrmachtsbericht hören will, kommt die Nachricht:
,,Heute ist unser Führer Adolf Hitler in Berlin beim Kampf um die Reichskanzlei gefallen . . .''
Sofort lasse ich das Bataillon im Viereck antreten.
Lange Zeit suche ich nach Worten, nach passenden Worten.
Was gibt es noch viel zu sagen, da für uns eine Welt zusammengebrochen ist — eine Welt, von der wir glaubten, es wäre die beste, die sauberste, die stolzeste. Ein Reich, von dem wir glaubten, es wäre das größte, es wäre ewig. Ein Führer, von dem wir glaubten, er wäre ein Übermensch, ein Genie, er wäre der größte Führer, den Deutschland jemals hatte — ein Führer, an den wir glaubten und der das letzte Symbol war, an das wir uns klammern konnten.
,,Der Rundfunk hat soeben gemeldet, daß der Führer Adolf Hitler tot ist.''
Lähmende Stille.
,,Weggetreten.''
Sie treten weg ohne Worte, ohne Gesten, wie wenn sie sagen wollten — was soll jetzt aus uns werden?
Ich ziehe mich in einen Winkel zurück, um die Fragen, die mir niemand beantworten kann, zu überdenken.
Man hat mir jetzt noch größere Verantwortung aufgebürdet, mir, der alles zu ernst nimmt, mir, den jetzt so Zwiespältigen, mir, der jetzt zweifelt und nicht weiter weiß.
Da sind die Schwer- und Schwerstversehrten, die eigentlich ihre Aufgabe schon erfüllt haben, sie müssen ins Lazarett oder zu einer Genesendenkompanie geschickt werden. Da sind die jungverheirateten Führer, die nicht einmal wissen, wo sich ihre Frauen und Kinder befinden. Da sind die Versorgungs- und Troßeinheiten — und die Jungen.
Zusammen mit Franz und Leo bespreche ich den baldmöglichsten Abzug. Das I. Bataillon soll in den Lungau, das II. in den Plannerkessel. Sobald die Ausrüstung ergänzt und die Jungen wieder marschfähig sind, soll die kompanieweise Verlegung erfolgen.
Für uns alle bedeutet diese Lösung unendliche Erleichterung und Erlösung von schwerer Last.

2. MAI

Nach neuesten Meldungen stehen die Amerikaner vor Linz.
Wir lassen die Vorbereitungen zum Abmarsch weiterlaufen. Innerhalb der nächsten achtundvierzig Stunden wollen wir hier weg sein, ich möchte den Jungen die amerikanische Gefangenschaft ersparen. An einen Kampf denkt niemand mehr.
Zur Realisierung des Planes fahre ich mit den drei stellvertretenden Kompanieführern ab. Die Buben wollen wir im Lungau auf Bauernhöfe aufteilen, abrüsten und zu Zivilisten machen. Bei den Bauern können sie in der Wirtschaft helfen und sich Unterkunft und Verpflegung verdienen. Später können sie nach Klärung der Lage und Normalisierung der Verhältnisse einzeln nach Wien zurückkehren.

3. MAI

Wir kommen relativ rasch ans Ziel. Die drei Kompanien wollen wir auf die Orte Zederhaus, Ramingstein und Muhr aufteilen.
Der erste Weg führt zum Kreisleiter nach Tamsweg.
Er will eben seinen ,,Gefechtsstand'' nach Zederhaus verlegen. In übernervöser Eile teilt er mir Namen von Leuten mit, an die ich mich wenden könnte und gibt einige Ratschläge zur Unterbringung der Mannschaft.
Wo wir hinkommen, herrscht Aufbruchs- und Untergangsstimmung.
Norbert kommt nach Zederhaus, Hans nach Muhr und Herbert mit der Oberschenkelprothese nach Ramingstein. Auf einer Karte werden bei jedem Bauernhaus die Anzahl der Einquartierten eingezeichnet.

4. MAI

Da der Tauernpaß angeblich gesperrt ist, entschließen wir uns, durch das Murtal zu fahren. Bei Murau beginnt das Benzin knapp zu werden. Ich halte bei einem Instandsetzungstrupp.
Während ich mit dessen Chef verhandle, bemerke ich, wie sich zwei Gestalten, hinter meinen Wagen geduckt, an ihm zu schaffen machen. Es ist ein kleiner, runder Oberst, der gemeinsam mit einem Oberleutnant dabei ist, kunstgerecht mein Hinterrad abzumontieren.
,,Was soll das?'' schreie ich.
Mit hochrotem Kopf brüllt der Oberst zurück. Rasch beginnt die Situation für mich kritisch zu werden. Ich stehe mit Herbert auf verlorenem Posten, da dem Oberst die Pistole sehr locker zu sitzen scheint.

Buchstäblich im letzten Moment kommt ein rettender Engel angefahren. Mein Freund vom Streifendienst, von beruhigender Körpergröße, hat die Lage augenblicklich erfaßt.
Er baut sich vor dem Oberst und seinem Kumpan auf.
„Was geht hier vor, Herr Oberst?"
Schweigen.
„Darf ich um Ihre Marschpapiere bitten!"
Der Oberst zieht sich eiligst und stotternd zurück.
Bei Unzmarkt platzt zu allem Überfluß ein Vorderreifen. Der Wagen schleudert von einer Seite zur anderen. Mit Mühe bringe ich das Auto zum Stehen.
Um mir ein Reserverad zu beschaffen, muß ich lange gehen, bis ich endlich auf einen Kfz-I-Trupp stoße. Herbert habe ich beim Wagen gelassen. Nach langem Handeln kann ich einen Kanister Öl, den ich noch im Wagen habe, gegen ein passendes Reserverad eintauschen. Das größte Problem ist der Transport, denn niemand will auch nur einen Tropfen Benzin vergeuden.
So vergeht der ganze Tag, bis ich einen Bauernwagen aufgetrieben habe, der mich zum Auto zurückbringt, und einen anderen Bauern, der mir sein Fahrrad leiht, um den Ölkanister zu transportieren. Das Reserverad rolle ich dann kilometerweit auf der Straße, bis sich wunderbarerweise jemand findet, der mich mitnimmt.
Der Radschlüssel paßt nicht. Mit Hammer und Meißel werden die Radmuttern gelockert und mit Hammer und Meißel wieder angezogen.

5. MAI

Über den Triebener Tauern fahren wir zurück. Ab Trieben beginnt dichter Verkehr, es wird immer schwieriger weiterzukommen. Liezen, Pyhrnpaß und Windischgarsten sind fast unpassierbare Hindernisse. In Klaus an der Pyhrnbahn sitzen wir dann endgültig fest.
Wir sollten schon längst wieder beim Bataillon sein. Ich hoffe nur, daß es befehlsgemäß und rechtzeitig abmarschiert ist.
In der Abenddämmerung treffe ich erstmals wieder Angehörige meines Haufens. Sie melden mir, Ami-Kolonnen, bestehend aus Spähwagen, leichten Panzern und kleinen PKW, wären heute nach Kirchdorf gekommen und hätten beinahe einen Teil der noch dort befindlichen HJ-Einheiten kassiert. Meine Kompanien wären schon fast alle abmarschiert gewesen, bis auf eine Nachhut und einen LKW, der nicht anspringen wollte. Das Kommando der Nachhut hatte mein Vater.

Zu Mittag wäre eine lange, gepanzerte Kolonne Amis angefahren gekommen. Um ein Haar hätten zwei Posten mit Panzerfäusten auf sie geschossen. Vater hätte sie gerade noch zurückhalten können.
Hierauf hätten die Amis von ihnen verlangt, die Waffen abzuliefern und zu zerschlagen. Für meinen Vater wäre es die größte Genugtuung gewesen, als die Platte seines Mannlicherstutzens absplitterte und dem danebenstehenden Amerikaner eine tiefe Schramme auf der Stirn zufügte.
Nun hätten die Amis immer wieder „Prisoner" gerufen, aber unsere hätten sich dumm gestellt. Vater hätte dann einen Ami-Offizier gefunden, der Ungarisch konnte. Der erklärte ihm, daß sie in einen Bauernhof gehen und das Weitere abwarten müßten. Da sich jedoch niemand weiter um sie kümmerte, fingen sie außer Sichtweite zu laufen an. Vater befahl ihnen, sich zum Pyhrnpaß durchzuschlagen. Bald müßten alle hier sein.
Der Regen, der Trubel auf der Straße, der Lärm im Gastzimmer — alles ist mir egal geworden. Die Spannung ist weg. Was jetzt noch kommt, kann nur mehr nebensächlich sein.

6. MAI

Die Straße ist hoffnungslos verstopft. Die einen wollen ins Ennstal, die anderen Richtung Klaus. Ich versuche mit einem Pferd zu meinem gestern stehengelassenen Wagen durchzukommen. Aber entweder ist der Gaul kriegsunwillig, oder ich kann nicht reiten. Das zweite dürfte zutreffen. Deshalb lasse ich das Tier wieder stehen und marschiere zu Fuß zum Pyhrnpaß.
Ich finde meinen Wagen unversehrt. Während ich im ersten Gang schrittweise weiterschleiche, entdecke ich meinen Vater am Wegesrand. Herzliche Begrüßung und Glückwünsche zur Flucht aus der Gefangenschaft. Er gibt mir den Rat, die Fahrt über Hinterstoder zu versuchen. Meine Leute wären größtenteils schon in Liezen.
Es folgt eine abenteuerliche Fahrt gegen den Strom der Fahrzeuge.
In Hinterstoder stolziert ein abgerüsteter General umher — als wäre er hier zur Erholung.
Nach halsbrecherischem Jonglieren zwischen und neben den Fahrzeugkolonnen bleibt mir der Wagen schließlich im Straßengraben stecken. Nur durch gutes Zureden kann ich ein paar Landser bewegen, mir zu helfen.
In einer Kurve kommt mir ein blutjunges Bürscherl in einem Mercedes entgegen. Im offenen Kofferraum hat er eine 500-Kilo-Bombe. Als er rücksichtslos versucht durchzukommen, rutscht er über das Bankett auf

eine Böschung ab. Dann will er mit den Landsern herumkommandieren und erntet nur Spott und Hohn. Er erklärt, er müsse bei Aussee ein wichtiges Bergwerk sprengen. Niemand nimmt von seinem Reden Notiz, niemand hilft ihm.
In Spital ist es dann endgültig aus.
Ein Kradfahrer nimmt mich nach Liezen mit. Durch den Ort strömt alles, was Rang und Namen hat. Stäbe, nichts als Stäbe, hohe und höchste Offiziere von Heer, Luftwaffe, Flak, Armee, Armeekorps, Divisionen — joviale Herren mit roten Lampas an den Hosen. Diese Ansammlung von Prominenz ist einmalig. Sie erwecken den Eindruck eines aufgescheuchten Hühnervolkes.
Ich treffe Willi. Wir haben beide kein Fahrzeug, brauchen jedoch eines. Wir haben keine neue, jedoch eine sehr wirksame Idee.
Wir verschaffen uns rot-weiß-rote Kellen. Mit ihnen stellen wir uns am Ortseingang von Liezen auf. Mit ernster Miene und amtlichem Gebaren halten wir Fahrzeug für Fahrzeug auf.

Anfangs haben wir noch ein kribbeliges Gefühl im Magen, doch als wir sehen, daß selbst Generale anstandslos stehenbleiben und ihre Fahrtpapiere bereitwilligst vorzeigen, werden wir mutiger, mit der Zeit fast generös. Generale und Leute, die rote Streifen an den Hosen haben, lassen wir sofort mit Entschuldigung und korrektem Gruß passieren. Alle anderen kontrollieren wir genau und gelassen. Einmal muß doch ein schwarzes Schaf kommen, dessen Papiere nicht in Ordnung sind. Aber die Zeit verrinnt, und alle haben ordnungsgemäß ausgestellte Fahrtbefehle. Selbst im Zusammenbruch funktioniert noch der deutsche Bürokratismus mit Marschbefehl und Wagenpapieren.
Der Verkehr wird gegen Abend erheblich geringer, fast wollen wir es schon aufgeben. Da erscheint eine Kolonne mit drei Fahrzeugen und dem „SS-POL"-Kennzeichen. Auf den Wagen gepacktes Bettzeug erweckt mein Mißtrauen. Aus dem zweiten Wagen klettert ein aufgedonnertes Püppchen.

Ein Hauptscharführer der SS legt lautstark Protest gegen die Überprüfung ein. Es ist der erste, der sich aufregt. Die Papiere stimmen, und doch muß irgend etwas faul sein. Je mehr der SS-Mann schreit, desto intensiver kontrollieren wir. Da läßt mich ein sechster Sinn ins Handschuhfach greifen — und das war's!
Ein Stoß unterschriebener Blankofahrbefehle kommt zum Vorschein. Außerdem sind auch alle anderen Fahrbefehle vom 2. April aus Wien bis zum 20. Mai, quer durch ganz Österreich, im voraus geschrieben worden.
Nun geht es sehr rasch.

Wir lassen die jetzt ganz kleinlauten SS-Leute aussteigen und setzen sie mit ihrer Zimmer-Küche-Kabinett-Einrichtung auf die Straße. Den verdutzten Gestalten befehlen wir, sich sofort bei der Kommandantur in Liezen zu melden.

Willi nimmt sich den ,,Wanderer", ich den ,,Opel Kadett". Den zusammenbrechenden ,,Praga" lassen wir zurück.

Unterwegs lese ich Herbert auf und fahre mit ihm Richtung Admont, wo eine Kompanie von mir sein soll.

Knapp außerhalb der Stadt streikt der Motor. Einigermaßen hilflos stehen wir vor offener Kühlerhaube und schrauben da und dort herum.

Zufällig finde ich den Defekt — die Benzinpumpe fördert nicht richtig. Der Motor läuft wieder, da erscheint plötzlich ein Radmelder meines Stabes in höchster Aufregung. ,,Die Amis sind in Liezen!" ruft er uns zu.

Jeden Moment können die Amerikaner hier sein.

Wir schalten schnell. Herbert, der Medizinstudent, zieht sich einen weißen Mantel an — Arzt. Ich streife mir einen blauen Monteurkittel über — Fahrer. Pistolen, Orden und Ehrenzeichen wandern in die hohle Prothese Herberts.

Den Melder schicke ich nach Admont mit dem Auftrag, die Kompanie solle in den Lungau weiterziehen. Von der zweiten Kompanie weiß ich, daß sie nach Donnersbachwald marschiert. Nur der Standort der dritten ist mir unbekannt.

Um zur zweiten Kompanie zu kommen, muß ich durch Liezen und spekuliere mit Glück und Frechheit.

Dort, wo die Straße vom Pyhrnpaß herunterkommt, steht ein Amipanzer, und auf ihm einige Soldaten, die den Verkehr der deutschen Kolonnen regeln. Wie unsere Feldpolizei, genauso energisch und konfus. Nur die Offiziere werden mit sicherer Hand herausgeklaubt und auf einen LKW verfrachtet.

Genau gegenüber dem Panzer, wie hätte es anders sein können, streikt mein PKW.

Langsam wird es dunkel.

Unbeachtet vom ,,Feind", versuche ich den Schaden zu beheben — jedoch ohne Erfolg.

Langsam schlendere ich zur Panzerbesatzung.

,,Please, can you give me pincers, because my car with a doctor of medicine is broken down?"

Tatsächlich — grinsend reicht er mir eine Zange herunter. Leider gelingt die Reparatur auch mit der Zange nicht. Es muß etwas anderes kaputt sein. Unter anderem habe ich die Batterie leergestartet. Vermutlich sind auch die Zündkerzen ersoffen.

So legen wir uns also, noch mitten im Krieg, keine fünfzehn Meter von unseren ,,Feinden" entfernt, im Wagen zum Schlafen.

7. MAI

Zeitlich früh setzt sich die Kolonne der Amerikaner mit einigen LKW und Panzern in Bewegung.
Ich laufe zu einem LKW, der eben anfährt — ,,Can you pull on my car? I have a medical doctor in it", stottere ich hervor.
Sie stoppen, werfen mir ein Drahtseil zu, stoßen zurück und schleppen uns in Höllentempo Richtung Stainach-Irdning.
Immer wieder versuche ich, mit eingeschalteter Zündung und eingelegtem Gang den Motor in Schwung zu bringen. Schon sehe ich mich in irgendeinem Ami-Camp landen. Da hustet, spuckt und schießt der Motor endlich und läuft. Ich hämmere auf den Hupenknopf und glaube schon, daß der Fahrer mich vergessen hätte und mich nicht hört. Doch der Ami bleibt stehen, kriecht unter den Wagen und löst das Seil.
,,Thank you."
Er murmelt etwas und ist auch schon wieder weg.
Wir fahren nach Donnersbach und treffen dort einige Angehörige des Bataillons. Der Großteil hätte angeblich schon abgerüstet und wäre wie vorgesehen auf den Bauernhöfen untergebracht. Ein Teil des Stabes ist auch hier.
Es wird herumgefragt, jeder sucht irgend jemanden. Mit unseren Leuten haben wir nur durch Melder Verbindung.
Die Funkstelle einer Nachrichteneinheit steht mitten im Ort. Auffallende Bewegung bei diesem Fahrzeug läßt auf eine außergewöhnliche Nachricht schließen:
Dönitz hat heute nacht für die gesamte Wehrmacht kapituliert. — Die Russen sollen bis nach Radstadt kommen.
Die Nachricht überrascht mich nicht mehr, sie macht nur müde, unsagbar enttäuscht, befreit und trotzdem geschlagen.
Als Offizier kann ich nun nicht mehr herumlaufen. Die letzten äußeren Relikte unseres Standes verschwinden in Herberts Prothese.

8. MAI

Es ist der Tag und die Stunde Null.
Es ist die Stunde, die wir in den letzten Wochen und Monaten kommen

sahen, die wir gefürchtet haben, die wir glaubten, nie erleben zu müssen und die mit der Unerbittlichkeit des Schicksals dann doch geschlagen hat.

Hier stehen wir nun, wir, die wir nie Materialisten waren, die wir nur Ideale kannten, für diese Ideale eingetreten sind und gekämpft haben, die wir erzogen wurden und eine Jugend erzogen haben im Glauben an eine Weltanschauung, von der wir zutiefst überzeugt waren.

Hier stehen wir, verlassen, verurteilt und verdammt. Nun, ihr Gerechten, ihr Selbstgerechten oder Ungerechten, wenn es euch gefällt — verdammt, verurteilt und richtet uns.

HEUTE

Der militärische Einsatz zerstörte die letzten Illusionen

Der Kampf um Wien und das Ende des Dritten Reiches waren die bitteren Schlußpunkte am Ende der langen und stürmischen Entwicklung einer Jugendbewegung.
Unter dieser Jugendbewegung verstehe ich alle jungen Menschen, die sich in den Jahren der Zwischenkriegszeit zusammengefunden haben, um Änderungen des gesellschaftlichen, kulturellen und sozialen Lebens herbeizuführen.
Die historischen und politischen Ereignisse haben uns geformt. Die vorerst unpolitischen oder konfessionellen „Bündischen" stießen zur politisch denkenden und handelnden illegalen Hitler-Jugend, die dann später Staatsjugend und Volkssturm wurde.
Die Wende kam, als die Hitler-Jugend die Freiheit an die Macht verkaufte. Aus der dynamischen Bewegung wurde die starre Organisation. In diese wurden wir hineingezwängt, aus ihr konnten wir uns nie mehr befreien.
Wir wurden von der älteren Generation für ihre Ziele ausgenützt. Wir wurden eingeplant und eingespannt. Wir erkannten diese spekulativen Ziele nicht, da wir mit den Scheuklappen des Führerprinzips behaftet waren. Das war unser Verhängnis.

Heute steht es für mich fest, daß der militärische Einsatz der Hitler-Jugend beim Kampf um Wien 1945 in einer Katastrophe hätte enden können.
Die letzten Tage des Zusammenbruches haben uns wie gelähmt auf das drohende Ende zutaumeln lassen. Wie in Trance hat uns die Wucht des Schicksals getroffen. Die Automatik der Geschehnisse ließ uns keine Wahl. Wir ahnten nur instinktiv das Ende.
In Notzeiten eines Volkes haben Frauen und Kinder schon immer zu den Waffen gegriffen.

Auch heute noch — Vietnam, Israel, Libanon, Angola, Irland . . .
Täglich sehen wir im Fernsehen Kinder mit Waffen, irregeleitete, mißbrauchte Kinder.
Recht oder unrecht?
Wo ist die Grenze?
Was die Briten zur vaterländischen Maxime erhoben haben — „Right or wrong, my country" — soll uns keine Rechtfertigung sein.
Meine heutige, klare Meinung: ein Kind darf keine Waffe tragen, darf nicht als Soldat eingesetzt werden. Es ist unrecht, den Idealismus als Werkzeug zu mißbrauchen.
Die Geschichte hat bewiesen, daß die gewaltsame Durchsetzung einer Ideologie, mag diese in der Theorie noch so verlockend sein, immer mit einem Blutbad endet. Sektierer und Eiferer setzen dann die Maßstäbe von Gut und Böse. Der Sieger in diesem Kampf bestimmt, was recht ist. Die intolerante, totalitäre Diktatur entsteht.
Gino Cervi sagte — „In jedem verbohrten Ideologen steckt ein kleiner Robespierre, der notfalls über Leichen gehen würde. Und die großen Idealisten, die angeblich das Beste wollen, sind die gefährlichsten."

Der militärische Einsatz der Hitler-Jugend war ein Fehler.
Wir als ihre Führer hatten nicht erkannt, daß die Lage aussichtslos war. Diejenigen, die es kraft ihrer Stellung und Erfahrung hätten wissen müssen, haben uns im Stich gelassen.
Ich war in jenen Tagen des Kampfes um Wien Führer einer HJ-Volkssturmkompanie und Verbindungsführer zum Stadtkommandanten. Als solcher erhielt ich Einblick in die Lage und das Geschehen in Wien. Ich habe nur das episodenhaft geschildert, was ich selbst erlebt habe. Wollte man den Einsatz aller über ganz Wien verstreuten HJ-Volkssturmgruppen würdigen, würde dies den Rahmen dieses Buches sprengen.
Was ich erlebt habe, ist für mich Grund genug gewesen, diesen Bericht zu schreiben. Die Ereignisse dieser Zeit und die Leistungen der Jungen müssen festgehalten werden. Sie dürfen nicht verfälscht und nicht verschwiegen werden.

Mein Großvater wurde im Revolutionsjahr 1848 geboren. Er konnte meinen Urgroßonkel, der im gleichen Jahr auf der Festung Kufstein seine revolutionären Ideen abbüßte, nie verstehen.
Meinem Vater war der Einsatz der Generation meines Großvaters in der Schlacht von Königgrätz 1866 wohl eine heroische Tat, jedoch unverständlich. Deutschsprechende führten gegeneinander Krieg.
Mir kamen die Isonzoschlachten meines Vaters, sein Kampf um die südmährische Heimat, sein unbedingter Glaube an die Monarchie immer un-

wirklich vor. Österreich-Ungarn, der Kaiser waren für mich nur Geschichte — geschehen, vergangen, gewesen. Dies, obwohl ich kurz nach dem Ersten Weltkrieg geboren wurde.
Wie kann ich heute, können wir alle heute von unseren Söhnen verlangen, daß sie uns, unsere Geschichte, unseren Kampf und unsere Ideale verstehen?
Ich kann jedenfalls von meinem 1945 zur Welt gekommenen Sohn nicht annehmen, daß er anders denkt als seine Vorfahren.

Heute müssen wir zugeben, daß wir damals oft hochmütig, unduldsam, ungerecht, fanatisch und selbstsüchtig waren. Wir überboten uns manchmal in diesen Eigenschaften. Wir glaubten einer den anderen darin übertrumpfen zu müssen. Trotzdem — wir waren keine wilde Schlägerbande, die nichts anderes im Sinne hatte, als den anderen mit Gewalt ihren Willen aufzuzwingen.
Es waren zum größten Teil Idealisten, die sich uneigennützig, ohne Rücksicht auf Beruf oder Gesundheit für die ihnen anvertraute Jugend eingesetzt haben. Die Führer der Jugendbewegung haben im Krieg bewiesen, daß sie nicht nur mit Worten für ihre Ideale zu kämpfen bereit waren.
Daß uns der extreme Idealismus und Fanatismus blind gemacht hat, ist eine andere Sache. Um das Ziel zu erreichen, waren uns alle Mittel recht. Wir kannten nicht den Humanismus, nicht die Toleranz und nicht die Demut. Diese Eigenschaften hat von Haus aus wohl keine Jugend. Doch versuchte damals auch niemand, uns diese Werte näherzubringen. Im Gegenteil. Sie wurden verachtet. Das war der große Fehler. Denn wenn wir auch glücklich waren in der Zeit und der Welt, in der wir lebten, diese W e r t e fehlten uns. Hätten wir sie gehabt, vieles wäre nicht so abgelaufen.
Wir waren blind, da unser ganzes Wollen durch die Anziehungskraft einer einzigen Persönlichkeit geprägt war — Adolf Hitler. Seiner Gottähnlichkeit ist die Jugend, die seinen Namen trug, erlegen.
Heute müssen wir uns schämen über Aktionen und Verbrechen, die von einem kleinen Kreis von Verbrechern und ideologischen Sektierern begangen wurden. Sie haben nichts als Schande über uns gebracht. Es waren die Totengräber. Denn unter Auschwitz und dem Massenmord werden wir mitbegraben.
Deshalb müssen wir heute versuchen, gerecht zu sein. Wir müssen erreichen, daß die Unschuldigen nicht in einen Topf mit den Schuldigen geworfen werden.
Unsere Schuld ist klargestellt.
Die Sühne ist geleistet. Die Geschichte wird diese Klarheit einst von a l l e n Völkern verlangen.